농촌목회란
공허한 마을을 교회로 만들어 가는 과정이다

RURAL CHURCH MINISTRY IN KOREA
- A Theological & Socialogical Foundations
and Strategies of Dokbawi Church In Korea -

MIN JOUNG WOUNG

A Dissertation Submitted to the Faculty of
The School of Theology Fuller Theological Seminary

In Partial Fulfillment of the Requirements for the Degree
Doctor of Ministry

농촌목회란
공허한 마을을 교회로 만들어 가는 과정이다

민 정 웅 지음

농촌목회란
공허한 마을을 교회로 만들어가는 과정이다

펴낸곳 도서출판 땅에쓰신글씨
펴낸이 조병호
지은이 민정웅

펴낸날 초판 1쇄 1995년 4월 10일
　　　　초판 3쇄 2001년 2월 27일
등록한날 1993년 10월 28일 제21-503호

서울시 서초구 서초동 1588-1 신성비지니스텔 A-906
전화 6242-2449 팩스 587-7794
http://www.gulshi.co.kr   E-mail: gulshi@unitel.co.kr

값 8,000원

ISBN 89-85738-05-4 03230

＊잘못 만들어진 책은 바꿔드립니다.

농촌목회란
공허한 마을을 교회로 만들어 가는 과정이다

도서
출판 당에쓴신글씨

■ 책 앞에

할렐루야! 모든 영광을 하나님께 돌립니다.

독바위교회 목회를 시작한지 20년 째 되는 1988년 겨울 어느날 진학 문제를 의논 드리려고 옛날 은사이신 한철하 박사님을 찾아 뵈었을 때 한 박사님으로부터 "민 목사야말로 D.Min 코스의 최적임자야." 하시던 격려의 말씀을 받음으로부터 시작된 나의 박사원 공부는 드디어 만 6년 만에 그 결실을 보게 되었으니 참으로 감개무량한 바가 있습니다.

나의 농촌 목회 신학이 확립될 수 있도록 논문 지도를 해 주신 한철하 박사님, 학비전액을 전담해 주신 본 교회 윤동노 장로님, 학업과 아르바이트와 교회 봉사로 항상 바쁜 그 틈바구니 속에서도 항상 기뻐하며 원고 교정과 컴퓨터 작업을 완성해준 윤석안 전도사님에게 특별한 감사를 드립니다. 그리고 목회의 안목을 여러가지로 넓혀주신 박사원 교수님들께 감사드립니다.

수업기간이나 논문 쓰는 기간에 여러번 특별휴가를 내주셨고 미국에서의 유학기간동안 경비 전액을 전담해 주신 본 교회 교우들에게 깊이 감사합니다. 성원을 보내주신 동역자, 친지 모든 분들에게 이 자리를 빌어 감사 드립니다.

또한 고락과 꿈을 함께하고 있는 독바위교회 사랑방 성서학교 지도자들에게 그리고 항상 믿음과 기도로 격려해 주신 김준곤 목사님과 논문 쓰는 기간동안 어머님 간병을 맡아준 동생들의 가정에 그리고 격려와 기도로 끊임없이 도와준 사랑하는 아내와 아들들과 딸들, 경찬, 들레, 해야, 경훈에게 감사합니다.

이 책은 필자의 홀러신학대학원 목회학 박사학위 논문입니다. 한국농촌교회 목회를 왜 해야만 하는지 성서적, 신학적, 역사적, 사회적, 목회적으로 그 이유를 밝혀 보았습니다. 또한 누구나 이 책 한 권만 가지면 목회를 잘 할 수 있도록 목회에 관한 지식전반을 바람직한 방향으로 총정리해 보았습니다.

이 책은 필자의 분신이라고 할 수 있습니다. 한국농촌에 교회를 개척하고 그 교회를 20년이 넘도록 줄기차게 목회했고, 지금도 이 교회를 계속 목회하고 있는 목회자의 글이기 때문입니다.

이 책은 신앙이 분명하고 구조와 골격과 주의와 주장이 분명합니다. 그리고 다음과 같은 간절한 기도가 드려진 것이 이 책입니다. "기독교 한국을 건설하고 이 나라가 세계선교의 기지가 될 수 있도록 그 길을 닦는 책이 되게 하여 주시옵소서."

이 책에도 부족한 점이 많이 있을 것입니다. 앞으로 여러분들의 지도와 편달로 그 부족한 점들을 채워 나가겠습니다.

끝으로 이 책이 나올 수 있도록 특별히 배려해 주신 한시미션 대표 사랑하는 조병호 목사님과 도서출판 땅에쓰신글씨 관계자 여러분들에게 감사의 말씀을 드립니다.

주후 1995년 3월 독바위교회 목사관 서재에서,
저자 민정웅

■ 추천의 글

한철하(아세아 연합신학대학교 총장)

　농촌목사로서 외길을 걷고 있는 민정웅 목사님은 장로회신학대학원을 졸업하자마자 그의 현재 목회지인 작은 시골 마을에 그의 전생애를 투신했다. 이 학위논문은 25년간의 그의 농촌목회사역에서의 여러 시도들과 성공에 대한 것을 학적(學的)으로 체계화한 것이라고 할 수가 있다.
　민정웅 목사님은 사회봉사에 대한 어떤 현대신학을 가지고 있는 것이 아니고 전통적인 유일한 신앙과 교리, 그리고 변함없는 죄인구원에 대한 목회적 사명감을 가지고 있다. 그는 사반세기 목회사역 동안에 한순간도 이러한 보편적인 신앙으로부터 빗나가 본 적이 없다. 그가 말하듯이, '목회'에 대한 분명한 구원론적 목적이 없이는 어떠한 형태의 농촌교회 목회도 실패하고 말 것이다. 그는 농촌교회 목회에서의 성공이유들 중의 하나가 기독교 신앙에 대한 확신과 하나님 중심의 구원론적 사역에 대한 절박한 필요성 때문이었다고 생각하고 있다. 그의 농촌목회에서의 성공은 마을 젊은이들을 교육하는 일에 크게 성공을 거두었고 후에 이들이 그 지역의 지도자들이 되었기 때문이다.
　민정웅 목사님은 목회사역의 가장 보편저인 형식인 예배, 설교, 성경공부, 기도회와 병행하여 사회복지 프로그램, 유치원, 의료봉사, 신용협동조합, 그리고 각종 교육적인 프로그램 뿐만 아니라 그 교회에 속한 장기간에 걸친 지역사회 공동체 육성 프로그램을 추진했다. 초기에 그는 외부로부터 재정적인 후원에 의존했었다. 그러나 사역 7년 후에 독바위교회의 모든 프로그램은 자립하게 되었다. 그 결과 교회는 모든 마을 공동체의 삶의 중심이 되었다. 그는 한국 농촌의 사회적, 경제적 상황에 대한 예리한 통찰력을 가지고 있다.
　성공의 최고 위치에 올랐을때 교회와 마을 공동체간의 일치가 보존되는데 위기가 발생했다. 민정웅 목사님은 현재 이 위기를 극복하면서, 목회하고 있다. 그의 꿈대로 한국의 농어촌을 복음화하여 기독교 한국건설을 완성하고 이 나라를 세계선교의 기지로 만드는데 있어서 크게 이바지하는 목회자가 되기를 기도해마지 않는다. 농촌 목회자들과 신학도들의 일독을 권하고 싶다. 목회상에 참으로 많은 유익을 얻을 수 있으리라.

■ 추천의 글

김준곤(한국 대학생 선교회 대표)

　민정웅 목사님은 이조 말엽 민비 문벌의 양반가문 자손으로 태어나 유교의 전통윤리가 몸에 배어 있다. 1958년 내가 대학생 선교운동을 시작한 후 그를 처음 만났던 것은 60년 초, 그가 고려대 사학부를 다닐 때였다.
　그의 첫인상은 한마디로 순박한 시골학생이었다. 약간 수줍어 하는 표정은 어른들을 조심하고 존대하는 경친사상과 조백이 몸에 배인 때문인 것 같다. 그는 신앙을 가지고 주님을 모시는 날부터 단 한 번의 내적 동요나 외적 방황의 모습을 보여준 일이 없는 것이 특징이다. 충효사상, 일편단심이 몸에 배었기 때문일까?
　그는 밭가는 시골 암소만큼 신앙에 있어서도 충직했던 것 같다. 일을 맡으면 죽도록 충성했다. 어느날 그가 신학교를 가겠다는 결심을 내게 말했다. 한번 뜻을 정하면 변함없는 그가 택한 좁은 십자가의 길에 나는 존경과 함께 측은함마저 느꼈다.
　신학을 마치고, 학사 출신 신학교 졸업생들이면 으레히 도시의 큰 교회의 교육목사로 초청을 받을텐데 원래 김용기 장로님을 존경하던 그는 한양교회에서 파송받아 경기도 회천면 독바위에서 한알의 밀알이 되어 농촌목회의 모델을 개척하기로 결심했던 것이다. 농촌교회의 개척은 심훈의 상록수 같은 감상이나 낭만적 환상이 아니라고 주위에서는 말렸다. 농촌목회에 성공한 사례는 한국교회에서는 없었기 때문이다. 그러나 그는 이미 주님께 한 알의 밀알이 되기로 서원하였던 것이다. 독바위 마을은 산 하나가 생돌덩어리여서 채석장으로 유명한데 민정웅 목사님도 산돌같은 연상을 하게된다.
　그런데 농촌일수록 독신으로 목회하러 갈 곳이 못된다. 일생을 같이 썩을 동반자가 있어야 한다. 그의 제일의 기도제목도 같이 갈 아내를 보내달라는 것이었다. 여호와이레였다. 독실한 기독교 가정의 따님으로 유치원 교사 교육을 받으신 사모님이 예비되어 있었다. 신앙도 이상도 뜻도 같았다.

그 사모님은 과거 20년동안 민 목사의 반쪽이 아니라 어머니요, 아내요, 동역자였다. 올겐반주, 주일학교, 여전도회, 유아원 … 일인오역을 하는 분이었다. 네 자녀의 어머니요, 사모였다.

　민정웅 목사님은 먼 곳에서도 돋보이며, 농촌교회로서는 보기 드물게 우람한 첨탑과 빨간 벽돌의 교회를 지으셨다. 그는 신협을 만들고 운영했다. 양계, 농촌보건, 관혼상제 등 농촌생활의 실제 문제에 파고 들었다. 그 지역, 군 일대에는 그의 사랑방 성서학교가 확산되었다. 천 오백명 인구에 이백 오십호 마을에서 20년을 농촌목회를 하고 보니 그 교회는 지역의 목민센터가 되었고, 민 목사는 신불신간(信不信間)에 인간의 목자가 되었다. 보수적인 경기도 농촌 유교전통에 젖은 곳이지만 자기 손으로 염을 하고 장례를 치르며 기독교문화를 세워 나갔다. 그는 통합측 장로교단에 소속되어 있는데 일본에 가서 일년간 농장 현지 실습을 하기도했다. 그는 날로, 젊은 사람은 다 빠져나간 농촌, 도시화로 더욱 피폐해가는 농촌의 한복판에 서서 천하지대본인 농업과 예수가 토착화되는 꿈을 꾸면서 황소처럼 걷고 있다.

　농촌교회에서 드물게 그 교회는 70명의 청장년들이 있다. 그들이 도시로 나가지 않은 이유는 꿈을 심어 주었기 때문이다. 그는 자연부락 단위에서 군 단위에 이르기까지 그 지역사회의 빛과 소금, 그리고 한알의 밀알이 될 지도자들을 끊임없이 배출하고 있다. 그는 예수님을 한국 농촌에 토착화시켜서 꽃피게 하여 그 모델을 이식시키고자 자신의 경험과 개발한 교재를 토대로 농촌목회자 훈련원을 지을 꿈에 부풀어 있다. 이 아름다운 삼천리 금수강산, 우리의 어머니같은 농촌 마을마다 서서히 천국처럼 찬송이 울려퍼지고 행복하게 더불어 살아가는 예수마을, 농촌마을의 선구자 민정웅 목사님의 이 책 출간을 진심으로 축하하고 싶다. 고마운 사모님의 성스러운 얼굴을 그리며 특별히 격려와 존경을 드리고 싶습니다.

■ 시

민정웅 목사를 바라보며

류 행 렬

사람은 누구나 역사의 나그네이다.
링컨도 간디도 윈스턴 처칠도
나그네로 돌아갔다.
가고, 오고 또 돌아가는
이 수레바퀴
멈춤이라곤 없다.

한발자욱,
한발자욱
헛디디고 싶지 않아
그분의 거룩한 뜻 바라보며
청춘과 기대
그리고 가능성을 버려야 했다.

생각하면
한번가는 인생
그도 저들속에 끼고 싶었으리라
돌아가는 바퀴에 앉혀
무엇이 진리인가
무엇이 옳은 길인가 그리고
무엇이 그분의 영광을 위한 길인가
그렇게 고민타가
끝내 숱한 아픔을 선택해야 했다.

독바위만큼이나 굳어진 세상
누군가 여기에 눈물을
뿌려야 했기에
"내가 여기 있나이다
나를 보내소서."
숭고한 결단과
위대한 포기
그것은 차라리

어두움을 갈라내는
한줄기 광명이었다.

이 시대는
사랑의 소리는 있으나
따뜻한 포옹은 사라졌고
헌신과 봉사의 목소리는 높아도
버려진 사람이 늘어만 간다.
누가 소리없이
이 세대를 책임할 것인가
우리에게
역사의 이 요청은
그 옛날
혼탁한 시대의 예언자의 메아리로
가슴을 친다.

유유히 사라지는
그분의 뒷모습-
18년의 처절한 복음에의
투쟁사를 한 눈에 본다.
"아!
누가 이 역사를 책임할 것인가"
이 한마디는
지금도 우리의 가슴속
깊이 깊이
굽이쳐
메아리 친다.

1986.10.17.

* 이 시는 필자가 1986년 10월 14일부터 17일까지 호남신학대학교 신앙수련회를 인도했을 때 그 집회에 참석하신 호남신학대학교 류행렬 교수님이 영원한 기념으로 보내주신 것입니다.

차례

책 앞에 / 7
들어가면서 / 16

농촌목회의 신학적 사회학적 기초

신학적 목회적 기초

목회사역 일반의 신학적 기초 / 21
요한칼빈의 목회신학
교회란 무엇인가
성경은 왜 교회를 사람의 몸에 비유하고 있는가
교회와 성령

농촌목회신학의 확립 / 65
농민도 하나님 앞에서 구원받아야 할 대상인 죄인이다
인간은 지구촌을 에덴 동산처럼 만들어야 한다
농업은 직업 이전의 직업이요 직업이후의 직업이다
농업은 하나님을 배울 수 있는 가장 좋은 직업이다
인간의 노동은 행복의 필수요건 중에 하나다
지구촌은 어디든지 완전복음화되야 한다
농민도 하나님과 바른 관계를 맺으면 백가지 축복을 받을 수 있다
약자 편에 서는 것이 선교다
기독교 가치관은 물질적인데 있지 아니하고 영적인데 있으며 양이 아니라 질이다
민족부활의 비전이 농촌에 있다
한국농촌 복음화는 세계선교의 지름길이다
민족전체가 어디서나 더불어 잘 사는 때가 오고있다
농촌목회란 공허한 마을을 교회로 만들어 가는 과정이다

농촌목회의 제반사항 /84
예배 / 교육 / 선교 / 봉사
설교 / 심방 / 상담
신입교우 양육체계
목회자와 역사의식

사회학적 기초

한국 농촌의 현실과 농촌교회 /117
한국 농촌의 현실
농촌교회

농업과 국민경제 / 152
농업이 국민 경제에서 차지하고 있는 비중
선진국의 농업
한국의 농업혁명

농촌목회론

농촌 목회의 과제와 전략

농촌목회의 과제 / 189
모범 농촌교회 운동
농민운동
공동체 운동
농업 환경보존 운동
유기농업과 인체건강
유통구조의 확립
평신도 지도자운동

한국농촌 복음화 전략 / 206
새생명 훈련원
군 단위 복음화 전략
군 단위에 1명의 선교사 파송
지역단위 농촌선교 대회
한시선교회 방법
독바위교회의 사랑방 성서학교운동

농촌교회 모델로서의 독바위교회
독바위교회의 과거 / 217
독바위교회의 현재 / 223
독바위교회의 미래 / 228

맺으면서 / 230
부 록 / 233
아브라함 농장 경영계획서 전문
영농조합법인 관계법령 발췌
동남아시아 선교여행보고
민정웅 목사 집회일지

▨ 들어가면서

동기 오늘날 우리나라는 농촌에 대한 비전이 사라지고 있다. 농촌이 활성화 될 수 있다는 생각보다는 농촌이 곧 와해될 것이라는 비관적 생각이 만연되어 있다. 국민도 그러하고 농민도 그러하며 농업에 관련되는 학자도 공무원도 모두가 그러한 생각을 가지고 있다. 특히 우리나라 농민은 그들의 생업에 대한 위기의식과 국가시책이나 외부 사회에 대한 불신감이 과거 어느 때 보다도 크다. 나아가서는 농촌목회자들도 농촌목회에 대한 소명감을 잃고 있으며 농촌교회가 활성화될 수 없다는 생각에 빠져 있다.

 그러나 문제는 이러한 한국농촌에 대한 부정적인 태도가 옳으냐 하는 것이다. 정말 우리나라는 농촌과 농업과 농민을 도시와 공업과 상업과 수입농산물로 대치하고서도 얼마든지 잘 살 수 있고 소위 선진국의 반열에 들어설 수 있다는 말인가? 필자는 여기에 대하여 "아니다"라고 대답한다. 한국농촌이 국민경제에서 차지하는 비중이 미미해진 것이나 농민의 열등감은 역대 정부정책의 과오에서 비롯된 것이며 가치관의 전도이며 타락이지 결코 옳은 것은 아니라는 것이다. 불신자들이 세속화의 바람에 휩쓸리는 것은 이상할 것도 없으나 크리스천 농민이나 농촌 목회자들이 말씀과 믿음을 찾지 못하고 농촌을 떠나도록 방치되는 것을 필자는 원치 않는다.

 크리스천이란 생의 의미를 말씀과 믿음을 지키고 시대와 국가를 구원하는데서 찾는 것이라고 한다면 한국 농업을 약화시키는 어떠한 행동도 정당화 될 수 없을 것이다. 덴마크,이스라엘,영국,미국,독일,프랑스 등 선진 제국을 보라! 하나같이 농업의 기반위에 서 있는 나라들이다. 우리나라의 농촌에 세워진 한국 농촌교회는 우리 나라의 산업이 아무리 첨단과학화 된다고 할지라도 농업의 기반을 잃지 않도록 역사 하여야 한다.

필자는 국민의 행복과 번영은 농촌과 농업과 농민의 위치 회복에서만 비롯된다는 것을 알리기 위한 일념에서 이 논문을 집필하였다. 모름지기 우리 농촌목회자들은 믿음으로 노아가 방주를 만드는 심정으로 농촌교회를 지키고 돌봐야 할 것이다.

평생을 농촌목회에 헌신하고 있는 필자로서는 이 논문을 쓰는 것은 하나의 의무감 같은 것이라고 할 수 있다.

목적 첫째 장로회신학대학 신대원 졸업반 때(1968년) 농촌교회 독바위교회를 개척하여 25년 목회하여 오늘에 이른 필자는 나의 목회 역사 전반에 걸친 총정리를 해 보고 싶었다.

둘째 현재 농촌목회의 길을 걷고 계신 분들, 그리고 앞으로 농촌목회에의 길을 걸으실 분들에게 도움을 드리고 싶었다.

셋째 한국 농어촌을 복음화 하여 기독교 한국건설을 완성하고 이 나라를 세계 선교의 기지로 만들고 싶었다.

방법 첫째 성경이 논지의 기초가 되게 하였다.

둘째 칼빈의 기독교 강요가 필자의 목회신학의 기초가 되게 하였다.

셋째 필자의 주장은 다수의 참고서를 참고하여 객관성을 입증하려고 무던히 노력하였다.

넷째 농촌교회 부흥회, 농촌교회 목회자 수련회, 농촌교회 지도자 세미나 등 100여 회의 필자가 인도한 집회 중 수집한 자료들이 한국농촌의 현실을 기술할 때 활용되었다.

다섯째 필자가 개척하여 25년간 목회한 독바위교회의 과거, 현재, 미래가 본 논문의 모델이 되게 하였다.

범위 목회 일반의 신학적 기초로부터 시작해서 농촌교회를 끝까지 지키고 돌봐야 될 이유가 충분히 개진되게 하였고 현하 농촌목회의 과제와 농촌목회의 일반적인 제반사항에 이르기까지 목회에 관한 모든 문제가 총망라 되도록 하였다.

농촌목회의 신학적 사회학적 기초
신학적 목회적 기초

신학적 목회적 기초

목회사역 일반의 신학적 기초
농촌목회신학의 확립
농촌목회의 제반사항

목회사역 일반의 신학적 기초

> 이성으로 만들어진 기독교가 아닌,
> 하나님으로 말미암는 기독교로서의
> 정체성을 지녀야 한다.

    노시교회 목회이거나 농촌교회 목회이거나 특수목회이거나 목회사역의 신학적 기초는 동일하다 하겠다. 목회의 대상이 인간이라는 점에 있어서는 동일하기 때문이다.
    요한 칼빈의 목회신학이란 무엇인가?
    교회란 무엇인가?
    성경은 왜 교회를 사람의 몸에 비유했는가?
    교회와 성령
    이상 네가지 질문에 대답함으로써 목회사역 일반의 신학적 기초를 견고하게 세우고자 한다.

요한 칼빈의 목회신학

오늘날 목사들이 직면한 문제중에 가장 큰 것은 목회의 목적 문제이다. 목사들은 그들의 사역의 목적에 대해서는 확실한 이해를 갖고 있지 않다. 그러나 그들은 자신들의 사역의 목적을 명확하고 분명하게 이해하지 않고서는 확신을 가지고 힘차게 자신들의 사역에 임할 수 없다.

오늘날 목회사역의 의미와 목적에 대하여 혼란이 일어나고 있는 원인은 주로 기독교 사고에 있어서 사회적 관심에 우선을 두는 경향 때문이다. 소위 "화해의 신학"과 "화해의 선교"에 대한 그것의 가르침은 교회의 전 주의를 여러 형태의 사회적 관심에 기울이도록 시도한다. 미국 장로교회의 1967년 신앙고백의 목적은 교회가 "화해의 사역" 특히 "사회 안에서의 화해의 사역"에 참여하도록 요청하는 것이다. 그 신앙고백은 "현시대에 있어서의 특별히 긴급한" 네 가지 이슈를 채택하고 있는데, 그것은 인종차별, 민족간의 화해, 풍요한 세계에서의 빈곤, 그리고 성 관계의 문란 등이다.

세계교회협의회에서 후원한 "오늘의 구원(Salvation today)"이라는 표어 아래 모인 방콕대회에서 몰트만(Jurgen Moltmann)은 구원의 개념을 현대의 사회적 상황에 연결시켰으며, 그러한 목회신학의 길을 닦았다. 그는 오늘날의 구원은 정치적 자유, 경제적 정의, 그리고 문화적 주체성을 위한 투쟁에 있다고 선언하였다. 그는 같은 신학을 한국 개신교 백주년 기념 신학협의회에서 제안했다.[1]

만약 교회의 선교의 목적이 상술한 것 즉, 당시 사회의 사회적 문제에만 관련시키는 사역이라면 이것은 사회문제 이전의 문제인 인간문제, 원죄문제, 그리고 칼빈이 지적한 바 "인간의 부패성문제"[2]는 도외시해 버리게 될 것이고 그렇게 되면 문제는 해결되는 것이 아니라 오히려 문제해결의 길에서는 영영 멀어지게 하는 결과를 초래하게 될 것이다. 세상에 죄사함 받지 못한 사람, 중생하지 못한 사람, 성령을 받지 못한 사람에게서 선한 열매를 기대하는 일보다 더 어리석은 일은 없을 것이다(마7:17-18).

필자는 목회신학의 기초를 칼빈의 기독교강요에 두려는 것이 이 때문이다.

"칼빈의 기독교 강요 구성 자체가 구원론적(Soteriological)이고 따라서 칼빈의 목회관 역시 구원론적"[3]이기 때문이다. 1536년 26세 때에 초판을 내어서 여러 판을 걸쳐 개정증보하여 1560년 50세 때에 완성된 최종판을 내기까지(요한 칼빈은 1564년 54세를 일기로 소천하였다.) 그의 전 생명을 다 기울여서 저술한 요한 칼빈의 필생의 역작 기독교강요가 "오로지 한가지 목적 즉, 구원을 위해 쓰여졌다"[4]는 것은 모든 신학도들과 목회자들에게 시사해 주는 바가 실로 깊다고 아니 할 수가 없다. 많은 신학자들이 이성으로 만들어 내는 기독교를 말하고 있지만 칼빈은 하나님으로 말미암는 기독교를 말하고 있는 것이다.

칼빈신학의 특징은 하나님 중심(God-Centric)이다. 그의 저서 기독교강요에 이 점이 잘 나타나 있다. 논의되는 모든 항목은 그것의 의미를 하나님에게만 관련하여서 갖세 된다. 이 전제를 확고하게 세우게 되면 그것의 전체 구성은 다음 네 가지 주제 아래 설명되어진다. 창조, 타락, 구속, 그리고 사역이다. 기독교 강요는 다음 도표와 같이 요약해 볼 수 있다.[5]

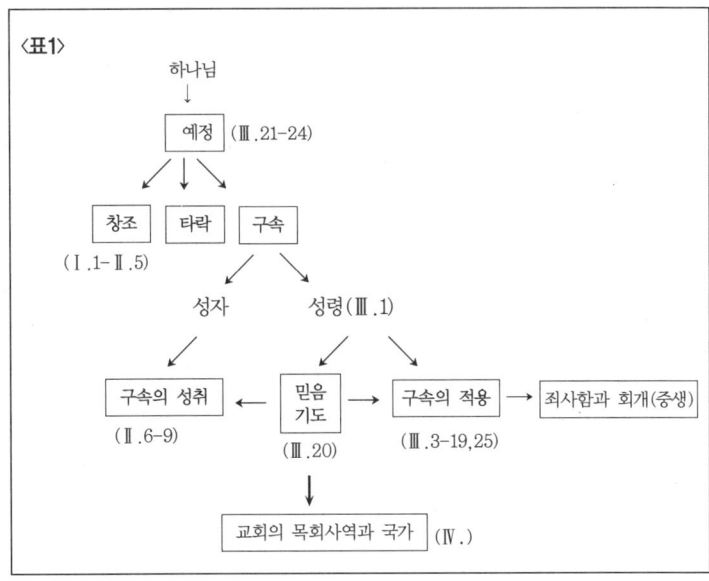

〈표1〉

칼빈의 죄인을 구원하기 위하여 그의 저서 기독교강요에서 증거한 것들을 내용적으로 좀 더 자세히 살펴보면 다음과 같다.

첫째, "우리는 하나님의 거저 주시는 칭의의 교훈을 깊이 확신하기 위하여 하나님의 심판대를 우러러 보며 생각해야 한다." [6)]

" 칼빈은 죄인에게 이신칭의(以信稱義)의 복음이 얼마나 필요한가를 일깨우기 위해서 모든 인간을 복음에 관한 모든 논의 전체의 근거가 되는 하나님의 심판대로 이끌고 간다." [7)]

"하나님의 심판대는 우리의 구원을 세울 토대이며 또한 하나님을 향한 경건을 수립하기 위한 기초이다." [8)]

바울과 종교개혁자들은 모두다 하나님의 심판에 적절한 관심을 두지 않았던 유대주의자들과 카톨릭 교도들과 투쟁을 벌였다. 유대주의자들은 하나님의 기준(the divine Criteria)을 충족시키기에는 너무나 먼 그들 "자신의 의(self righteousness)"에 더욱 관심을 가졌다. 칼빈은 카톨릭 교도들이 단순히 천박한 말싸움에 빠져 있는 것으로 보았다. 칼빈은 단언하기를

"그러나, 우리가 하나님 앞에 나아갈 때에는 우리는 그런 장난을 멀리해야 한다." "나는 주장한다. 하나님께서 계산 하기 위해서 우리를 부르실 때 우리가 어떻게 응해야 하는가에 마음을 기울여야 한다"(기독교강요 III.12.1.).

만약 우리의 생활이 기록된 율법의 기준에 따라 심리되게 된다면 우리가 두렵고 떨리는 공포를 가지고 고통을 당하지 않는다면 우리야말로 마비된 자들이라는 점을 말할 뿐이다……. "누구든지 율법책에 기록된 대로 온갖 일을 항상 행하지 아니하는 자는 저주아래 있는 자라"(갈 3:10; 신 27:26). 요컨대 이 문제를 아무리 논할지라도 각자가 하늘에 계신 심판주 앞에서 자기 죄를 인정하고 자기 죄책을 면제 받는데 관심을 두고 자발적으로 엎드려 자기는 아무것도 아니라는 것을 자복하지 않는 한 어리석고 무력한 논쟁이 될 것이다(기독교강요 III.12.1.).

바울은 로마서에서 구원의 필요를 설명할 때 이러한 접근방법을 밝히고 있다. 그는 로마서 1:18-3:20에서 하나님의 심판 아래 인간의 상황을 철저히 논하였다. 이 구절은 단지 구원론의 주요 내용에 대한 간략한 소개에 지나지 않는 것이 아니었다.

이 문제는 바울의 사역의 모든 순간에서 규범적인 것이었다. 그리고 또한 우리는 우리 삶의 매 순간마다 앞으로 있을 심판을 상기해야 할 필요가 있다. 예를 들면, 바울이 말과 실제가 일치하지 않는다는 이유로 고린도인들로부터 비난을 받았을 때, 그는 즉시 그리스도의 심판대를 언급하였다.

내가 자책할 아무것도 깨닫지 못하나 그러나 이를 인하여 의롭다 함을 얻지 못하노라. 다만 나를 판단하실 이는 주시니라. 그러므로 때가 이르기 전, 곧 주께서 오시기 까지는 아무것도 판단치 말라. 그가 어두움에 감추인 것들을 드러내고 마음의 뜻을 나타내시리니. (고전 4:4-5)

오늘날 우리는 하나님과 그의 마지막 심판을 전적으로 무시하는 세속주의자들과 대결하고 있다. 목회사역의 고유한 역할이란 하나님과 죄인 사이의 관계안에서 사역하는 것이다.[9]

둘째, 타락한 인간은 마땅히 그리스도 안에서 구속을 해야한다.[10]
인류전체는 아담 안에서 멸망했다.
죄로 오염되고 부패한 인간을 자기의 작품으로 인정하시지 않는 하나님은 드디어 자기의 독생자를 통하여 구속자로 나타나셨다. 확실히 처음 사람의 타락 이후로 중보자를 떠나서는 하나님에 대한 지식에 구원을 얻게 하는 힘이 없었다(참조 롬1:16, 고전 1:24). "영생은 아버지를 유일하신 참 하나님으로 알며 그의 보내신 예수 그리스도를 아는 것이니이다."라고 하신 그리스도의 말씀(요 17:3)은 그리스도의 시대 뿐 아니라 모든 시대를 포함한다. 하나님에게서 멀어지고 (엡 4:18) 저주를 받은(갈 3:10) 진노의 자녀라고(엡 2:3) 선언된 사람들은 화해 없이는 하나님을 기쁘시게 할 수 없다는 것은 모든 시대와 모든 민족의 상식인 것이다.

그리스도께서는 사마리아 여인에게 말씀하셨다. "너희는 알지 못하는 것을 예배하고 우리는 아는 것을 예배하노니 이는 구원이 유대인에게서 남이니라(요4:22)."

이런 말씀으로 그리스도께서는 모든 이방 종교를 그릇된 것이라고 단죄하시는 동시에 율법하에서 구속자가 선민에게만 약속되었다는 그 이유를 알리신다. 따라서 그리스도를 우러러 보지 않는 경배는 결코 하나님을 기쁘시게 하지 못했다는 결론이 된다.[11]

중보자의 직책을 다하기 위하여 그리스도는 사람이 되셔야 했다.[12]

참 하나님이시며 참 사람이신 분만이 하나님과 우리 사이의 깊고 먼 거리를 연결할 수 있었다.[13]

중보자는 참 하나님이시며 참 사람이셔야 한다.[14]

"중보자의 임무는 우리가 다시 하나님의 은총을 받도록 해서 사람의 자녀가 하나님의 자녀가 되며 지옥의 상속자들이 천국의 상속자들이 되게 하는 것이었다. 또 그 하나님의 아들이 우리 것을 취해서 자기 것을 우리에게 주시며 본질상 그에게 속한 것을 은총으로 우리 것으로 만들지 않으셨다면 누가 중보자의 그 임무를 다 할 수 있었겠는가? 그러므로 우리는 이 보증을 신용하고 우리가 하나님의 자녀라고 믿는다."[15]

성부께서 그리스도를 보내신 목적과 그리스도께서 우리에게 주신 것을 알기 위하여 무엇보다도 그의 예언자와 왕과 제사장으로서의 세가지 직책을 보아야 한다.[16]

예언자로서의 그리스도 [17]

특히 예언자에 관해서 이사야는 다음과 같이 말했다.

주 여호와의 신이 내게 임하셨으니 이는 여호와께서 내게 기름을 부으사 가난한 자에게 아름다운 소식을 전하게 하려 하심이라. 나를 보내사 마음이 상한 자를 고치며 포로된 자에게 자유를……전파하며 여호와의 은혜의 해와……날을 전파하며(사 61:1-2; 눅4:18)

그가 성령에게 기름부음을 받아 아버지의 은총을 전파하는 증인으로 임명된 것을 알 수 있다.

왕으로서의 직책과 그 영적 성격[18]

그리스도께서는 우리의 소망을 하늘에 들어 올리기 위해서 "내 나라는 이 세상에 속한 것이 아니라"고 언명하신다(요18:36).

간단히 말하면 그리스도의 왕권이 영적인 것이라는 말을 들을 때에 우리 각 사람은 이 말에서 용기를 얻어 더 좋은 생명에 대한 소망을 붙잡아야 한다. 그리스도의 나라는 지상적이거나 육적인 것이어서 부패할 수 밖에 없는 것이 아니라 영적인 것이기 때문에 우리를 높이 들어 올려 영생에까지 이르게 한다(눅 17:20-21; 롬 14:17).

　제사장직 : 화해와 중보[19]
　그리스도는 순결무구한 중보자로서 자기의 성결로 우리와 하나님을 화해시키려는 것이다. 그러나 하나님의 의로운 저주가 우리를 하나님께 접근하지 못하게 하며 또 하나님은 심판자로서 우리에 대하여 노하신다. 따라서 제사장으로서의 그리스도가 우리를 위해서 하나님의 호의를 얻어 주시며 하나님의 진노를 풀기 위해서 속죄소 사이에 들어와야 한다. 그래서 이 직책을 다하려고 그리스도가 제물을 가지고 나오셔야 했다. 율법 하에서 제사장이 피를 들지 않고 성소에 들어가는 것은 금지되었기 때문이다(히 9:7). 이것은 제사장이 신자들의 대언자로서 그들과 하나님 사이에서 있었지만 그들의 죄를 대속하지 않고는 하나님의 진노를 풀 수 없다는 것을 신자들이 알게 하려는 뜻이었다(레 16:2-3).
　사도는 히브리서 7장부터 거의 10장 끝에 이르기까지 이 점을 길게 논한다. 그의 주장을 요약하면, 그리스도께서 자기의 죽음을 제물로 삼아 우리의 죄과를 말소하시고 우리의 죄의 값을 치르셨으므로 제사장직은 그리스도에게만 속한다고 한다(히9:22).
　하나님께서는 "변치 아니하실" 엄숙한 맹세로 이 일이 얼마나 중대한가를 우리에게 경고하며 "너는 멜기세덱의 반차를 쫓아 영원한 제사장이라"고 하셨다(시 110:4; 히 5:6, 7:15).
　하나님께서는 확실히 이 말씀으로 우리의 구원 전체를 결정하는 가장 중요한 점으로 아시는 것을 제정하신 것이다.

이미 말한 바와 같이 그리스도께서 우리의 대제사장으로서 우리의 죄를 씻으신 후에 우리를 거룩하게 하시며 우리의 불결, 범과와 죄 때문에 길이 막혔던 그 은총을 우리에게 얻어 주시지 않는다면 우리나 우리의 기도는 하나님에게 가까이 갈 수 없기 때문이다.

이와 같이 그리스도의 제사장직에서 효험과 혜택을 얻으려면 우리는 그리스도의 죽음에서 출발해야 한다는 것을 알 수 있다. 따라서 그는 영원한 중재자시며 그의 호소에 의해서 우리는 호의를 얻는다. 기도에 대한 신뢰뿐 아니라 경건자들의 양심의 평화도 여기서 생긴다. 그들은 아버지 같은 하나님의 자비를 안심하고 의지하며 중보자를 통해서 성별된 것은 모두 하나님이 기뻐하신다는 것을 확신한다.

하나님께서는 동물을 제물로 바치도록 명령하셨지만 그리스도 안에서는 새로운 질서가 있어서 한 분이 제사장과 제물을 겸하게 하셨다. 이것은 우리의 죄의 값을 치르기에 합당한 것이 달리 없으며 독생자를 하나님에게 드릴만한 사람이 없었기 때문이다.

그런데 그리스도께서 제사장으로서 행동하시는 것은 영원한 화해원직에 의해서 아버지께서 우리에게 호의를 가지시며 친절하게 되시도록 할 뿐 아니라 우리를 이 위대한 직책에서의 동반자로서 받아 들이시려는 뜻이다(계 1:6).

우리 자신은 오염되었으나 그리스도 안에서는 제사장이므로 우리는 우리 자신과 우리의 모든 소유를 하나님에게 바치며 자유로 하늘 성소에 들어가서 우리가 드리는 기도와 찬양이 하나님 앞에 받으실 만하며 향기롭도록 하기 때문이다. 그리스도께서 "저희를 위하여 내가 나를 거룩하게 하노니"라고 하신 뜻은 이것이다(요 17:19). 우리는 원래 하나님 보시기에 가증한 자들이지만 그리스도께서 자기와 함께 우리를 아버지 앞에 성별하셨으므로 오직 그의 성결이 몸에 가득히 배어 순결하고 정결한 자로서 - 심지어 거룩한 자로서 - 아버지를 기쁘게 하는 것이다.

그리스도는 우리를 구원하시려고 어떻게 구속자의 기능을 다 하셨는가? [20]
• 구속자

우리의 목표는 원래 정죄를 받아 죽고 멸망한 우리를 의와 해방과 생명과 구원을 그리스도에게서 구해야 한다는 것이다. "천하 인간에 구원을 얻을 만한 다른 이름을 우리에게 주신 일이 없다(행 4:12)"라는 베드로의 유명한 말이 우리에게 가르치는 바와 같다. "예수"라는 이름을 그가 받게 된 것은 이유없이 또는 우연히 또는 사람의 결정으로 된 일이 아니라 최고의 명령을 전달한 천사가 하늘에서 가져온 이름이었다(눅 1:28-33). 그 이유로서 그는 "자기 백성을 저희 죄에서 구원(마 1:21; 눅1:31)."하기 위해서 파견 되었다고 첨부하였다

• 하나님의 진노를 알면 그리스도 안에 있는 하나님의 사랑의 행위를 감사하게 된다.
• 불의에 대한 하나님의 진노 : 그의 사랑이 그리스도 안에서의 화해보다 앞선다.
• 속죄사업은 하나님의 사랑에서 유래한다.
• 그리스도는 평생을 복종으로 일관하셨고 그 복종으로 우리를 구속하셨다. "한 사람의 순종치 아니함으로 많은 사람이 죄인 된 것같이 한 사람의 순종하심으로 우리는 의인이 되느니라(롬 5:19)." 사도신경은 적절하게 그리스도의 탄생으로부터 즉시 그의 죽음과 부활로 간다. 여기에 완전한 구원의 전체가 있기 때문이다. 그러나 그가 일생동안 보이신 복종의 다른 부분도 제외되지 않는다. 바울은 자초지종을 전부 포함시켜서 "그는……자기를 비어 종

의 형체를 가져……죽기까지 복종하셨으니 곧 십자가에 죽으심이라(빌 2:7-8)"고 한다
- "십자가에 못 박히사"

모세의 율법에 있는 희생제물에서 상징적으로 나타내신 것이 그 상징들의 원형이신 그리스도에게서 나타났다. 그러므로 그는 완전한 속죄를 성취하려고 자기의 목숨을 "아샴(사53:10)"으로서 곧 예언자들이 부른바와 같이 죄를 위한 속죄제물로서 내 주셨다. 그 제물 위에 이를테면 우리의 오점과 벌을 던져서 우리에게 돌리지 않게 만드신 것이다.

사도는 이 점을 더욱 명백하게 증언해서 "하나님이 죄를 알지도 못하신 자로 우리를 대신하여 죄를 삼으신 것은 우리로 하여금 저의 안에서 하나님의 의가 되게 하려 하심이니라"고 가르친다(고후 5:21).

이제 "여호와께서는 우리 무리의 죄악을 그에게 담당시키셨도다"라고 (사 53:6)하는 예언자의 뜻은 분명하다. 즉 더러운 불의를 깨끗이 하려는 사람이 책임전가에 의해서 그 불의를 씻었다는 것이다. 그가 못 박히신 십자가가 이 일을 상징한다는 것은 사도의 증언과 같다(갈 3:13-14; 신 21:23; 벧전 2: 24)
- "죽으시고 묻히시며"
- "사흘만에 죽은자 가운데서 다시 살아나시며"
- "하늘에 오르사"
- "아버지의 우편에 앉아 계시다"
- "저리로서 산 자와 죽은 자을 심판하러 오시리라."

셋째, 복음사역(Ministry): 말씀과 성례사역의 의의

우리를 그리스도와 연합시켜 주시는 띠로서의 성령

우리는 기독교강요를 내용적으로 살펴보면서 첫째, 복음에 관한

모든 논의전체의 근거로서 하나님의 심판대를 보았다. 둘째는 하나님의 진노와 심판 아래 놓여 있는 죄인을 구원하시려고 하나님께서는 독생 성자 예수 그리스도를 보내셔서 구속사업을 완성하는 것을 보았다. 셋째, 우리가 보고자 하는 것은 구원의 대상인 인간에게 어떻게 이 구속이 적용되느냐의 문제이다. 즉 인간이 그리스도와 그의 주시는 유익을 어떻게 누리게 되느냐의 문제이다. 칼빈은 이 문제에 대해서 "성령의 작용에 의해서 그리스도와 그의 모든 유익을 누리게 된다"고 대답하였다.[21]

우리는 그리스도께서 우리 밖에 계시고 우리가 그와 떨어져 있는 한 인류의 구원을 위해서 그가 고난 당하시며 행하신 일은 모두가 우리에게 무용지물이 됨을 알아야 한다.[22]

그리스도께서는 "물과 피로 임하셔서" 성령으로 하여금 그에 관한 증거를 하시게 하셨다(요일 5:6-7). 이것은 그를 통해서 주시는 구원을 우리가 놓치지 않게 하시려는 의도이다. 하늘에 증거하시는 세 분이 - 아버지와 말씀과 성령이 - 계신 것처럼 땅에도 셋, 곧 물과 피와 성령이 있다(요일 5:7-8).

요약하면 그리스도께서 우리를 자신에게 효과적으로 연결시키는 띠는 성령이다.

하나님께서는 죄인을 구원하시려고 구속사업을 완성하시고 구원의 대상인 죄인이 성령의 작용으로 구속사업(복음)이 적용되어 구원함을 받게 하신 것처럼 구원받은 사람을 돌보고 구속사업(복음)을 관리하게 하기 위하여 교회를 세우셨다. 교회의 필요성에 대한 칼빈의 증거를 들어보자.

"우리가 복음을 믿음으로 말미암아 그리스도께서는 우리의 그리스도가 되시고 우리는 그가 가져오신 구원과 영원한 부에 참여하게 된다. 그러나 우리의 믿음을 일으키고 키우며 목적지까지 전진시키려면 무지하고 태만한 (또 경박한) 우리들에게는 외적인 도움이 필요하기 때문에 하나님께서는 우리의 이 약점에 대비해서 필요한 보조수단도 첨가하셨다. 그리고 복음전파가 활발하게 전개되도록 이 보물을 교회에 맡기셨다. 목사와 교사들을 임명하셔서(엡 4:11) 그들의 입을 통하여 자기 백성을 가르치게 하셨으며 그들에게 권위를 주셨고 끝으로 신앙의 거룩한 일치와 올바른 질서를 위해서 도움이 될만한 것은 하나도 빠뜨리지 않으셨다. 우선 성례(聖禮)를 제정하셔서 성례에 참가한 우리는 그것이 신앙을 자라게 하며 강화하는데 매우 유익한 보조수단임을 체험한다."[23]

교회를 통한 교육, 그 가치와 그 의무에 대한 칼빈의 증거를 들어보자.

"바울의 글에 그리스도께서는 "만물을 충만케 하려고 혹은 사도로 혹은 선지자로 혹은 복음전하는 자로 혹은 목사와 교사로 주셨으니 이는 성도를 온전케 하며 봉사의 일을 하게 하며 그리스도의 몸을 세우려 하심이라. 우리가 다 하나님의 아들을 믿는 것과 아는 일에 하나가 되어 온전한 사람을 이루어 그리스도의 장성한 분량이 충만한 데까지 이르리니"(엡 4:10-13) 라고 한다. 이것을 보면 하나님께서는 일순간에 그의 백성을 완전하게 만드실 수 있지만 그들이 교회에서 교육을 받음으로써 장성한 사람이 되기를 원하신다. 즉, 하늘 교리를 전파하라고 목자들에게 명령하셨다. 모든 사람을 동일한 규정하에 두셔서 모든 사람이 온유하고 배우겠다는 정신으로 이 일을 위해서 임명된 교사들의 지배를 받게 하셨다. 이사야는 이미 오래 전에 그리스도의 나라를 구별하는 표지를 말했다. "네 위에 있는 나의 신과 네 입에 둔 나의 말이 이제부터 영원토록 네 입에서와 네 후손의 입에서 떠나지 아니하리라"(사59:21).

그러므로 하나님께서 교회의 손을 통하여 주시는 영적 양식을 멸시하는 사람이 모두 굶주려 멸망하는 것은 당연하다. 하나님께서는 그의 복음만을 도구로 사용하여 우리에게 믿음을 불어 넣으신다. "믿음은 들음에서 난다"는 바울의 말과 같다(롬 10:17). 또한 하나님께서는 구원하는 능력이 있는데(롬 1:16) 하나님께서는 그 능력을 복음전파에 의해서 나타내신다.[24]

"그의 백성이 점이나 요술이나 초혼술이나 기타 미신에 빠지는 것을 금하신 후에(신 18:10-11; 레 19:31) 그들에게 완전히 만족을 줄 만한 것을 주시겠다고 하셨다. 즉 그들에게는 항상 예언자가 있을 것이라고 하셨다(신 18:15). 옛날에 백성을 천사들에게 맡기시지 않고 땅에 교사들을 세워서 천사의 직책을 진실하게 수행하도록 하신 것과 같이 지금도 사람을 사용하여 우리를 가르치고자 하신다. 옛날에 율법만으로는 충분치 못하다고 생각하여 제사장들을 해석자로 삼아 사람들이 율법의 참뜻을 그들의 입을 통하여 배우도록 하신 것과 같이(말 2:7 참조) 지금도 우리가 율법을 정독하기를 원하실 뿐만 아니라 우리를 도울 교사들을 임명하신다. 이 일은 이중으로 유익한데 한편으로는 우리가 목사의 말을 하나님 자신의 말씀같이 들을 때 이것을 아주 좋은 수단으로 삼아 우리의 순종을 시험하신다. 또 한편으로는 우리의 연약함을 고려하셔서 친히 우리를 향하여 우뢰와 같이 말씀하시면 우리가 도망갈 것이므로 사람인 해석자들을 통하여 말씀하심으로써 우리를 자신에게로 이끄신다.
참으로 모든 경건한 사람들은 하나님의 위엄 앞에서 압도될 것을 두려워하며 이와 같은 친근한 교수 방법의 필요성을 절실히 느낀다. 비천한 사람들이 교사로 부르심을 받음으로 인해서 말씀의 권위가 손상된다고 생각하는 사람들은 감사할 줄 모르는 자기를 폭로하고 있는 것이다. 하나님께서 인류에게 주신 훌륭한 선물이 많은데 그 중에서도 사람들의 입과 혀를 성별 하시고 그것들을 통해서 자신의 음성이 들리게 하셨다는 것은 특별한 은혜이다."[25]

"교회"에 관해서는 본 장에서 "교회란 무엇인가?"라는 제목의 항목을 세워 놓고 좀더 상술 하고자 한다.

넷째, 목회사역의 내적실체(그리스도와 그의 유익)

기독교강요에서 우리가 그리스도의 은혜를 어떻게 받느냐는 질문이 세 곳에서 제기되고 있다.[26]

제 3권 제 1장 제 1절에서 칼빈은 이 문제를 다음과 같이 제시한다.[27]

"우리는 이제 이 문제를 살펴야만 한다. 하나님 아버지께서 당신의 독생자에게 부여하시되 그리스도 자신의 사적 소용으로 하기 위해서가 아니라 가난하고 궁핍한 인간들을 부유케 하기위해 주신 그 유익들을 어떻게 우리가 받는가"

이것에 대하여 칼빈은 다음 세가지로 답하고 있다.

- 그가 아버지로부터 부여 받은 것을 우리와 나누기 위해서 그는 우리의 것이 되어야 했고 또한 우리 가운데 거해야 했다. 즉, 그것은 그리스도와의 연합과 교제를 통해서이다.[28]
- 우리는 이것을 신앙으로 취득한다.[29]
- 성령의 신비한 힘에 의해 우리는 그리스도와 그의 모든 유익을 누리게 된다.[30]

칼빈은 똑같은 문제를 다루면서 제 3권 제 20장 제 1절에서는 다른 국면에서 기도를 다루고 있다.

" 주 하나님께서는 당신의 그리스도안에서 자신을 기꺼이 그리고 거리낌 없이 나타내 주셨음이 우리에게 설명되어졌다. 왜냐하면 하나님은 그리스도안에서 우리의 비참 대신 모든 행복을 우리의 궁핍 대신 모든 부유함을 제공해 주셨다. 하나님께서는 그 안에서 우리에게 하늘의 보고를 열어 보이셨으므로 우리의 전적인 기대가 그에게 의존되게 되었고 우리의 전 소망이 그와 굳게 밀착되고 그 안에 머물게 되었다. …… 이제 남은 것은 우리가 그 안에서 추구하는 것이고 기도로써 우리가 배운 것을 그에게 간구하는 일이다. 반면 하나님은 모든 선한 것의 주요 시여자이며 또한 우리에게 그것들을 구하라고 청하고 있는 것을 알면서도 그에게 나아가지 않고 그에게 간구하지도 않는 것은 사람이 땅밑에 보화가 묻혀 있고 숨겨져 있는 것을 알고서도 그것을 등한히 하는 것과 같이 아무 유익이 없다."

20장의 제목은 이 문제를 잘 요약해 준다. "기도, 그것은 주요한 신앙훈련이며 그것에 의해 우리는 매일 하나님의 유익을 얻는다."

제 4권 제 1장 제 1절에서 칼빈은 같은 문제로 되돌아 간다. 그는 이번에는 같은 문제를 위한 "외적 도움을 소개한다."

전권에서 설명한 바와 같이 그리스도가 우리의 것이 되고 우리는 그리스도가 가져온 구원과 영생의 축복과 참여하는 자가 되는 것은 복음을 믿는 믿음에 의해서이다. 우리의 무지와 나태함(이것이 변덕스러운 성향을 추가한다) 때문에 우리는 우리안에 믿음을 일으키고 자라나게 하며 그리고 그것의 목표 지점까지 향상하기 위해서 외적 도움이 필요하다. 하나님은 또한 우리의 연약함에 대비하시기 위하여 이러한 보조수단을 첨가 하셨다.

이제 우리는 이 모든 것들을 다음과 같이 구분할 수 있다.[31]

• 내부적으로 신앙은 그리스도를 받아 들이는 것이며 그 결과 우리는 그가 가져온 구원에 참여하게 된다. 칼빈에 의하면 이 모든 것은 실제로 성령의 은밀한 사역에 속하며 성령의 주요 역사는 신앙이다.

• 하지만 성령은 직접적으로 역사하지 않고 다만 교회사역 즉 외적 수단을 통해서만 역사하신다. 칼빈에게 있어서 은혜의 수단은 세가지이다. 그것은 복음의 설교, 성례전의 집행 그리고 기도 등이다. 이 모든 외적 도움은 우리 안에 믿음을 일으키고 그것을 자라나게 하며 그것의 목적지에까지 향상하는 것, 즉 최종적인 구원이다.

• 이와 같은 것들, 곧 말씀, 성례전 그리고 기도는 그것들 자체로서는 존재하지 않는다. 목사와 선생들은 이러한 것들을 사역하도록 세움을 받았다.

이러한 은혜의 외적 수단의 목적은 예수 그리스도를 믿는 믿음을 일으키고 믿는 자들을 구원하는 것이다. 복음의 말씀은 칼빈에게 있어서 "회개와 죄사함(눅24:47)"으로 잘 요약된다. 성례전은 그러한 영적 실재의 가시적 형태 이외에 아무것도 아니다. 세례의 의미는 그리스도와의 연합을 통한[32] 죄의 씻음[33]과 회개[34]이다. 성만찬은 우리의 죄를 위한 그리스도의 대속의 죽음과 그와 연합하여 영생에 이르는 것을 의미한다.[35] 기도는 매일 하나님으로 부터 그리스도의 유익을 받기 위한 믿음의 연습이다. 따라서 전체 내용은 칼빈이 명확하게 밝힌 것과 같이 표현될 수 있다. 즉 "우리가 복음을 믿음으로써 그리스도는 우리의 것이 되고 우리는 그가 가져온 구원과 영생의 축복에 참여하게 된다."[36] 우리는 이제 목사들이 회중의 "믿음"에 주로 관심을 기울여야 한다고 결론지을 수 있다. 목사는 "우리안에 믿음을 일으키고 자라나게 하며 목적지까지 향상시키기 위해"[37] 세움을 받은 자이다.

다섯째, 목회사역의 목표(구원)

구원의 내용(Contents)은 전체적으로 다루어져야 한다.[38]

칼빈은 구원의 한 국면만을 다루는 대신 전체 내용들을 다루고자 노력한다. 그것을 유익(Fructus)과 결과(effectus)라는 두 단어로 논술했다.[39] 그는 "결과"를 설명하기 시작하면서 다음과 같이 말하고 있다.

지금까지 우리는 부분적으로 신앙이 어떻게 해서 그리스도를 소유하며 그리고 그것을 통해서 어떻게 그의 유익을 누릴 수 있는가를 알아 보았지만, 우리가 느끼는 그것의 결과에 설명을 추가 하지 않는다면 이 문제는 여전히 모호한 것으로 남게 될 것이다.[40]

실제로 칼빈은 제 3권의 제목인 "그리스도로부터 우리에게 오는 유익"과 그에 따르는 결과에서 'fructus'와 'effectus'라는 단어를 사용했지만 그것들을 정의하지 않았다. 그럼에도 불구하고 "효과"라는 말의 의미는 그것의 문맥을 보면 분명하다. 'effectuum'이라는 단어에 대해서 칼빈은 'quossentimus'라는 수식구를 사용한다.다시 말하면 그 결과는 우리가 느낄 수 있도록 우리에게 영향을 주는 것들이다.

그는 실제로 결과로서 세가지를 소개하고 있다. 즉, 회개, 죄사함 그리고, 삶의 실제적인 거룩함이 그것이다. 이 세가지 결과를 그는 다음의 장들에서 넓게 발전시키고 있다. 즉 3장에서 10장까지는 믿음 혹은, 회개에 의한 거듭남, 11장에서 13장까지는 이신칭의 그리고, 14장에서 19장까지는 성화를 다루고 있다. 물론 여러 관련된 교리들과 논증들이 이 장들에서 논의되고 있으나, 그것들의 모두는 아마 우리가 느낄 수 있는 그리스도의 은혜의 "결과"라고 불리워질 수 있는 것이다. 더우기 구원의 결과는 그것까지 포함될 수 있는 보다 폭 넓은 범주이다. 그것은 칼빈이 만일 그 결과가 충분히 설명되지 않으면 그리스도의 은혜의 결과는 모호하게 될 것이라고 말하기 때문이다. 그러나 우리는 그리스도를 통하여 우리에게 미치는 결과 즉, 거듭남, 칭의 그리고, 성화 이외에 성령의 은사(Inst.,IV.2, 39-40), 소망과 사랑(Inst.,III.2,41-43) 특별히 영생과 같은 막대하고 무수한 유익들을 가지는 것은 확실하다. 한 마디로 그리스도께서 우리에게 베푸시는 유익은 구원과 영원한 축복(Inst.,IV.1.1)이다. 칼빈은 실제로 부활의 교리로써 3권을 마무리 짓고 있다. 이것은 참으로 궁극적인, 이미 시작된 구원과정의 목적이자 완성이다. 따라서 구원의 일반적 내용들은 칼빈에게서 충분히 설명되고 있다. 또한 우리는 구원의 내용에 대한 칼빈의 견해는 바울의 그것과 완전히 일치함을 알 수 있다.

또 미리 정하신 그들을 부르시고 부르신 그들을 또한 의롭다 하시고 의롭다 하신 그들을 또한 영화롭게 하셨느니라(롬 8:30). 이러한 구원의 내용들이 목사에게 어떤 의미를 주는가? 목사는 이런 내용을 그의 목회사역의 목표로 설정해야 한다. 이것이 바로 바울이 갈라디아 교인들 속에서 그리스도의 형상이 이루어지는 것을 보기 위하여 해산하는 수고를 한다고 말한 이유이다(갈 4:19). 그러나 어떠한 목사도 그의 회중에게 그러한 유익과 결과를 부여할 수 없다. 왜냐하면 그것들은 그리스도께서 그의 아버지 하나님으로 부터 받은 것으로 그 자신의 소용을 위해서가 아니라 대부분 그것들을 필요로 하는 우리를 부유하게 하기 위한 것이기 때문이다. 칼빈은 우리가 어떻게 그리스도의 유익을 받을 수 있고 또한 어떻게 목사가 이 목적을 위해 사역해야만 하는가를 매우 분명하게 밝혀 주고 있다. 우리는 이것에 대해서 이미 앞에서 다룬 바가 있다. 그러나 이 항에서 사역의 목표가 무엇인가 분명해졌다.

목사는 성령의 은사인 이러한 결과들, 즉 약속의 모든 내용들, 능력, 사랑, 회개 그리고, 중생(자기 부인의 삶, 사회와 문화적인 의무에 대한 근면하고 성실한 수행 그리고, 이웃에 대한 봉사), 칭의, 성화 그리고 마지막으로 부활이 자신의 회중에게 부여될 수 있도록 기도해야 한다. 한마디로 말하면 목사는 그의 목전에 자신의 목회사역에 대한 분명한 목표를 설정해야 한다. 그것은 즉 자신의 회중이 각 구성원의 구원이며 그들 중에 한 사람이라도 구원받은 자의 무리로부터 떨어지지 않도록 하는 것이다.[41]

교회란 무엇인가 ?

목사는 교회를 섬기기 위하여 세움을 받은 일꾼이다(엡 4:11). 그러므로 목사는 어느 시대, 어느 장소에서나 교회란 무엇인가를 묻고 이 질문에 대한 확실한 대답을 가지고 있으면서 교회를 섬겨야 한다.[42]

목사가 교회를 잘 모르고 교회를 섬기는 것은 마치 인간의 영적 정신적 육체적 구조와 조직과 기능을 잘 모르는 의사가 인간의 질병을 치료한다고 하는 격일 것이다. 목사가 교회를 잘 모르고 교회를 섬길 때 교회를 교회되게 하기 보다는 교회를 타락시키거나 변질된 교회로 전락시킬 위험이 있다. [43]

참으로 목사는 교회를 올바로 알고 올바르게 섬겨야 한다. 교회란 구약에서는 'to call'이라는 뜻을 지닌 카할(kahal)이라는 말과 'to appoint'라는 뜻을 지닌 에다(edhah)라는 말로 지칭되었고(출 12:6, 민 14:5, 렘 26:17) 신약에서는 "불러내다"라는 뜻을 지닌 'ekklesia' [(out) + (to call)] 말로 지칭 되었는데 [44] 이 헬라어 '에클레시아'라는 말은 당시 헬라 세계에서 어떤 특수한 사회단체의 회집이나 전 국민의 정규집회(행19:39)를 가리키는 말이었고 전혀 종교적인 뜻을 가지고 있지 않았으나 이 말에 종교적인 뜻을 부여하게 된 것은 성경이다. [45]

교회의 기초는 하나님의 말씀이다.[46] 구약에서의 교회는 하나님의 말씀을 받은 이스라엘 백성(창 12:1-9, 출12:1-14)이요, 신약에서의 교회는 "예수는 그리스도시라"라는 신앙고백(마 16:16, 행 5:42)이 있는 곳에 하나님께서 사람들을 불러 모아 주신 하나님의 백성(새 이스라엘)이 바로 교회다. [47]

교회의 설립은 예수님께서 친히 예언하신 바다(마 16:18). 성경은 교회를 설명하는데 있어서 여러 가지 표현을 사용하고 있다.

    교회는 그의 몸이니 만물안에서 만물을 충만케 하는 자의 충만이니라 (엡 1:23, 골 1:18, 고전 12:27).
    성령의 전(고전 3:16, 고전 6:19)
    위에 있는 예루살렘(갈 4:26)
    새 예루살렘(히 12:22)
    하늘의 예루살렘(계 21:2,9,10)
    진리의 기둥과 터(딤전 3:15)

신부(엡 5:24-32)
건물(고전 3:11, 엡 2:20-22, 벧전 2:5)
양무리(요 10:14-16, 행 20:28, 벧전 5:2-4)
포도나무 가지(요 15:1-8)
보화가 담긴 그릇(고후 4:7)

    교회의 이런 별명들은 교회의 성격을 잘 말하여 주고 있다.

    초대교회는 한마디로 성도의 교제(Communico Santorum)였다. 그들은 외형적인 정치면에 관심을 둠이 없이 내적인 신령한 은혜의 교제에 치중하였던 것이다. 그후 교회가 〈예루살렘에서 유대와 사마리아와 땅끝까지〉의 과정을 따라 로마제국 내에 전파되고 또한 로마의 박해 하에 있는 동안에 이 교회의 본질적인 성격에는 변동이 없었다. 그러나 교회가 로마에서 국교로서의 위치에 서고 또한 동서로 분열함에 따라 그 외세적인 팽창에 반비례하여 그 내적 의의에는 큰 변화가 있었다. 동교회는 자기들만이 정교회(The Orthodoxy Church)로 주장했고 서교회 역시 유일의 공교회(The Catholic Church)로서 자처하게 되었다. 이리하여 교회는 내적인 성도의 교제보다 외적인 조직과 권위확립에 여념이 없게 된 것이다.

    이런 교회의 내적 타락에 항거하여 일어난 종교개혁가의 교회관은 옥스벅 신조(Augsburg Confession, June 1530)에 이렇게 나타나고 있다. "교회는 성도의 모임으로서 정당하게 복음을 전하고 또 정당하게 성례를 집행하는 곳이다." 그리고 개혁가에 있어 교회관은 일보진전하여 보이는 교회와 보이지 않는 교회의 구분을 둔 것은 특히 명심하여야 될 것이다.[48]

    보이지 않는 교회와 보이는 교회의 차이에 대해 칼빈은 전자를 현재 지상에 살아 있는 성도들 뿐만 아니라 천지창조 이후 지금까지 선택받은 모든 사람을 포함하며 이 교회는 우리의 눈에는 보이지 않고 하나님의 눈에만 보인다고 믿어야 한다고 했고, 후자는 현재 지상에 있는 눈으로 볼 수 있는 지역교회를 말하는 것으로서 사람들과 관련한 교회이며 이 교회에는 이름과 외형만 있고 그리스도는 전연 없는 위선자들이 많이 섞여 있다[49]고 했다.

사도신경에서 말하는 "내가 한 거룩한 교회를 믿사오며"란 분명히 우주적인 보이지 않는 교회를 가리키는 것으로 본다. 그것은 과거,현재,미래를 통한 모든 참 성도들의 단체, 장차 하나님의 나라에서 그 보좌 앞에서 찬양할 거룩한 그 일단을 말한다. 요컨대 이 양자의 구분과 상관성(relationship)을 명확히 함이 절대 필요한 것이다.[50]

교회는 하나님께서 예수 그리스도를 통하여 우리에게 주신 구원의 복음을 이 세상에 선포하는 것을 최대의 목적으로 하고 있다(막 16:15; 행 1:8).[51]

교회는 하나님께서 계획하신 구속의 사업을 이룩하시는 하나의 도구가 되는 것이다. 그리고 이 구속의 사업은 구약에 약속된 것인데 그리스도를 통하여 실현된 것이다. 그러므로 교회는 이 세상 끝날까지 우리들 가운데 그리스도를 현세적으로 모시는 곳이다.[52]

성경은 왜 교회를 사람의 몸에 비유하고 있는가?
(엡 1:22-23; 고전 12:12-27)

머리가 있기 때문이다(엡 1:22).

또 만물을 그 발 아래 복종하게 하시고 그를 만물위에 교회의 머리로 주셨으니(엡 1:22).

너희는 그리스도의 몸이요 지체의 각 부분이라(고전 12:27).

그리스도가 교회의 머리이며, 모든 신자로 구성된 영적인 유기체를 이루는 그리스도의 몸이 교회다. 따라서 예수를 영접하고 구원을 얻으면 교회의 한 지체 곧, 눈, 코, 입, 팔, 다리 등 그 기능과

역할을 하게 되는 것이다.[53]

어떠한 몸에서도 머리는 그 몸의 가장 중요한 부서이다. 그것은 몸의 나머지 모든 지체들이 올바로 기능을 발휘하게 하고 또한 지배하는 책임이 있다. 머리가 손에게 행해야 할 것을 말해 준다. 몸의 다른 어떤 부서도 머리의 역할과 책임을 감당할 수 없다. 교회 지도자들은 흔히 몸의 기능행사에 있어서 '머리'의 역할을 행하려고 애쓰는 잘못을 범한다. 모든 지시와 권위는 몸의 머리로 부터 나와야 한다. 우리가 이 진리를 실질적으로 실현할 수 있는 방법은 말씀에의 복종(머리의 권위에 복종함)과 기도(머리의 지혜와 지도를 구함)다.[54]

포도나무와 가지의 비유(요15:1-8)를 생각해 보라. 여호와를 경외하는 것이 지식의 근본이요 거룩하신 자를 아는 것이 명철이니라(잠 9:10) 는 말씀도 있지만 인간이 깨달아야 될 지혜중의 지혜는 인간은 포도나무가 아니고 가지라는 사실이다. 나는 포도나무요 너희는 가지니 저가 내 안에 내가 저 안에 있으면 이 사람은 과실을 많이 맺나니 나를 떠나서는 너희가 아무 것도 할 수 없음이라(요15:5)고 말씀하셨다.

포도나무에서 끊겨 있는 가지를 생각해 보라. "Non Christian"이란 한마디로 말해서 포도나무에서 끊겨져 있는 가지라고 할 수 있다. 인간의 비극이란 가지가 포도나무에서 끊겨 있는데서 비롯되는 것이다.

필자가 독바위교회 개척시 아브라함 농장을 경영할 때 손님이 오시면 점검해 놓은 수탉이나 알 안 낳는 암탉을 잡아서 대접하곤 했다. 그런데 암탉 앞에서 머리를 자르기전 날개 치며 으시대는 수탉은 정말 멋있는데 그만 머리를 자르고 나면 그 수탉은 모든 기능을 상실해 버리고 미친듯이 몸통만 퍼드득 거리다가 푹 쓰러지고 만다.

이 세대의 젊은이들을 무엇에 비유할까, "아브라함 농장의 머리 잘린 수탉"이라 할 것이다. 머리가 잘렸기 때문에 삶의 목적도 없고 제 인생을 가늘 생명의 능력도 선악을 분별할 수 있을 만한 도덕의식 인생의 방향감각도 없이 미친듯이 몸을 흔들다가 허무하게도 그 인생을 다 끝내 버리는 젊은이 이것이 바로 오늘의 그리스도 없는 젊은이들이 아니겠는가. 가지가 포도나무에 붙어 있게 해주고 몸이 머리의 통제를 받게 해 주는 것이 복음이다.

우리 목회자들은 "머리의식"을 가지고 목회해야 겠다. "머리의식"이란 그리스도가 머리이며 나는 머리가 아니라는 깨달음이다.

하나이기 때문이다(고전 12:12; 고전 12:18-20).

몸의 지체가 많으나 한 몸임과 같이 교인수가 백 명, 천 명, 만 명이라도 그리스도의 몸으로서 교회는 하나이며 세계 각지에 흩어져 있는 교회수가 아무리 많더라도 그리스도의 몸으로서의 교회는 하나이다.

몸이 하나요 성령이 하나이니 이와 같이 너희가 부르심의 한 소망 안에서 부르심을 입었느니라 주도 하나이요 믿음도 하나이요 세례도 하나이요 하나님도 하나이시니 곧 만유의 아버지시라 만유 위에 계시고 만유를 통일하시고 만유 가운데 계시도다(엡 4:4-6).

책임이 각각 다르기 때문이다 (고전 12:21-25).

눈, 코, 입, 팔, 다리 등 몸의 지체들의 책임이 각기 다른 것처럼 교회 구성원의 책임도 각각 다른 것이다.

몸의 지체들이라는 해설 배후에 있는 주된 관념은 영적 은사들의 사용이다. 우리는 모두 상이하다. 우리는 모든 사람을 동일한 틀 가운데 억압적으로 집어 넣으려고 애쓰지 말아야 한다. 중요하지 않은 사람은 아무도 없다. 모두가 필요하다. 그러나 모두가 상이(相異)하다. 우리는 이 차이들의 중요성을 인정하고 이 차이들이 어떻게 서로를 돕는가에 대하여 배워야만 한다.[55]

운명공동체이기 때문이다(고전 12:26).

우리 몸의 지체중에 어느 한 곳이 아프면 몸 전체가 아픈 것처럼 교회도 누가 고통을 당하면 교회 전체가 고통을 느낄 수 있어야 한다. 만일 교회의 누가 고통을 당하고 있는데도 그 교회가 고통을 느끼지 않고 있다면 그 교회는 병든 교회임에 틀림없다.

성경은 인류를 운명공동체로 본다(롬 5:12,19). 사회의 아픔이 곧 나의 아픔이고 나의 아픔이 곧 사회의 아픔임을 가르치는 곳이 교회이다.

전도란 세상 사람들을 교회안으로 불러 들이는 것이다.

머리가 있고(영혼구원), 하나이고 책임이 있는 운명공동체가 교회이기 때문이다.[56] 인류 전체가 교회 안으로 들어오고 머리되신 그리스도에 의해서 다스려지고 성령의 이끌림을 받게되는 교회안에 들어온 인류를 상상해 보라. 교회밖에는 구원이 없다(Extra ecclessiam nulla).[57]

교회와 성령

교회를 출현시키신 것은 성령이시며(행 2:17-33) 예수의 몸이 교회이다(고전 12:12). 성령의 강림으로 세워진 교회는[58] 지상에서 역사하시던 예수님처럼 역사함을 볼 수가 있다(행 2:42, 3:6-8, 12:6-10, 14:8-10). 예수님의 일이 곧, 교회의 일이 되게 하신 것이 곧 성령이시다.[59]

그러므로 목회사역이란 항상 성령과 함께 동행하는 것이라고 할 수가 있다.[60] 여기서 알 수 있는 것은 성령에 대한 바른 이해 없이는 자신 있게 확실하게 바른 목회를 할 수가 없을 것이라는 점이다.

그러므로 성령론은 목회사역 일반의 신학적 기초에서 다뤄야 될 성질이므로 본 절에서 논(論)하고자 한다.

성령님은 어떤 분인가?

성령님은 어떤 분인가의 질문은 "하나님은 어떤 분인가"라는 질문과 같다. 성령님은 하나님이시기 때문이다.[61] 성경이 말하는 하나님을 정리해서 표현한 것이 삼위일체의 하나님이다.[62] 창조주 하나님이 나를 구원하신 예수님(요 1:1)이며, 이 사실을 깨닫게 해서 믿게 하셨고(고전 12:3) 내 안에 계셔서 죄와 정욕과 사탄과 나를 이기고 하나님을 섬기도록 생명의 능력을 주시고(롬 8:2,9,13) 나를 인도하시고 보호하시고 위로하시는 분(요 14:17,26), 그러나 바람처럼 보이지 않는 분(요 3:8), 이 분이 성령님이시다.

성령은 말세에 만민에게 부어질 것이 약속되어 있었다(욜 2:28-29, 행 2:14-21)

구약시대에는 다윗같은 왕이나 사무엘 같은 선지자나 에스라 같은 제사장이나 이와 같이 특수한 사람들에게만 성령을 주셔서 하나님의 뜻을 이루셨다. 그러나 성령은 요엘 선지자를 통해서 만민에게 주실 것이 약속되어 있었다.[63]

예수님은 성령을 각 사람에게 오시게 하려고 이 세상에 오셨다(요 16:7, 행 1:4).[64]

예수님은 성령이 각 사람에게 오시도록 하시기 위해서 하신 일이 무엇인가? 십자가의 죽으심과 부활이다(마 16:21, 고전 15:1-8). 사도행전 2:38을 보자.

"베드로가 가로되 너희가 회개하여 각각 예수 그리스도의 이름으로 세례를 받고 죄사함을 얻으라 그리하면 성령을 선물로 받으리니"

우리가 이 말씀을 통해서 확실히 알 수 있는 것은 성령을 선물로 받기 위해서 그 선행조건은 죄사함이라는 사실이다. 피흘림이 없이는 죄사함이 없다(레 17:11, 히 9: 22). 예수님은 십자가의 죽음으로써 피를 흘리셨다. 하나님을 떠나 죄를 짓던 사람이 하나님께로 돌아와 예수님의 십자가의 죽으심을 자기의 죄를 위한 대속적(代贖的)인 죽음으로 믿으면 모든 죄를 사함받고(요일 1:9) 성령을 선물로 받아 하나님과 교제할 수 있고 영생에 이를 수가 있다.

성령을 그리스도의 영(롬 8:9)이라고도 부른다. "예수 죽음 내 죽음", "예수 부활 내 부활"이다. 십자가와 함께 죄에 대하여서는 죽고, 부활과 함께 그리스도의 영을 받아 사는 삶이 그리스도인의 삶이다.

예수님을 주님으로 영접함이 성령님을 영접함이다.[65]

성령은 하나님이 자기를 순종하는 자들에게 주신다(행 5:32).

성령은 언제 받는가?

사도행전에 보면 성령 받는 방법이 똑같지 않았다는 사실을 발견할 수 있다. 주 예수 그리스도를 믿을 때 받았다(행 11:17), 말씀(설교) 들을 때 받았다(행10:44), 전혀 기도에 힘쓸 때 받았다(행 1:14, 행 2:42), 안수할 때 받았다(행 8:17). 사도행전 8장 9-24절에 보면 시몬이라는 마술사는 성령을 받기를 열심히 구했지만 받지 못했다. 성경은 시몬에게 말씀했다. "네 마음이 바르지 못하니 이 도에는 네가 관계도 없고 분깃 될 것도 없다."(행 8:21).

성령세례와 성령충만에 대하여

R.A.토레이는 그의 성령론에서

"성령으로 세례 받는다는 것은 성령님의 거듭나게 하시는 일과는 별개의 뚜렷한 성령님의 활동이다"[66]라고 했고 "성령에 의해서 거듭남에 있어서는 생명주심이 있으며 그것을 받은 사람은 구원받는 것이고 성령으로 세례를 받는 것에 있어서는 능력주심이 있으며 그것을 받은 사람은 하나님의 일을 행하는 데 적합한 사람이 되는 것이다"[67]

라고 해서 성령세례를 중생과 별개의 것으로 취급하였다.

D.M.로이드 죤스도 그의 성령론에서 성령세례 없이도 그리스도인이 될 수도 있다고 말하면서 성령세례가 구원에 대하여 필수불가결한 것은 아니다[68]고 하여서 성령세례를 중생과는 다른 별개의 것으로 취급하였다.

이인한 목사도 그의 성령론에서 자신이 성령세례받은 체험을 간증하면서 "그것은 성질,상태 모든 면에 있어서 중생의 체험과는 다른 것이었다"고 하며 자기 자신이 중생한 체험은 누구에게도 지지 않는 명확한 체험이 있다고 하면서 "성령세례는 분명히 요한복음 3장에 말씀하신 거듭난다는 말씀과는 혼돈될 수 없는 뛰어나게 독특한 말씀이요 주님의 사도들에게 대한 지상명령인줄 아는 바"[69]라고 하여서 역시 중생과 성령세례를 구별하였다.

조용기 목사도 그의 성령론에서 중생과 성령세례는 동일한 체험이 아니라고 하면서 중생이란 성령께서 육의 인간을 하나님께로서 난 영의 인간으로 변화시키는 새로운 창조적 역사를 이루는 것이고 성령세례란 중생한 성도들에게 아버지의 약속하신 성령세례를 축복으로 찾아 오시는 것[70]이라고 해서 성령세례를 중생체험과 별개의 것으로 취급하였다. 또 중생은 영생을 얻는 체험이요 성령의 충만은 중생한 성도가 하나님의 권능을 받아 그리스도의 폭탄적 증거자가 되는 것[71]이라고 해서 성령세례와 성령충만을 동일시 했다.

조용기 목사 뿐만 아니라 성령세례를 중생과 별개의 것으로 취급하는 성령론의 저자들은 성령세례와 성령충만을 동일시하고 있었는데 필자가 답답하게 생각하는 것은 이들 저자들도 성경을 아는 분들일 터인데 어찌하여 소위 능력 받았다고 하는 능력 받는 개념을 성령충만과 연결짓지 못하고 성령세례와 연결짓고 있으며 또 성령세례를 성령충만과 동일시 하고 있느냐 하는 점이다. 성령세례를 받아야 중생할 수 있는 것이고(요 3:1-8), 중생해야 성령으로 충만해서 주의 일을 할 수가 있는 것이다(행1:8).

"세례라는 말의 성경적 의미는 물세례와 성령세례 모두에 있어 처음의 것이며 반복되지 않는다는 것을 보여준다."[72]

빌리 그레함 목사는 성령세례를 다음과 같이 잘 설명해 주었다.

여러해 동안 나 자신이 성경공부를 하면서 모든 신도의 인생에는 성령으로 세례 받는 기회가 단 한번 있고 그 때가 바로 회개 하는 그 순간임을 확신하게 되었습니다. 성령으로의 이 세례는 오순절에 시작되었고 예수 그리스도를 구주로 알게 된 사람들은 거듭나는 순간 그 경험을 같이 나누고 성령으로 세례 받았습니다. 성경의 진리란 우리가 회개할 때 성령에 의해 그리스도의 몸으로 세례 받는 것입니다(고전 12:13). 이것이 단 하나 성령세례입니다. 이 때에 우리는 성령으로 채워질 수 있고 채워져야 하며 그 후에도 채워지고 또 채워져야 합니다. 흔히들 말하듯 '세례는 한 번 그러나 채워지기는 수 없이'입니다.[73]

성령세례를 중생과 동일시하지 않고 구별해서 취급하는 성령론자들의 논거(論據)는 3가지이다.

첫째는 사도행전 8:4-17이다. 여기에 보면 빌립에게 전도 받은 사람들이 다 믿고 세례를 받았으나(행 8:12) 이들 중에는 한 사람도 성령을 받은 것은 아니었고(행 8:16) 나중에 예루살렘에서 내려간 베드로와 요한 두 사도에 의해서 저들이 성령을 받았으니(행 8:17), 이 사실은 믿고 세례 받고 중생을 체험하는 것과 성령을 받는 것과는 뚜렷이 구별된 체험[74]이라는 것이다. 그러나 "우리가 성경과 성경을 비교해 볼 때 우리는 이 글에서 곧 특이한 특징을 발견한다. 빌립이 사마리아에서 설교했을때 복음이 예루살렘 밖으로 나간 것은 그 때가 처음이었다. 사마리아인들과 유대인들은 항상 철천지 원수지간이었기 때문이다. 그래서 베드로와 요한이 올 때까지 성령이 기다렸던 것이다. 그것은 비록 그들이 증오하는 사마리아인이라 할지라도 예수 그리스도를 믿고 마음속에 받아 들인다면 하나님께서도 그들을 받아 들이신다는 것을 그들에게 나타내 보이기 위함이었다. 행 8:26-40을 보라. 빌립을 통해서 복음을 듣고 물로 세례를 받은 에티오피아의 내시는 그후 성령세례를 받기 위해서 기도했다거나 안수기도를 받았다거나 하는 말은 전혀 없다. 따라서 사도행전 8장에 얘기된 사마리아의 상황은 단 한 번 뿐이었고 우리가 성경과 성경을 비교할 때 다른 성경말씀에는 들어 맞지 않는 것이다.[75]

둘째는 행 9:1-22이다. 중생의 체험과 성령세례를 구별하는 성령론자들은 사울이 중생을 체험한 것은 다메섹 도상에서이며 사울의 눈에서 비늘 같은 것이 벗어져 다시 보게 되고 성령으로 충만해진 것은 성도 아나니아의 집에서 아나니아가 안수 기도할 때였으니 이로 보건대 사울의 중생과 성령의 충만은 분명히 분리된 별개의 체험이었다[76]는 것이다. 조용기 목사는 성령충만이라는 말과 성령세례라는 말을 동의어로 사용한다.[77] 문제는 사울의 성령세례(중생체험)와 성령충만체험이 다메섹 도상에서였는가, 아니면 성도 아나니아의 집에서 아나니아의 증거를 듣고 안수 받을 때였는가, 이에 대한 대답도 빌리 그레함 목사의 성령론에서 들어보자.

"나는 새 삶의 시작이 우리가 세상에 태어나는 것, 즉 수태가 있고 10개월 동안의 임신이 있고 그리고 출생이 있는 것과 같다고 확신한다. 때론 성령의 깨달음이 있기까지 몇 주일이 걸릴지도 모른다. 나는 우리 복음 대회의 사람들이 한 번 이상 앞으로 걸어나오면서도 세 번 네 번이 될 때까지도 구원의 확신을 경험하지 못하는 것을 봤다. 그들이 거듭나는 것은 언제인가? 그것은 성령의 하나님만이 알고 계시다. 그것은 구원의 확신에 대한 증거로 세례를 받거나 안수를 받기도 하고 여러 사람 앞으로 나아오는 때가 될지도 모른다. (중략) 아나니아가 올 때까지 아마도 사울은 거듭나지 않았을 것이다. 여기서도 그 상황은 그 때 뿐이었다.[78]

셋째는 행 19:1-7이다.
조용기 목사의 본문에 대한 해석은 이렇다.
바울이 에베소 대도시에 있는 교회를 방문했었을 때 그 비참하고 연약한 교세를 보게 되었다. 그래서 바울이 제일 먼저 물은 질문이 이러하였다. 너희가 믿을 때에 성령을 받았느냐?(행 19:2)
왜냐하면 만일 그들이 성령을 받았더라면 그처럼 무기력하지 않을 뿐 아니라 12명에 불과한(행 19:7) 비참하게 약한 교세를 갖지 않았을 것이기 때문이다. 오늘날 우리가 믿을 때 그냥 성령을 받았다면 무엇 때문에 바울이 구태여 너희가 믿을때 성령을 받았느냐고 쓸데 없는 말을 물었겠느냐는 것이다.(중략) 오늘날 교회들이 옛 에베소교회처럼 거대한 불신의 사회속에 둘러 싸여 전혀 무기력하고 병들고 생명의 약동도 없고 복음으로 자기들의 도시를 가득히 채워 놓지 못한 이유는 그들이 중생치 못한데 있는 것이 아니라 그들이 봉사의 권능인 성령의 충만한 세례를 받지 못했기 때문이다.
그러므로 성령의 권능이 없이는 어제의 세계나 오늘의 세계나 교회는 결코 전투적이고 도전적이며 승리적이고 자기의 세대를 복음화하는 능력을 나타낼 수는 없는 것이다. 이 때문에 우리는 믿을 때 이미 성령을 받았다는 어리석고 나약한 자기 무능력에 빠진 변명을 단호히 버리고 성경이 분명히 가르치고 또 명령하고 있는 성령의 충만한 세례를 받아야만 한다.[79]

성도들이 성령으로 충만함을 받아야 할 중요성을 강조한 조용기 목사의 상술한 증거들은 구구 절절이 옳다 하겠다. 그런데 문제는 왜 성도가 능력 받아야 한다는 개념을 성령충만이라는 말로 설명하지 않고 성령세례라는 말에 연결을 지어서 성령세례는 중생체험, 능력은 성령충만이라는 성서적인 진리를 혼란시키고 왜곡시키느냐 말이다.

이제는 행 19:1-7에 대한 빌리 그레함 목사의 해석을 들어보자.

"이 글을 읽고 금방 떠오르는 의문은 이 열 두사람이 바울과 만나기 전에도 진짜 크리스챤이었느냐 하는 것이다. 사도가 그런 질문을 했다는 그 사실만으로도 그가 그들의 회개경험이 사실인가 의심했다는 것을 나타낸다.

본문 6절도 다루어야 겠다.

'바울이 그들에게 안수하매 성령이 그들에게 임하시므로 방언도 하고 예언도 하니' 여기서 말한 방언이 고전 14장에서 바울이 말한 방언인지 오순절날 누가가 말한 방언인지는 우리가 알 수 없다. 예언이란 말은 증거 혹은 발표라는 개념을 동반한다. 분명히 그들은 친구들에게 그들이 어떻게 예수 그리스도를 믿게 되었는지를 얘기했다. 내 생각으로는 이것이 거듭났을 때 성령으로의 세례에 이어온 두번째 성령으로의 세례를 얘기하지는 않는다. 그보다는 거듭나면서 동시에 성령세례를 받았을 것이다."[80]

이제는 성령세례와 성령충만에 대한 논의에 대해서 결론을 지어야 겠다. 성령세례 없는 거듭남이란 있을 수가 없는 것이고 거듭남 없는 성령세례란 있을 수가 없는 것이다.

요한 3:1-8을 보자. 예수님께서는 물과 성령으로 나지 아니하면 하나님의 나라에 들어갈 수 없느니라 하셨다. 여기서 물은 세례요한의 물세례(마 3:6)를 가르치고, 성령은 그리스도가 주시는 성령세례(마 3:11)를 가르친다.[81] 세례란 의식은 물로 씻는 결례(시 51:2,7; 슥 13:1)의 관념처럼 죄를 회개함으로 씻음을 받고 옛 육의 사람이 매장되는 것을 뜻한다(롬6:3)[82] 물은 성결을 상징하고 성령은 살리는 것을 상징한다.[83] 물은 마태 3:6에서 증거된 바 "자기들의 죄를 자복하고 물로 씻은 것처럼 회개하고 자복하는 죄인의 죄를 씻어주는 십자가의 보혈을 상징하고 성령은 죽은 영혼을 살리는 그리스도의 영을 상징한다. 그래서 성령세례란 성령께서 어떤 사람을 예수님의 죽음과 부활로 인도해서 그리스도 안에서 죄인된 자기에 대해서는 죽고 하나님 앞에서는 살 수 있도록 거듭나게 하는 것 즉, 죄인이 성령의 역사로 하나님의 생명과 연결되게 된 것을 의미한다. 명심할 것은 성령세례란 예수님의 죽음과 부활로 말미암은 구속사업을 전제로 한다는 점이다.

성령충만이란 하나님의 지배 가운데 완전히 들어가는 자에게 주시는 권능인데 구약에도 성령충만한 자가 여러명 있었으나 신약시대의 성령충만은 성령세례를 받은 자이어야 한다는 점을 명심해야 되며 신앙생활이란 어려운 정도가 아니라 불가능하므로 바울은 에베소서 5:18 에서 성령의 충만을 받으라고 명령하고 있다. 빌립, 스데반, 바나바, 베드로, 바울 같은 분들은 성령충만해서 복음을 증거했다.

성령의 은사와 교회성장

피터 와그너 박사는 그의 저서 "성령의 은사와 교회성장"을 "교회의 건강에 관한 책"이라고 소개하면서 "교회가 성장하는 것은 그 교회가 건강하기 때문이며 성장은 교회가 건강할 때 나타난다"[84]고 했다. 교회를 성장시키기 위해서는 성도들의 성령의 은사를 개발하고 활용할 수 있어야 한다.

구약성경에는 신약성경에 언급이 안 된 몇 가지 은사가 더 있으나 신약성경에 성령의 은사가 언급된 곳은 롬 12:6-8, 고전 12:8-11, 엡 4;11, 벧전 4;10 -11이다.[85]

성경은 구원받은 사람이라면 누구나 적어도 한가지씩 성령의 은사가 주어진다고 가르치고 있다.[86]

"은사는 여러 가지나…… 모든 것을 모든 사람 가운데서 역사 하시는 하나님은 같으니(고전 12:4,7)."

사도 바울은 교회를 우리 몸에 비유해 각기 고유한 기능을 갖고 있으면서도 모두가 합해서 일해야 함을 강조했다(고전 12:14-21).

바울은 그리스도인 각인에게 은사를 주신 목적이 교회가 교회되게 하기 위함이라고 그 목적을 밝혔다 ("성도를 온전케하며 봉사의 일을 하게 하며 그리스도의 몸을 세우려 하심이라 〈엡 4:12〉).

성경은 모든 성도가 언젠가는 그리스도의 심판대에 서서 그가 받은 은사를 얼마나 충실히 사용했으며 하나님과 사람들 앞에서 어떻게 살았는가를 고해야 할 날이 올 것임을 가르치고 있다.

이는 우리가 다 반드시 그리스도의 심판대 앞에 드러나 각각 선악간에 그 몸으로 행한 것을 따라 받으려 함이라(고후 5:10).

그런데 이 심판(고후 5:10)은 불신자들이 받게 될 계시록20:11의 크고 흰 보좌의 심판하고는 다르다.[87]

고전 12:7에 보면 바울은 이 은사가 우리 개인의 목적을 위해 사용되지 않도록 "공동의 이"를 위해 주어진다고 했다. 이 은사들은 서로를 도울 수 있도록 쓰여져야 한다.[88]

아무일에든지 다툼이나 허영으로 하지 말고 오직 겸손한 마음으로 각각 자기보다 남을 낫게 여기고 각각 자기 일을 돌아볼 뿐더러 또한 각각 다른 사람들의 일을 돌아보아 나의 기쁨을 충만케 하라(빌 2:3-4).

하나님께서는 이 은사들이 그리스도의 몸을 연결시켜 주게 하셨다.[89]

평안의 매는 줄로 성령의 하나되게 하신 것을 힘써 지키라 몸이 하나이요 성령이 하나이니 이와같이 너희가 부르심의 한 소망안에서 부르심을 입었느니라 주도 하나요 믿음도 하나요 세례도 하나이요 하나님도 하나이시니 곧 만유의 아버지시라 만유 위에 계시고 만유를 통일하시고 만유 가운데 계시도다 우리 각 사람에게 그리스도의 선물의 분량대로 은혜를 주셨나니(엡 4:3-7).

빌리 그레함은 그의 성령론에서 20가지의 성령의 은사를 말했다.(*p.230 -316까지 참조하라.)[90]

피터 와그너 박사는 빌리 그레함 목사의 20가지 외에 7가지를 더 첨부하여 다음과 같이 성령의 은사 27가지를 밝혔다.[91]

로마서 12장에 언급된 은사들
 예언(설교,영감에 의한 말씀)
 섬기는 일(성직자)
 가르치는 일
 권면(믿음을 일깨워 주며 권면하는 일)
 헌금(기부하는 일, 관대한 행위, 공용하는 일)
 지도력(권한을 행사하는 일, 행정을 하는 일)
 긍휼(자비를 베푸는 일, 슬픈자를 위로하는 일, 친절을 나타내는 일)

고린도전서 12장에 언급된 은사들(로마서 12장의 은사들과 중복되지 않도록 한다.)
 지혜(지혜로운 충고, 지혜로운 말)
 지식(지식적인 연구, 지식의 말)
 믿음
 신유
 기적(능력을 행하는 일)
 영 분별(영적인 일들을 식별하는 일)
 방언(배우지 않은 언어를 말하는 일, 무아경의 발설)
 방언통역
 사도 서로 돕는 일
 행정(다른 사람들로 하여금 함께 일하도록 만드는 일,다스리는 일)

에베소서 4장은 다음의 은사들을 추가시키고 있다(앞에서 언급된 은사들은 중복되지 않도록 했다).
　　　복음전하는 일
　　　목사(하나님의 백성을 돌보는 일)
이상 성경의 세 곳에 나타나 있는 기본적인 목록들 외에도 신약성경은 최소한 다섯 가지 다른 은사들을 더 언급하고 있다.
　　　독신〈절제〉(고전 7:7, 32-34)
　　　자원하여 궁핍하게 되는 일(고전 13:1-3,8)
　　　순교(고전 13:1-3,8)
　　　대접하는 일(벧전 4:9)
　　　선교사(엡 3:7; 행 9:15)
　　　남을 위한 기도의 은사
　　　귀신을 쫓아 내는 일(행 16:16-18)

성령과 신앙생활
　나는 포도나무요 너희는 가지니 저가 내 안에 내가 저 안에 있으면 이 사람은 과실을 많이 맺나니 나를 떠나서는 너희가 아무것도 할 수 없음이라 (요 15:5).
　이 말씀은 성령과 신앙생활의 관계를 더 이상의 적절한 본문을 찾을 수 없을 만큼 완벽하게 가르쳐 주고 있다. 즉, 신앙생활이란 그 내용이나 능력이나 가치에 있어서 전적으로 성령에 의존되어 있다는 것이다. 신앙생활의 성패는 우리 안에 내재하시는 성령이 역사 하실 수 있도록 우리의 마음을 비우고 성령을 거역하는 방해적인 요소를 다 제거하고 그의 명령에 복종하도록 하는 것이다.

오순절의 프락시스
　우리의 성령론은 Ray S.Anderson박사의 저서 「오순절의 프락시스」에서 "오순절의 프락시스"라는 개념을 설명하는 것으로서 끝

맺고자 한다.

앤더슨 박사는 "교회의 본질과 선교를 서로 잇는 내적인 원리는 프락시스(PRAXIS)라는 개념으로서 표현될 수 있다"[92]고 했다.

"오순절의 프락시스는 베드로가 로마의 백부장이요, 이방인인 고넬료의 집에서 행한 설교사건에서 나타난다. 베드로가 자신이 하고 있는 행위가 모세의 율법을 어기는 것인줄 알면서도 하나님이 보여 주신 환상에 설득되어 고넬료의 가정에 복음을 전해야 하였다(행 10:28). 그가 예수님에 관해 증거하고 있을 때 성령이 듣는 모든 이들에게 내려 오셨다. 그 결과를 보고 베드로는 말하기를, "이 사람들이 우리와 같이 성령을 받았으니 누가 능히 물로 세례줌을 금하리요(행 10:47)"

라고 하였다. 베드로가 더 이상 할례가 필요하지 않다는 그러한 결론에 도달한 것은 구약성경을 상고함으로써가 아니라 예수 그리스도의 증인을 통해 역사하시는 성령의 프락시스를 통해서 였다.[93]

성령의 계속되는 임재와 사역은 그리스도의 부활의 프락시스를 성립시킨다. 이 말은 부활의 진리가 단지 역사적인 사건만이 아니라 부활하신 존재로서 예수 그리스도의 임재와 능력이라는 사실을 의미한다. 그리스도께서 인간과 하나님을 화해시키는 수단은 몇가지의 인위적인 방법이나 이데올로기, 또는 심지어 성경에서 끄집어낸 이론의 적용을 통해서 일어나지 않는다. 우리가 전하고 적용시키는 진리와 방법들을 도구로 삼고 성령의 프락시스를 통하여 화해를 이루시는 분은 바로 예수 그리스도 자신이시다.[94]

오순절은 우리로 하여금 그리스도의 화해케 하시는 죽으심과 부활의 프락시스 안에 놓이게 하며 아울러 세상이 그리스도를 통해서 하나님과 화해하고 사랑의 관계를 회복하였다는 관점에서(고후 5:18-20) 교회의 본질과 선교를 보게 하여 그 신학적인 본분을 수행한다.[95] 교회의 본질과 선교의 관계는 성육과 오순절이 서로 관

계되어 있는 것과 같은 식으로 맺어져 있다.[96]

　교회의 본질은 교회가 오순절을 자신의 기원이자 능력의 수단으로 받아들여 세상에서 선교를 수행하는 하나님의 백성으로서 그 존재를 확고히 할 때 비로소 드러나게 되는 것이다.[97]
　가서 모든 족속으로 제자를 삼으라(마 28:19)는 대명령은 교회가 해야할 일을 제시하고 있으며 오순절은 교회로 하여금 그 일을 능력 있게 시작하게 한다.[98]

　그리스도에 대해 우리의 시각은 오순절 성령의 조명을 받는다. 예수님의 제자들은 때론 예수님과 함께 지냈던 날들을 이따금 그리워 했을지 몰라도 오순절 이후에는 다른 수많은 사람들이 예수님의 능력과 임재를 경험할 수 있는 새로운 날들을 살아가게 되었다. 이처럼 예수 그리스도는 항상 살아 계시고 오순절 성령을 통하여 세상에서 자신의 사역을 계속해 나가신다.[99] 예수 그리스도는 모든 인간들의 새로운 삶을 위한 기회이다. 예수 그리스도께서는 과거에 대해서는 죽고 미래에 대해서는 부활하셨기 때문이다.
　우리 그리스도인들은 오순절 날의 사건이 그리스도의 탄생, 기적, 십자가에서의 죽음, 육체적 부활, 그리고 승천과 같이 역사적 사실임을 매 주일 상기해야 한다. 이것이 부흥에 이르는 길이다.[100] 오순절 사건은 지금도 반복되고 있기 때문이다.[101]

주

1. 한철하, 요한 칼빈의 목회신학, 「아신」 제3집(1988), 아세아 연합신학대학, p.44.
2. 존 칼빈, 基督敎綱要, Vol Ⅱ, 김종흡, 신복윤, 이종성, 한철하 譯 (서울 : 생명의 말씀사, 1988 재판), pp.430-433.
3. 한철하, op. cit., p.34. / 4. Ibid., p.35. / 5. Ibid., p.34.
6. 존 칼빈, op. cit.Ⅲ.12.1, p.282. / 7. 한철하, op. cit., p.36.
8. 존 칼빈, op. cit. Ⅲ.11.1, p.247. / 9. 한철하, op. cit., pp. 36-38.
10. 존 칼빈, op. cit.Ⅱ.6.1, p.491. / 11. Ibid., pp.491-493.
12. Ibid., p.644. / 13. Ibid., p.645. / 14. Ibid., p. 646. / 15. Ibid., p. 646
16. Ibid.Ⅱ.15, p.682. / 17. Ibid.Ⅱ.15.2, p.684. / 18.Ibid.Ⅱ.15.3, pp.685-688.
19. Ibid.Ⅱ.15.6, pp. 691-693. / 20. Ibid.Ⅱ.16, pp.694-725. / 21. Ibid.Ⅲ.1.1
22. Ibid., p.7. / 23. Ibid.Ⅳ.1.1, pp.7-8. / 24. Ibid., p.14. / 25. Ibid., pp.15-16.
26. 한철하, op. cit., p.40. / 27. 존 칼빈, op.cit., Ⅲ.1.1, p.7.
28. Ibid. / 29. Ibid. / 30. Ibid. p.8. / 31. 한철하, op. cit., p.42.
32. 존 칼빈, op. cit. Ⅳ.15.1, p.370., Ibid., 4.5, p.374. / 33. Ibid. / 34. Ibid.
35. Ibid. Ⅳ. 15. 1-4. / 36. Ibid., p.7. / 37. Ibid., p.8. / 38. 한철하, op. cit., p.38.
39. Ibid. / 40. 존 칼빈, op. cit. Ⅲ.3.1, p.78 / 41. 한철하, op. cit., p.39-40.
42. 프랭클린 M. 지글러, 牧會學 槪論, 李唱熙 譯 (서울 : 요단출판사, 1977), p.21.
43. 존 칼빈, 基督敎 綱要, 김종흡, 신복윤, 이종성, 한철하 공역 (서울 · 생명의 말씀사, 1988 재판), vol.Ⅳ., pp.49-50.
44. 루이스 뻘 코프, 牧會論, 신복윤 譯(서울 : 성광문화사, 1981), p.14.
45. J.J. 폰 알멘, 성서어휘사전, (서울 : 기독교서회, 1970재판) pp.26-31
46. 존 칼빈, op. cit.Ⅳ., p.49. / 47. J.J. 폰 알멘, op. cit., p.30.
48. 이상근, 신약성서 주해 옥중서신, (서울 : 장로회 총회 교육부, 19694판), pp.69-70
49. 존 칼빈, op. cit., pp.19-20. / 50. 이상근, op. cit., p.71.
51. J.J. 폰 알멘, op. cit., p.31. / 52. Ibid., p.31.
53. 함성환, 현대교회와 가정교육, (서울 : 그루터기, 1984), p.69.
54. D.L. 학킹, 가장 위대한 교회, 이기문 譯 (서울 : 신망애 출판사, 1988), p.18.
55. Ibid., p.19. / 56. 존 칼빈, op. cit. Ⅳ., p.10.
57. 한철하, 요한 칼빈의 목회신학, 「아신」(아세아연합신학대학, 1988), p.44.
58. 신동혁, 교회, 성령, 선교 (서울 : 기독교문사, 1988 초판), p.27. / 59.Ibid.

60. Ray S.Anderson, *Theological Foundations for ministry-Living in the Spirit*, (Grand Rapids:William B. Eerdmans pub.co.,1979), "The Life of the Spirit therefore is the Transcendence of God understood keriotically",(p.309). "For the fundamental Truth of the Kenotic Community is not revealed to the theologian at his desk but to the pastor in the midist of his people", (p.311).

61. 빌리 그래함, 성령, 주인정 역 (서울 : 보이스사, 1980), p.25.

62. 엄세천, 성서적 성령론 요약, (서울 : 기독교 한국연수원 출판부, 1987년 5판), p.1.

63. "그 후에 내가 내 신을 만민에게 부어 주리니 너희 자녀들이 장래일을 말할 것이며 너희 늙은이는 꿈을 꾸며 너희 젊은이는 이상을 볼 것이며 그 때에 내가 또 내신으로 남종과 여종에게 부어 줄 것이며"(욜 2:28-29).

64. "사도와 같이 모이사 저희에게 분부하여 가라사대 예루살렘을 떠나지 말고 내게 들은 바 아버지의 약속하신 것을 기다리라"(행 1:4).

65. "영접하는 자 곧 그 이름을 믿는자들에게는 하나님의 자녀가 되는 권세를 주셨으니"(요 1:12). " 무릇 하나님의 영으로 인도함을 받는 그들은 곧 하나님의 아들이라 너희는 다시 무서워 하는 종의 영을 받지 아니하였고 양자의 영을 받았으므로 아바 아버지라 부르짖느니라. 성령이 친히 우리 영으로 더불어 우리가 하나님의 자녀인 것을 증거하시나니"(롬 8:14-16). "…… 또 성령으로 아니하고는 누구든지 예수를 주시라 할 수 없느니라"(고전 12:3).

66. R.A.토레이, 너희가 믿을 때에 성령을 받았느냐 (서울 : 한국양서, 1989년 3판), p.190.

67. *Ibid.*, p.191. / 68. D.M.로이드 존스, 성령론, 홍정식 역 (서울 : 새순출판사, 1990), p.88.

69. 이인한, 성령의 불세례 (서울 : 백합출판사, 1980), p.47

70. 조용기, 성령론 (서울 : 영산출판사, 1980 6판), p.138 / 71. *Ibid.*, p.1

72. 빌리 그레함, *op. cit.*, p.106 / 73. *Ibid.*, pp.109-110. / 74. 조용기, *op. cit.*, p.141.

75. 빌리 그레함, *op. cit.*, pp.116-117 / 76. Loc.cit., pp.141-142. / 77. Ibid. p.143.

78. 빌리 그레함, *op. cit.*, p.118. / 79. 조용기, *op. cit.*, pp.142-144.

80. 빌리 그레함, *op.cit.*, pp.119-120.

81. 이상근, 신약성서주해 요한복음, (서울 : 장로회 총회 교육부, 1968 재판), p.80.

82. *Ibid.*, p.80. / 83. *Ibid.*, p.80.

84. 피터 와그너, 성령의 은사와 교회 성장 (서울 : 생명의 말씀사, 1988 5판), p.10.

85. 빌리 그레함, 성령 , 주인정 역 (서울 : 보이스사, 1980), p.237.

86. *Ibid.*, p.231. / 87. *Ibid.*, p.238. / 88. *Ibid.*, p.288. / 89. *Ibid.*, p.289.

90. *Ibid.*, p.235. / 91. 피터 와그너, 성령의 은사와 교회 성장 , pp.61-71.

92. Ray S.Anderson, 오순절의 프락시스, 조주석 역 (서울 : 아세아 신학사, 1992), p.24.

93. *Ibid.*, p.26. / 94. *Ibid.*, p.26. / 95. *Ibid.*, p.27. / 96. *Ibid.*, p.28./ 97.*Ibid.*, p.28.
98. *Ibid.*, p.28. / 99. *Ibid.*, p.37.
100. D.M.로이드 죤스, <u>성령세례</u>, 정원태 역(서울 : 기독교문서선교회), p.258.
101.*Ibid.*, p.267

참고문헌

Anderson Ray Sed. *Theological Foundation for Ministry*. Edinburgh:Wm.B.Eerdamns Pub.Co., 1979.
--------------------, 오순절의 프락시스-교회의 생활과 선교를 수정함 .조주석 역. 아세아 신학사(ACTS).
David. L. Hocking. 가장 위대한 교회. 이기문 역. 서울:신망애 출판사, 1988.
David. Martyn, Lloyd Jones. 성령론. 홍정식 역. 서울:새순출판사, 1990 재판
D.M.로이드 죤스. 성령세례. 정원태 역. 서울:기독교문서선교회,1990 5판
G. L. Hunt . 현대인과 교회. 김관식 역. 서울:대한기독교서회, 1964.
Jurgen. Moltman. 성령의 능력안에 있는 교회. 박봉랑 외 4인역. 서울:한국 신학연구소 출판부, 1980.
James. R. Brockman . 여러분이 교회. 성찬성 역. 서울:성바오로 출판사,1987.
Robert Schaler. 성공적인 목회의 비결. 조문경 역. 서울:보이스사, 1985 재판.
R.A.Toray. 너희가 믿을 때에 성령을 받았느냐. 서울: 한국양서,1987.
Lary Richard. 성령안에서의 연합. 권혁봉 역. 서울:생명의말씀사,1975
L. Berkhof. 교회론. 신복윤 역. 서울:성광문화사, 1981.
Lehman Strauss. 성령론. 서울:생명의 말씀사, 1979 제5판.
팀 라헤이. 성령과 기질. 서울:생명의 말씀사, 1971.
마이클 그리프스, 영국의 십대교회, 허미순 역, 서울 : 두란노서원, 1986.
William Barclay . 성령의 약속 - 성서적으로 본 성령론. 서기산 역. 서울: 교문사, 1978 제3판.
Billy Graham. 성령. 주인정 역. 서울:보이스사,1980.
Seward hiltner . 목회신학원론. 민경배 역. 서울:대한기독교서회, 1990 1 0판.
Arthur w. Pink . 성령론. 배정웅 역. 서울:풍만, 1984.
Edward Thurneysen . 목회학 실천론. 박근원 역. 서울: 한국신학연구소, 1978 2판.

John Calvin . 基督敎綱要 上, 中, 下.김종합,신복윤,이종성,한철하 공역. 서울: 생명의 말씀사, 1988.재판.
킴벨 몰간. 사도행전 강해. 이용복,조계광 역. 서울:아가페출판사, 1989.
Paul. D.L.Avis. 종교개혁자들의 교회관. 이기문 역. 서울:컨콜디아, 1987.
Francis A. Schaeffer. 20세기 말의 교회. 김재권 역. 서울:생명의 말씀사, 1993.
Franklin M. Segler. 목회학 개론. 이창희 역. 서울:요단출판사, 1977.
C. Peter Wagner . 교회성장에 대한 신학적 이해. 이요한 역. 인천: 성구연구사, 1986
──────────────── . 성령의 은사와 교회성장. 권달천 역. 서울:생명의 말씀사, 1988 제 5판.
Hans Kung . 교회란 무엇인가. 이홍근 역. 서울 : 분도출판사, 1978
호머캔트. 목회학(목회의 실제). 이주영 역. 서울:성광문화사, 1982
김영재. "오순절 성령강림과 성령세례에 대한 이해의 새지평"(특집,성령 세례론의 쟁점과 전망). 「목회와 신학」 1994.3., pp.91-111
나선철. "농촌교회와 목회". 「교회와 신학」 제1집. 서울:장로회 신학대학, 1965.
문용오. "농촌교회 목회의 새 구상". 「교회와 신학」 제2집. 서울:장로회 신학대학, 1967.
순복음교육연구소 편. 신학연구논문집 제 1집. 서울:순복음교육연구소, 1980
──────────────. 교회성장 제 1집. 서울:영산출판사, 1981.
──────────────. 교회성장 제 2집. 서울:영산출판사, 1982.
안영복. 성령론 이해의 문제점에 관한 성경적 고찰. 서울:일중사, 1986
한철하. "요한 칼빈의 목회신학". 「아신」 제3집, 아세아연합신학대학, 1988.
간하배. 목회성장의 신학. 김남식 역. 서울:성광문화사, 1986 재판.
곽안련. 牧會學. 서울:대한기독교서회, 1967.
박정근. 오순절 신학. 서울:복음출판사, 1978.
신동혁. 교회 성령 선교 - 사도행전 강해. 서울:기독교문사, 1988.
신동혁. 성령론. 서울:장로회 총회 교육부, 1979.

이인한. 성령의 불세례. 서울:백합출판사,1980.
이종성. 신학과 신학자들. 서울:양서각, 1983.
정진경. 신학과 목회. 서울:성광문화사, 1977.
조용기. 성령론. 서울:영산출판사, 1980 제6판.
최제경. 임상목회학. 서울:기독교문사, 1975.
한화룡. 교회의 순결과 하나님의 권능. 서울:두란노서원, 1986.
'77 민족복음화성회 준비위원회 편. 오직 성령으로. 서울:혜선문화사,1977.

농촌목회신학의 확립

> 농촌 목회란 공허한 마을을 교회로 만들어가는 과정이다.

    필자는 앞장에서 목회사역 일반의 신학적 기초를 세운 바 있다. 목회사역 일반의 신학적 기초가 농촌교회 목회사역에도 기초가 되는 것은 농촌교회도 교회이기 때문이다.
    그런데 농촌교회 목회일 경우 목회의 대상이 농민이라는 특수성에 비추어 농촌에서 농업에 종사하는 농민에게 신학적인 의미를 부여하는 농촌목회 신학이 절실히 필요한 것이다. 더구나 현하 한국농촌의 현실이 염세적(厭世的)이기 때문에 농촌 목회자들의 신앙심에 호소하는 길만이 한국 농촌교회를 재건하고 한국 농촌복음화를 달성하는 길인 줄로 안다. 크리스천이란 세상따라 사는 사람들이 아니요 하나님의 말씀 따라 사는 사람들(잠 27:18; 마 4:4)이요 오직 믿음으로 사는 사람들이기 때문이다(합 2:4; 롬 1:17). "아무든지 나를 따라 오려거든 자기를 부인하고 자기 십자가를 지고 나를 좇을 것이니라"고 주님께서 말씀하신 것이다.

  1928년부터 총회에 농촌부를 설치하고[1] 한국농촌문제 해결을 위해서 제일 오래, 제일 많이 노력해 오고 있는 대한 예수교 장로회(통합) 농어촌부가 반세기가 지난 오늘까지도 전국 농촌교회에 생기를 불어 넣을 만한 지도신학(指導神學)을 확립하지 못하고 있는 것을 안타깝게 생각한다.

  먼저 장로교(통합) 농촌부의 역사를 간략하게나마 되돌아 보고자 한다.

  1928년 9월 7일 제 17회 총회에서 교회사상 처음으로 농촌부를 창설하였다. 이 때의 지도 인사로는 유재기, 배민수 씨 등이었다.[2] 농촌부는 농사전문가 1인을 초빙하여 농민생활지를 발간하고 농사학교를 설치키로 하고 역사적인 거보를 내디뎠다.[3] 1930년부터 전국적 규모로 농사 강습회를 개최하여 매년 10월 3차 주일은 농촌주일로 지키도록 하고 당시 75-80%인 농촌교회를 이끌어 갔다. 1933년부터는 총무와 간사를 두어 농민들을 위해 농민잡지를 발간하여 새로운 농사지식과 농민전도 농촌교육 등을 시도했다.[4]

  1932년에는 평양 숭실학교 내에 중앙고등 농사학원을 설립케 하고 한국교회가 농촌 지도자 양성을 위해 시도한 중요한 계획이었다.[5] 농촌부는 농촌교회 재정적 자립책으로 몇 교회에 과수 100주씩을 분양하여 농촌교회 교역자의 생활을 위해 공동 경작을 시도한 바도 있다.[6] 그러나 당시 일본 정부의 본격적인 민족운동의 탄압과 전쟁준비에 광분하면서 총회 농촌부가 실시하던 각종 농촌계몽운동을 탄압하여 마침내 1937년 제 26회 총회에서 농촌부를 폐지키로 했다.[7]

  그 후 농촌부는 중단된지 18년 만인 1955년 제 40회 총회시 전신 농촌부를 대신하여 농촌지도위원회를 구성하고 각 노회에도 농촌지도위원회를 조직, 농촌교회를 지도해 왔다.[8]

1960년 제 44회 총회에서 농촌지도위원회를 농촌부로 개편케 하고 매년 6월 2차 주일을 농촌부 주일로 지키도록 했고, 1961년부터 신학교에 농촌지도자 양성반을 설치하도록 했다.[9]

1966년부터 농촌부에 전임 총무를 다시 두면서 농촌부 운동이 활발해 지고, 1982년부터 농업교육을 전공한 간사를 전임케 하고 농촌부 각 분야는 더욱 활동이 구체화 되어 발전했다.[10]

1984년 제 70회 총회에서 농촌부를 농어촌부로 명칭을 변경하여 수많은 도서지구의 어촌마을 교회까지 지도케 되었다.[11]

한국농민회 회장을 역임한 바 있는 김영원 장로는 1966년부터 농촌부 전임 총무로서 20년간이나 재임한 곽재기 목사 시대를 정확히 평가하지 않고서는 앞으로 또는, 지금 당면한 농어촌교회, 농촌, 농업, 농민문제, 개방화 시대를 맞아 이에 상응하는 선교정책을 세울 수가 없다고 말하면서 곽재기 목사 총무시대를 다음과 같이 평가하였다.

총회농어촌부가 한 일은 기술교육, 강습회, 부업장려, 양곡은행, 신협, 자매결연, 농어촌 교역자 생활비 지원, 자녀 장학금 지원, 양수기, 자전거 및 자재 보내기, 계몽지,기술지 등 문서발간 등인데 1928년 농촌부가 설립된 이후 방법의 차이는 있으나 본질적으로는 변화가 없는 것으로서 선교정책의 기초에 역사의식과 사회성 그리고 선교신학의 부재 또는 결핍을 지적하지 않을 수 없다고 했다. 그리고 이어서 유행처럼 확산되는 한국교회의 해외선교의 붐과는 달리 총회농촌부의 예산의 대부분이 해외 교회의 외원 프로젝트에 의해서 이루어 졌다는 것은 큰 문제로서 지적하지 않을 수 없다고 했다.[12]

지금 한국농촌교회 지도자들은 방황하고 있다. 농촌교회 목회자들에게 무엇보다 필요한 것은 농촌목회신학의 확립이다.

필자가 정리해 놓고 있는 "농촌목회를 위한 신학" 13개 사항을 여기에 밝히고자 한다.

농민도 하나님 앞에서 구원받아야 할 대상인 죄인이다 (롬 1:18-3:20).

한국농촌의 근본 문제는 무엇인가? 물질 문제인가? 신학적 문제인가? 적절한 농정(農政), 구조악의 척결, 농업기술의 보급, 영농자금 조달, 농민보호를 위한 유통구조 확립, 농업협동조합의 민주화 등이 필요하지 않다는 말이 아니다. 지금까지의 농촌 운동가들이 이러한 물질적 사회적인 문제해결을 위해서는 노력을 기울였지만 이보다 더 근본적인 문제 즉 죄인이 하나님과 바른 관계를 맺게 해주는 신학적인 문제, 영적인 문제에 대해서는 간과하거나 등한시 해온 것이 사실이다.

"의인은 없나니 하나도 없으며"(롬 3:10)

"모든 사람이 죄를 범하였으매 하나님의 영광에 이르지 못하더니"(롬 3: 23)

농촌문제 해결의 길은 농민도 죄의 세력에서 구원해 내는 일이다. 누구든지 인간은 자신 속에 있는 무서운 불치의 병 곧, 죄를 깨달아 구원받는 길이다. 자기를 창조하신 조물주, 전능하신 하나님을 대항하는 자신의 모습과 그 하나님과 단절되어서 전적으로 선에는 무능하고 근본적으로 잘못된 자신의 모습을 발견하고 자신이 당할 몸서리치는 운명을 깨닫고 구원의 필요성을 절감하여 구원받는 길이다. 구원의 바른 개념은 죄의 문제 해결을 떠나서는 나올 수 없다. 하나님 앞에서 바로 되는 것 이것은 절대적이고 긴급한 문제이다. 자신의 모습을 뼈아프게 뉘우치고 자신의 무능을 고백하고 하나님의 자비함에만 의존하라. 그러면 그로부터 복음을 듣게 된다. 하나님께서는 스스로 사람이 되셔서 내 죄의 댓가를 지불

하셨다. 이 사실을 믿기만 하면 나는 더 이상 죄인이 아니고 의인으로 여겨 주신다. 그리고 이것 외에는 하나님과의 관계가 바로 될 다른 방법이 없다! 이 사실을 깨달을 때의 감격 그리고, 감사![13]

성경은 모든 인간이 예수 그리스도로 말미암아 거듭나야함을 말씀하고 있다. 예수님은 니고데모와의 대화에서 이 점을 분명히 밝혀 놓으셨다. "육으로 난 것은 육이요, 성령으로 난 것은 영이니 내가 네게 거듭나야 하겠다는 말을 기이히 여기지 말라"(요 3:6-7).

우리가 이 시대 이 때에 벌리고 있는 농촌선교와 복지 농촌건설 운동도 그리스도 안에서 지음을 받은 새사람을 전제로 한다. 우리는 새사람을 전제로 하지 않는 어떤 운동도 기독교 운동이라고 볼 수가 없다(엡 2:11-18; 골1:23). 기독교 운동은 복음운동이다. 복음운동은 새사람을 낳는다. 복음이 낳은 새사람만이 십자가를 질 수 있으며 공업화 도시화의 세계적 추세에서 농업기피증에 빠지지 아니하고 농촌선교와 복지농촌 건설운동으로 농촌을 지키며 국민의 행복과 인류의 평화에 기여하게 될 것이다.[14]

인간은 지구촌을 에덴동산처럼 만들어야 한다.

창 2:15을 보자.

"여호와 하나님이 그 사람을 이끌어 에덴동산에 두사 그것을 다스리며 지키게 하시고"

에덴동산은 하나님의 형상대로 창조된 사람을 살리기 위하여 하나님께서 창설하신 동산이다(창 2:8). 에덴동산은 하나님께서 창설하신 동산이기 때문에 인간의 삶의 조건을 위해서는 가장 적절한 환경이라고 할 수가 있다. "기쁨", "희락", "낙원"이라는 뜻을 지닌 '에덴'이라는 이름 자체가 에덴동산의 내용을 잘 나타내 주고 있듯이(사 51:3; 겔 28:13, 31:13) 창세기 2장에 에덴 동산을 설명한 것을 보면 에덴동산은 과연 인간의 생명과 삶을 위한 기본조건이 완비돼 있는 이상향이라고 아니할 수가 없다.

　인간 최초의 삶의 환경이었던 에덴동산은 하나님께서 인간에게 인간의 행복한 삶을 위한 모델환경으로서 주신 것으로 봐야 할 것이다.[15] 에덴동산처럼 인간의 행복한 삶을 위한 모델환경에는 언제나 "3가지의 조건"을 갖추어야 한다고 본다.[16]

　첫째는 하나님과 인간의 만남(대화)이 자유로운 곳이었다. 하나님께서 만드신 에덴은 그야말로 하나님과 인간과의 만남(대화)이 자유롭게 이루어 졌었다. 그러나 인간이 하나님의 명령을 어기고 범죄한 후 하나님께서 그들을 찾으실 때 이들은 하나님의 낯을 피하여 동산나무 사이에 숨었다. 이들이 하나님의 낯을 피하여 숨었다는 것은 곧 이전에는 하나님과 자유로이 만남을 가졌다는 것을 의미해 준다. 둘째는 땅의 축복이다. 하나님께서 땅을 축복하시므로 땅은 풀과 씨 맺는 채소와 각기 종류대로 씨 가진 열매맺는 과목을 내었고(창 1:12) 물들은 생물로 번성케 되었고(창 1:20) 그리고 땅은 생물을 그 종류대로 내되 번성하여 충만하였다(창 1:24-25). 셋째는 땅을 경작하고 보살피는 인간의 노동 즉 농사일이다(창 2:15). 아무리 땅의 축복이 주어졌다고 해도 그 땅을 가꾸고 다스리는 인간의 노동이 없이는 결코 에덴(낙원)은 못된다. 그러므로 인간의 노동의 수고는 에덴의 중요한 요소인 것이다. 인간은 농사일을 함으로써 에덴을 지켜야 했다.

　왜 하나님께서는 사람을 이끌어 에덴 동산에 두시고 그것을 다스리며 지키게 하셨을까?

　"사람은 자기의 생명과 삶을 위한 환경을 에덴 동산같이 만들고 다스리며 지키고 살라는 뜻인 줄로 안다."[17] 즉, 사람은 지구촌을 환경오염과 환경파괴로부터 보호하고 지키고 살라는 뜻인 줄로 안다. 우리는 창 1:28의 하나님의 형상으로 지음 받은 인간에게 주신 대사명의 말씀 "땅을 정복하라"는 말씀도 창 2:15의 말씀의 빛으로 해석해야 된다. 땅을 정복하라고 하니까 일본이 한국을 정복하듯 히틀러가 유럽을 정복하듯이 인간이 과학과 공장의 힘으로 자연을 파괴하고 산을 둘러 엎는 그런 정복이 아니라 하나님께서 인간이 행복한 삶을 영위할 수 있도록 에덴 동산을 창설하시듯이 "하나님의 보시기에 좋았더라"하신 이 땅(창 1:10)을 잘 가꾸고 각종 오염과 파괴로부터 잘 지켜나가는 그런 정복일 것이라고 해석해야 할 것이다.

전 세계적으로 도시화와 공업화의 문제점에 브레이크가 걸리게 한 것은 "오염된 지구를 살리자"는 목적으로 1992년 6월 3일부터 12일동안 브라질의 수도 리오데자네이로에서 열린 유엔 환경개발회의이다.[18] 117개국 지도자들이 참석하여 일명 "지구정상회담"이라고 불리는 이 "리우 지구 환경보존을 위한 회의"에서 국제관계를 지구 환경보존 위주로 개편하자는 "리우선언"[19]이 채택되게 된 것이다. 필자가 볼 때 인류가 자멸하지 않기 위해서는 창 2:15을 깨달아야 하며 이 사실을 객관적 웅변적으로 증명해 준 것이 "리우환경회의"라고 본다.

농업은 직업이전의 직업이요 식업이후의 식업이다.

하나님께서는 아담에게 에덴동산을 "다스리며 지키라"(창 2:15)고 말씀하셨는데, 우리 개역성경이 본 절에서 "다스린다"로 번역된 것이 창 2:5에 가보면 "경작하다"로 번역되었는데 이 단어가 히브리 성경원어에는 같은 단어인 것을 알 수가 있다.[20] 성서교재 간행사에서 발행한 현대어 성경은 창 2:15을 이렇게 번역하였다.

"여호와 하나님께서는 사람을 에덴 동산에 데려다 놓으시고 그 동산에서 농사도 짓고 또 동산을 돌보게도 하셨다."

우리는 여기서 에덴동산은 농촌이며 아담은 농민이요 최초의 직업은 농업인 것을 알 수가 있다. 특히 창 2:5에서 의미심장한 말씀을 찾을 수가 있다.

"경작할 사람도 없으므로 들에는 초목이 아직 없었고 밭에는 채소가 나지 아니하였으며"

왜 들에는 초목이 아직 없었고 밭에는 채소가 나지 아니하였는가? 경작할 사람이 없었기 때문이라는 것이다. 창 1:29을 보면 하나님께서 인간에게 씨 맺는 모든 채소와 씨 가진 열매 맺는 모든 나무를 식물로서 주신 것을 알 수가 있다. 그런데 "경작할 사람이 없으므로 들에는 초목이 없었고 밭에는 채소가 나지 아니하였다"는 것이다. 초목과 채소의 유무가 경작할 사람에게 달렸다는 것이다. 경작할 사람이란 누구인가? 농민이다. 하나님께서 창 2:5을 통해서 인류에게 말씀하시고자 하시는 말씀은 무엇인가? 인류의 먹거리를 책임질 농민의 중요성을 밝히고자 하신 것이다. 우리는 농민을 하나님의 말씀으로 성별(聖別)할 수 있어야 겠다.

우리는 직업을 통해서 하나님을 섬기는 것이며 인간의 가치를 드러내고 이웃을 봉사하는 것이다. 농업이란 타산이 맞으면 하고 안 맞으면 집어치울 수 있는 그런 직업이 아니고 기쁠 때나 슬플 때나 건강하거나 병들거나 언제나 함께 살아야 하는 부부관계처럼 알을 공급하는 산란계처럼 유유를 공급해 주는 젖소처럼 인간의 생명과 직결되는 인간의 먹거리를 책임지는 농업은 다른 직업하고는 다른 것이다.

농민이란 공업화 도시화 시대속에서 무시당하고 소외당하고 여리고 도상의 강도당한 사람처럼 피해자의 대상일 수가 없다. "오히려 온누리를 살릴 가장 좋은 기회를 가지고 가장 중요한 책임을 맡은 사람들이 농민이다."[21] 농민은 하나님의 말씀과 함께 자신의 위치를 찾아 믿음으로 서야한다. 농민이 이 믿음을 잃어버리게 될 때 열등감을 갖게 되고 농업기피증에 빠지게 되며 탈농촌, 탈농업, 탈농민하게 되는 것이다.

오늘날 우리나라에서 이농인구가 급증하고 있는 것은 공업화와 도시화의 바람, 농정실패만이 그 원인이 아니라 한국농촌교회 지도자들에게 농촌목회신학의 부재도 그 원인중에 하나라고 봐야 할 줄로 안다. 하나님 말씀과 함께 농민으로서의 신앙을 잃어버리게 될 때 세상의 추세를 따르게 되는 것은 너무나도 당연한 일이라고 하겠다.

농업은 하나님을 배울 수 있는 가장 좋은 직업이다.
  포도나무와 가지의 비유 (요 15:1-8)
  알곡과 가라지의 비유 (마 13:24-30)
  겨자씨와 누룩의 비유 (마 13:31-33)
  씨뿌리는 비유 (막 4:1-20)
  한 알의 밀 (요12:24)
  들의 백합화가 어떻게 자라는가 생각하여 보라 (마 6:28)

어디를 보나 눈에 띄는 것은 다 하나님의 사역임을 기억하는 일, 무슨 목적으로 하나님께서 이 만물을 창조하셨는가를 경건히 명상하여 생각하는 일. 이러한 것들은 신앙을 위하여 으뜸되는 증서는 아니라고 하여도 자연의 질서에 있어서 첫째가는 증거가 된다.(칼빈: 기독교 강요 14장 20)

우리는 거울에서 보는 것처럼, 모든 피조물에게서 하나님의 지혜, 공의, 선하심, 권능의 무한한 부요함을 정관할 때 그것들을 단순히 호기심으로, 말하자면 일시적으로 보아 넘길 것이 아니라 충분하게 생각하고 또 진지하고 충실하게 심사숙고하며 계속 그것들을 기억해야 할 것이다."(칼빈: 기독교 강요 14장 21)

창조에 나타난 하나님의 선하심을 숙고할 때 절로 하나님께 대한 감사와 신뢰가 우러난다."(칼빈: 기독교 강요 14장 22)

인간의 노동(농사일)은 행복의 필수요건 중에 하나다.

인간의 행복은 부를 즐기고 높으로서 오는 것이 아니라 일함으로써 오는 것이다. 왜냐하면 에덴동산의 인간은 그 속에서 일하도록 즉 경작하고 돌보도록(창 2:15) 위임받았기 때문이다.[22] 하나님께서는 인간이 타락하기 전부터 이미 노동을 위임하셨다(창 2:15).

인간은 하나님께서 만들어 주신 자연동산을 가꾸어야 하며 모든 손상을 방지해야 한다. 그리하여 분명히 노동이 원상태에서의 인간의 생활규정으로 묘사되어 있다. 그리하여 구약성서의 가르침은 대체적으로 노동은 인간생활에 있어서 참으로 필요불가결한 하나님께서 제정하신 활동이라고 하였으며 노동은 인간의 생명을 보존하기 위하여 마련한 하나님의 명령이라고 할 수 있다. 이러한 인간의 노동에서 가장 원초적이고 창조적인 것은 역시 땅을 경작하고 지키며 짐승을 다스리는 것이라고 할 때 이것은 순전히 농사일이다.[23] 인간은 농사일을 통해서 이 세상을 에덴동산으로 만들어 가야 하며 이것은 하나님께서 인간들을 위해서 명하신 은총의 위탁이라 할 수 있다.[24]

오늘 인간들은 일하지 않고 먹으려 하고 땀흘리지 않고 편하게만 살려고 하기 때문에 인간은 하나님을 잃어버리고 타락과 부패의 길을 걷고 있으며 날로 더욱 죄악이 관영하는 사회를 만들어 가고 있다. 인간은 하나님께서 말씀하신 대로 얼굴에 땀이 흘러야 행복할 수 있다(창 3:18-23).

지구촌은 어디든지 완전히 복음화되야 한다(삿 2:19-23; 행 1:8)

전도인은 어느 곳에 파송되었든지 자기가 선교하기 위하여 맡은 지역은 끝까지 책임져야 된다는 것이다. 사사기 2:21-23에 보면 출애굽하여 요단강을 건너 가나안 땅에 들어간 이스라엘 백성들은 하나님의 약속대로 약속된 땅을 다 받지 못하고 정복되지 못한 땅이 남아 있는 채 가나안 땅을 받게 된다. 하나님께서는 모세의 후계자로 가나안 땅을 정복하던 여호수아 시대에 능히 가나안 땅을 완전하게 정복해서 이스라엘 백성에게 주실 수도 있으셨다(삿 2;23). 그러나 하나님께서는 그렇게 하지 않으시고 가나안 땅의 일부를 남겨 놓으셨다. 왜 그러셨을까? 하나님께서는 이스라엘 백성이 하나님의 도를 지켜 행하나, 행하지 않나를 시험하려고 하셨기 때문이다(삿 2;22).

이스라엘 백성들은 애굽의 종살이와 광야의 고생스런 생활에서 벗어나서 젖과 꿀이 흐르는 가나안 땅에서 농사짓게 되고 편안하며 안정된 생활을 하게 되었을 때 믿음을 잃고 가나안 땅에 남아 있는 우상을 섬기는 가나안 족속들을 쫓아내는 대신에 그들과 통혼하고 상거래하며 그들의 문화에 동화되어 살았다. 사사기 1장에 보면 이스라엘 백성이 가나안 족속을 "쫓아내지 못하였더라"는 말이 여덟 번이나 나온다. 이것은 마땅히 쫓아냈어야 했는데 쫓아내지 못했다는데 대한 탄식이며 천추의 한이 됨을 나타내 주는 말씀이다. 역사적으로 이스라엘 백성의 불행의 근원이 바로 가나안 땅에서 가나안 족속들을 쫓아내지 않은 것이었다.

복음이 온 천하에 그리고 만민에게 증거되야 한다는 그리스도의 지상명령(말 16:15)이나 가나안 땅에 우상숭배자들을 남겨 놓아서는 안되며 하나님의 말씀으로 정복되지 않은 땅을 남겨 놓아서는 안된다는 구약의 지상명령(삿 2:19-23)은 의미상으로는 둘이 아니라 하나다.

오늘날 그리스도인들이 우리나라에 복음화 되지 않은 땅이 남아 있고 불신자들이 남아 있는데도 전도함과 복음화시킴이 삶의 목적이 아니라 그들과 더불어 통혼하고 상거래하며 그들의 문화에 동화되어 현실의 삶에 안주하고 만다면 이것이야말로 불행한 일이라고 아니할 수가 없다. 지구촌에 정복되지 못한 땅, 구원받지 못한 사람이 남아 있게 해서는 안된다. 모두 구원해 낼 때까지 완전정복할 때까지 싸워야 한다.

농민도 하나님과 바른 관계를 맺으면 백 가지 축복을 받을 수 있다

하나님과 바른 관계를 맺으면 토지와 육축과 소산과 범사가 복을 받게 되고(신 28:1-13) 하나님과 바른 관계를 맺지 못하면 하나님의 진노 가운데 놓여 있게 되고 범사가 잘 안되게 되어 있다(신 28:14-68).

미국의 번영은 그들의 건국정신이 그 나라와 그 의를 구했기(마 6:33) 때문이요, 미국의 적자재정은 그들의 선교열이 식었고 타락의 길을 걷고 있기 때문이다.

남아메리카 여러 나라의 정치적 혼란과 경제적 파탄도 그들이 하나님을 구하는 사람들이 아니라 황금을 구하는 사람들이기 때문이다.

에티오피아의 기근의 원인도 그들이 복음을 일찍 받았으나 그리스도의 지상명령 성취를 달성하는 일을 등한히 했기 때문이다.

약자편에 서는 것이 선교다[25]

예수님이 도시에 태어나지 아니하시고 농어촌에 태어나셨고 예수님의 활동무대가 도시가 아니고 농어촌인 것은 이 때문이다(눅 2:1-20; 마 4:18-24).

지금은 공산주의와 공산당이 무너졌지만 힘없는 농민과 어민을 돌보지 않으면 또다시 공산주의와 공산당이 득세할 것이다. 하나님은 모든 사람이 골고루 잘 사는 것을 원하시기 때문에 이 하나님의 소원을 이루어 드리기 위해서 애쓰는 나라는 복을 받고 하나님의 이 의지에 거스려 약자를 무시하는 나라는 벌을 받고 번영하지 못한다.

약자를 돌볼 때 민족공동체가 이루어지고(고후 12:9) 인류 공동체가 이루어진다. 약자를 돌볼 때 그 가정에 평화가 깃들고 그 사회에 평화가 온다. 예수님이 농촌과 어촌에 오셨고 약자 편에 서신 것은 바로 이 때문이다. 따라서 교회는 약자 편에 서야 되며 여리고도상에 강도당한 사람같은 이 시대, 이 때의 농어민을 도와야 하는 것이 한국교회여야 한다.

기독교 가치관은 물질적인데 있지 아니하고 영적인데 있으며 양이 아니라 질이다.

우리나라 사회상이 혼돈하고 공허하며 흑암의 깊음 가운데 빠진 이유가 가치관의 전도(顚倒)에서 비롯된 것이라면 1,200만의 기독교인의 가치관의 확립 없이는 21세기의 한국은 희망이 없다 할 것이다.

천하보다도 귀한 것이 하나님의 형상을 지닌 한 사람의 생명이라고 가르치는 것이 기독교이다(마 16:25-26). 소유를 늘리는 것보다 말씀을 지키는 것이 더 가치있다고 기독교는 가르친다(시 119:56). 명예보다도 자기를 부인하고 자기 십자가를 지고 주님을 따르는 것이 더 가치있다고 기독교는 가르친다. 천하만국과 영광을 얻기 위해서 신앙을 버리는 것보다는 신앙을 지키기 위해서 천하 만국과 그 영광을 버리는 것이 더 가치 있다고 가르치는 것이 기독교이다(마 4:8-10).

대형교회의 중요성도 인정해야 되겠지만 10명, 20명의 농어촌교회를 지키고 돌보고 있는 농어촌교회 목회자의 중요성도 인정해야 되겠다.

이 시대 이 때에 농촌, 농업, 농민을 지키고 돌보는 일은 기독교 21세기를 위한 가치관 확립에 결정적인 영향을 주게 되리라고 확신한다. 하나님의 말씀은 나의 삶의 목적, 나의 삶의 목적은 하나님의 말씀(요 4:34)임을 명심하자.

민족부활의 비전이 농촌에 있다(겔 37:1-23)

선지자 에스겔은 죽은 자들이 살아나고 둘이 하나가 되는 비전을 보았다(겔 27:10,17). 여기서 죽은 자들이란 모든 희망을 잃어버린 이스라엘 백성을 가리키고(겔 37:11), 둘이란 남쪽의 유대와 북쪽의 이스라엘을 가리킨다(겔 37:16). 무엇이 죽은 자들을 살리고 둘이 하나가 되도록 했는가? 에스겔이 "하나님의 말씀"을 대언한 일이었다(겔 37:7,10).

하나님의 말씀을 대언 했더니 무슨 일이 일어났는가? 그들에게 생기가 들어가서 그들이 곧 살아서 일어났다(겔 37:10). 하나님의 영이 도저히 이룰 수 없다고 생각되던 이스라엘의 회복을 이룬 것이다. 하나님은 완전한 절망속에서도 회복의 역사를 이룰 수 있는 것이다.

대저 하나님의 모든 말씀은 능치 못하심이 없느니라(눅 1:37)

하나님의 말씀운동, 복음운동, 성령운동만이 한국농촌을 살릴 수 있고 통일조국을 이룰 수 있다.

"농어민 선교는 사람의 힘으로 할 수 있는 것이 아니라 하나님의 힘으로 된다는 점을 잊지 말자. 사사기 6장의 기드온의 이야기는 기드온의 훌륭함을 드러내려는데 목적이 있지 아니하고 그를 하나님의 영으로 사로잡아 이스라엘을 살리신 하나님을 알게 하는데 있음을 우리는 잊지 말자."[26]

한국농촌 복음화는 세계선교의 지름길이다[27](막16:15).

세계인구의 60%가 아시아에 살고 있다. 아시아 인구의 대부분이 농민이다. 한국농촌 복음화는 아시아 선교의 모델이 될 수 있다. 한국의 농촌을 복음화하여 세계선교의 기지를 만들자.

민족전체가 어디서나 더불어 잘 사는 때가 오고 있다(사 11:6-9; 행 4:32-37)

　농촌 목회자들은 이사야 11장에 나타난 인류역사에 대한 비전을 볼 수 있어야 되겠다. 물이 바다를 덮음같이 여호와를 아는 지식이 세상에 충만하게 될 그날에 사자들이 어린양과 뛰놀고 장난처도 물리지 않는 참사랑과 기쁨의 그 나라가 이제 속히 오리라는 것이다. 권력의 실세와 국민이, 경영주와 노동자가, 남과 북이, 동과 서가, 도시와 농촌이, 너와 내가, 더불어 행복하게 사는 삶의 모습을 그려준 상징적인 한 폭의 아름다운 그림이 사자들과 어린양이 함께 뛰노는 모습이 아니겠는가?

　여호와를 아는 지식이란 무엇인가? 복음 곧, 예수 그리스도이다(요 17:3). 죄인이 새 사람되게 하는 지식이다. 이사야는 여호와를 아는 지식을 통해서 새로운 세계를 바라볼 수 있었다. 그리고 사도행전 4장 31-37절에서 이사야의 예언이 성취되는 것을 볼 수 있다.

　죄인이 예수의 죽음과 부활을 받아들이지 않고서는 새 사람이 될 수 없고 죄인이 새 사람이 되지 않고서는 이 사회와 민족과 인류가 소망이 없다.

농촌목회란 공허한 마을(창 1:2)을 교회로 만들어 가는 과정이다.

　농촌목회란 교회 따로 마을 따로 분리시키는 식의 목회를 해서는 안된다는 말이다.

　농촌목회자들은 교회관 확립을 위해서 엡 1:23 말씀을 잘 알아야 되겠다. "교회는 그의 몸이니 만물 안에서 만물을 충만케 하시는 자의 충만이니라." 공동번역, 현대인의 성경(생명의 말씀사), 성경전서(표준새번역), 현대어성경(성서교재간행사) 등 모두 비교해 보았는데 엡 1:23을 이해하기 쉽게 번역한 것은 현대어 성경이었다.

교회는 그리스도의 몸이며 만물을 만드시고 충만하게 하시는 그리스도께서 임재 하시는 곳입니다.

그러니까 교회란 창 1:2에서 하나님께서 개입하시기 이전의 땅이 혼돈하고 공허하며 흑암이 깊음 위에 있었지만 하나님께서 개입하시니까 에덴동산도 되고 보기에 아름다운 땅이 되었던 것처럼 지역사회의 마을이 불신앙으로 말미암아 혼돈하고 공허하며 흑암의 상태에 있다고 할지라도 그 마을을 그리스도의 충만함으로 채워나가도록 해야 할 것이란 말이다.
요한 1:14절에서도 말씀하셨다.

말씀이 육신이 되어 우리 가운데 거하시매 우리가 그 영광을 보니 아버지의 독생자의 영광이요 은혜와 진리가 충만하더라.
오랫동안 한국교회는 사후의 세계를 강조해 왔다. 이 이유는 나라를 빼앗긴 왜정 36년 동안 발 붙일 곳이 없었고 뿌리를 내릴 현실이 없었던 이 국민에게 이 세상 믿던 모든 것 끊어져도 남아 있는 유일한 소망은 사후의 세계가 남아 있었을 뿐이었기 때문이다.
인간이 해면에 있어서도 신학계를 지배한 과거의 사상은 개인성화는 하나님과 나 사이에서 이루어진다는 것이었다. 그러나 현대 신학의 주류는 이웃과의 관계가 단절된 상태에서는 개인성화는 의미가 없다는 것이다. 그러나 필자는 이 시간에 하나님의 나라를 사후에서만 찾으려고 했던 이 현실도피적인 역사적 악순환에서 벗어나서 뜻이 하늘에서 이룬 것같이 땅에서도 이뤄지도록 참으로 이제는 내 나라 내 조국이 현실속에 복음을 토착시키기 위하여 정치, 경제, 교육, 문화 전반에 걸쳐서 하나님의 뜻이 이루어지도록 노력해야 된다는 말씀을 하고 싶고, 개인성화는 하나님과 나 사이에서만 이뤄지는 것이 아니라 이웃과 관계를 통해서 온전해 지는 것이니 이 두 신학 두 사상은 따로 떨어져 있어야 할 것이 아니라

연결되어져야 온전한 빛을 발할 수 있을 것이다.[28]

제네바 시민의 전 생활과 정치, 경제, 교육과 문화 전반을 지도 했던 제네바시에서의 칼빈의 목회는 농촌목회의 모델이 될 수 있다고 생각한다.[29]

주

1. 방재항, "한국농촌 미자립교회의 자립운동에 관한 연구" (ACTS 목회학 박사학위 논문, 1986), p.42.
2. 김영원, "공업화시대의 농어촌 선교정책", 「장로교 총회(통합) 농어촌부 교재」 (1992. 10. 16-17), p.19.
3. 방재항, op. cit., p.42. / 4. Ibid., p.42. / 5. Ibid., p.42. / 6. Ibid., p.42.
7. Ibid., p.42. / 8. Ibid., p.43. / 9. Ibid., p.43. / 10. Ibid., p.43.
11. Ibid., p.43. / 12. 김영원, op. cit.,
13. 김기홍, "복음적 신앙과 사회참여" 아신 제 3집 (아세아신학대학, 1988), p.49.
14. 민정웅, 믿음,소망,사랑 살자(농촌선교훈련원을 계획하면서)(서울:순출판사, 1992), p.119-120.
15. 류형기, 성서주해 Vol. I (창세기)(서울 : 기독교대한 감리회 총리원, 1965), p.125.
16. 全德烈, "農民宣敎에 대한 聖書的 根據",(서울: 장로회신학대학 대학원 석사학위 논문, 1984), pp.19-20.
17. Ibid., p.19. / 18. 국민일보 1992.6.12일자. / 19. 국민일보 1992.6.13일자.
20. 박동현, 전국 농어촌 교역자 선교대회 교재(서울:장로교(통합) 농어촌부, 1993), p.28.
21. 박동현, 교회와 농민- 농어민과 함께 하는 교회의 성서적 근거와 신학(장로교(통합) 총회 농어촌부,농어촌 선교문제 연구소, 창간호 (1992), p.12.
22. 전덕열, op. cit., p18. / 23. Ibid., pp.15-16. / 24. Ibid., p.19.
25. 윤대영, "한국농촌선교의 새 유형 연구" (Acts석사학위논문, 1986), pp.20-25. "현존하는 초기 그리스도교의 사료들은 희랍어로 되어 있으며 그리스도교는 희랍 로마세계에 있는 도시에서 도시로 선교되었음에도 불구하고 이 종교의 창시자는 전적으로 희랍 로마 문명권 그 자체의 외곽에서 생활하고 설교 했으며 그가 활동한 세계는 결코 도시(polis)의 세계가 아니라 도시와는 전혀 다른 농촌지역(chora)의 세계에 있다는 것이다." 참고, 지동식 편

역,"초기 기독교의 재산및 노예제도에 관한 태도" 로마제국과 기독교,(서울: 한국신학연구소, 1980), p.40.
26. 박동현, *op. cit.*, pp.21-23.
27. 윤대영, *op. cit.*, p.25."농촌교회의 선교는 바로 세계선교의 시작임을 시사하며 이 농촌선교의 순위가 바뀔 때 세계선교를 꿈꾸는 한국교회 선교 2세기의 계획은 문제가 있다 하겠다."
28. 엄두섭, <u>농촌교회 성장을 위한 선교신학적 소고</u> (대한 신학대학원, 1990), pp.25-26.
29. 이종성, <u>신학과 신학자들</u> (서울 : 양서각,1983), pp.151-166.

참고문헌

방재항. "한국농촌 미자립교회의 자립운동에 관한 연구". 서울: ACTS 목회학박사학위 논문, 1986.
엄두섭. "농촌교회 성장을 위한 선교신학적 소고". 대한신학대학원 석사학위논문, 1990.
유종대. "韓國農村 宣敎戰略과 21世紀 農村敎會 未來像". 서울장로회신학교 졸업논문, 1991.
윤대영. "한국농촌 선교의 새 유형 연구". Acts석사학위 논문, 1986.
全德烈. "農民宣敎에 대한 聖書的 根據". 장로회신학대학 대학원 석사 학위논문, 1984.
류형기. 성서주해 Vol. I (창세기). 기독교대한 감리회 총리원, 1965.
민정웅. 믿음,소망,사랑살자. 서울: 순출판사, 1992.
이종성. 신학과 신학자들 "칼빈의 생애와 그 위치". 서울: 양서각, 1983.
한경호. 농촌선교 이야기. 서울 : 출원출판사, 1994.
한응수. 농어촌 목회와 선교. 서울 : 기독교문사, 1993.
「아신」제 3 집. 아세아신학대학, 1988.
장로교총회(통합) 농어촌부 세미나 교재(1992.10.16-17)
장로교총회(통합) 농어촌부 세미나 교재. 전국 농어촌 교역자 선교대회, 1993.

농촌목회의 제반사항

> 하나님을 두려워하고 그분의 말씀을 신뢰하며, 그분을 의지하고 그분 앞에서 책임적인 삶을 살아야 한다.

예 배

예배의 정의(正義)

구약성경에서 예배는 히브리말로 '샤하사'[1] 굴복하는 것, 자신을 엎드리는 것이다. 출 4:31에 보면 하나님께서 모세에게 말씀하신 것을 들은 이스라엘 백성들은 믿고 "머리 숙여 경배(예배)했다"고 했다.

신약성경에서 예배는 헬라어로 '프로스쿠네오'[2](요 4:24, 존경의 표시로 다른 이 앞에 자신을 엎드리는 것이다.) 때로는 헬라어로 '라이투르기아'(행 13:2, 섬김, 봉사)라는 말을 사용하기도 했다.

예배의 대상은 유일하신 창조주 하나님 뿐이며 그분에게 합당한 영광을 돌리고(계 5:12,13-14) 그분을 섬기는 것을 예배라고 한다. 다시 말해서 피조물 인간이 창조주 하나님을 섬기는 것을 예배라고 한다. 하나님과 인간 사이의 이 마땅한 관계가 깨진 것은 인간의 죄 때문이며 인간은 범죄의 결과로 합당한 경배의 대상을 잃어 버리고 썩어질 사람과 금수와 버러지 형상의 우상으로 바꾸었다(롬 1:23). 인간의 진정한 행복과 보람은 창조주 하나님께 합당한 영광을 돌릴 때이며 인간의 인간다움은 창조주 하나님께 합당한 영광을 돌릴 때라고 할 수 있다. 바울 사도는 예수 그리스도 안에서 진정한 예배를 되찾게 되었음을 깨닫게 된 다음에 예수 믿는 사람들에게 이렇게 권고했다.

"그러므로 형제들아 내가 하나님의 모든 자비하심으로 너희를 권하노니 너희 몸을 하나님이 기뻐하시는 거룩한 산 제사로 드리라 이는 너희의 드릴 영적 예배니라"(롬12:1).

본문에서 "거룩한 산 제사로 드리라"는 말은 경배의 대상에게 삶 전체를 드리라는 뜻이다. 그리스도인의 삶 전체가 하나님 앞에 예배가 되어야 한다는 뜻이다. 인간의 존재 목적은 하나님을 예배함에 있다.

예배자의 자세(태도)

첫째 구약성경 레위기는 예배자의 자세가 어떠해야 할 것임을 명백하게 가르쳐 주고 있다. 오늘날 우리가 말하는 예배를 구약성경에서는 제사라고 했는데, 이스라엘 백성들이 하나님께 나아가는 방법은 제사였다. 번제,소제,화목제,속죄제,속건제가 그것이다. 모든 제사의 기본이 번제였다. 곡물로 드리는 제사인 소제(素祭)라고 할지라도 번제를 드린 후 드렸고(레 2:1-2), 이스라엘 백성들이 매일 아침 저녁으로 드리는 제사(상번제(常燔祭)라고 했음, 민

28:1-6)도 번제였다. 번제가 기본 제사가 되었던 것은 다음의 세가지 이유 때문이었다.

• 제단에 제물을 바칠 때 살아있는 제물을 바치는 법이 없다(레 1:1-7). 이것은 하나님 앞에 자기 주장, 자기 욕망을 가지고 있는 채 즉, 자기가 살아있는 채 예배드린다는 것은 있을 수 없는 일임을 의미한다.

• 단(壇) 사면에 피를 뿌렸다(레 1:5). 피흘림이 없은즉 죄사함이 없느니라(레 17:10-11, 히 9:22). 구약의 제사는 그 어느 종류든지 속죄적 요소와 독립된 것이 없다. 이것은 신약에서 신자가 무슨 일을 하든지 "그리스도 안에서" 행함과 같다. 자기 허물과 자기 잘못을 자복함이 없이 예배하는 자는 진정한 예배를 드렸다고 할 수 없다. 신자가 헌신했다 하더라도 그에게 계속적으로 있는 결점과 불완전성의 문제 등은 속죄로 말미암아 해결되야 하기 때문이다.

• 전부를 불살라 드렸다(燔祭의 燔은 사를 '번'자다; 레 1:13). 번제란 그리스도인이 자기 일생을 불태워 하나님께 바치는 것을 의미한다. 히 10:5-7에서 번제를 죽음앞에 자신을 드러내 놓은 예수 그리스도의 희생제로 말씀하신 것과 롬 12:1-2에서 바울은 모든 그리스도인들을 하나님 앞에 자신을 번제물로 드려야 할 존재로 말씀하고 있는 것을 보아서 잘 알 수가 있다.

필자는 기독교인이 되기 전에 가정의 장남으로서 제사 드릴 때 제주가 되는 때가 종종 있었는데 목욕재계하고 새 버선(새양말)과 새옷을 입어야 했고, 제사상을 차리는 것도 얼마나 까다롭던지 그리고 항상 무릎을 꿇고 앉아야 했다. 이것은 형식적인 일 같았지만 이것은 제 마음에 조상님을 공경해야 된다는 마음씨를 심어준 것이 사실이고 어른 앞에서 제 행동을 조심하는 태도는 이 때 익혀진 것이라고 생각된다.

유교에서 죽은 조상에게 제사도 이러했거늘 우리 그리스도인들이 살아계신 하나님 앞에 예배 드릴 때 우리의 마음가짐, 우리의 태도, 우리의 예배가 어떠해야 할 것임은 긴 말 하지 않아도 잘 이해 할 수 있으리라 기대된다.

  몇가지 점검을 해 보겠다.

  나는 예배 드릴 때 무엇을 요구하려고 하나 아니면 하나님 말씀을 듣고 전적으로 순종하고 따르려고 하나? 나는 예배시간 전에 와서 준비기도를 드리고 오늘의 말씀을 찾아 읽고 나서 예배를 드리는가 아니면 지각을 잘하고 하나님의 말씀에는 관심이 없는가? 정성껏 준비한 헌금을 드리나 아니면 준비없이 그때 그때 드리나? 나의 일상생활은 하나님을 섬기는 생활인가 아니면 주일날 예배드리는 한 시간만 예배를 드리나?

예배를 통한 유익

  첫째로, 예배는 예배자와 하나님간의 관계를 발전 시킨다. 예배의 반복은 하나님과의 잦은 만남을 뜻한다. 사랑하는 사람들이 자꾸 만나면 정이 더해지고 깊이 알게 되며 사랑이 더욱 발전되는 것처럼 예배는 하나님과 예배자의 관계를 그렇게 성숙시킨다.

  둘째, 예배는 예배자를 더욱 깊은 신앙인이 되게 한다. 송교개혁자들인 루터, 칼빈, 쯔빙글리 등은 이것을 예배의 교육적 기능이라 불렀는데 그리스도인들은 예배를 지속적으로 드리는 가운데 보다 영적이고 성경적인 그리고 확신이 가득한 성도가 되는 것이다.

  셋째, 예배는 예배자를 복되게 한다. 성경을 보면 하나님께서 인류에게 주시고자 하는 것이 "복"임을 알 수 있다. 하나님은 구원의 복을 주신다. 하나님은 평안의 복을 주신다. 필요물을 채우시는 복을 주신다. 인생을 승리하는 복을 주신다. 어떤 사람에게 주시는가? 예배하는 자에게 주신다는 것이 성경의 답변이다(신 28:1-14; 시 95:1-100:5)

  그러므로 하나님의 말씀, 잘 준비된 기도, 잘 준비된 찬양, 잘 준비된 헌금, 잘 준비된 예배는 하나님께 나아가 예배드리는데 필수 요건들이다. 정말 잘 준비된 예배를 드려서 하나님을 기쁘시게 해 드리고 이 땅에 사는 동안에 하나님의 복을 누리는 성도가 되어야 겠다. 교회학교 교육은 한마디로 학생들이 예배다운 예배를 드릴 수 있는 하나님의 사람들이 되게 하기 위한 교육이라고 할 수 있겠다. 담임목사는 유치부 제단, 아동부 제단, 중등부 제단, 고등부 제단, 청장년 제단, 가정제단, 사랑방제단, 교구제단을 위하여 기도하기를 게을리 하지 않아야 한다. 마음이 있는 예배, 신령과 진정으로 예배를 드려야 겠다.

독바위교회 예배순서

```
                    독바위교회 본 예배 순서

오전 11:00                                    사회:
오르간전주 -------------------------------------- 반주자
(* 사회자는 전주가 끝나자 마자 종은 한번만 치고 예배의 부름을 통해서 회중을 이끌고
하나님께 나아간다.)
예배의 부름 -------------------------------------- 사회자
   "온땅이여 여호와께 즐거이 부를지어다 기쁨으로 여호와를 섬기며 노래하면서 그 앞에
나아갈 지어다. 여호와는 우리 하나님이신줄 너희는 알지어다 그는 우리를 지으신 자시요
우리는 그의 것이니 그의 백성이요 그의 기르시는 양이로다. 감사함으로 그 문에 들어가며
찬송함으로 그 궁정에 들어가서 그에게 감사하며 그 이름을 송축할 지어다. 대저 여호와는
선하시니 그 인자하심이 영원하고 그 성실하심이 대대에 미치리로다"(시 100편)
   "하나님은 영이시니 예배하는 자가 신령과 진정으로 예배할 지니라"영원히 찬양을 받으
실 주 여호와 우리 아버지 하나님 그 놀라우신 능력과 크신 은총을 인하여 주께 영광을 돌
```

립니다.
　죄와 사망에서 우리를 건지신 주 예수 그리스도의 구속의 은혜를 길이길이 찬양하옵고 오늘도 우리와 함께 하시며 날마다 성결케 하시는 성령의 교통하심을 인하여 찬송을 부릅니다. 성부,성자,성령께 세세 무궁토록 영광이 있을지어다. 아멘.
　　　　　(참고 - 시 29:1-2; 시 103:1-2; 시 150:1-6)

송　　영———————————————————— 임마누엘성가대
신앙고백 —————————— 사도신경 ——————— 다 함 께
기　　원———————————————————— 사 회 자
우리들의 아버지 하나님이시여 이 예배를 받아 주시옵소서
예수그리스도의 이름으로 기원합니다. 아멘.
찬　　송———————————————————— 다 함 께
기　　도———————————————————— 기 도 자
　1. 가려뽑고 가려 뽑아서 준비된 기도문으로 3분이내로 기도
　2. 감사와 죄의 고백과 간구가 있어야 한다.
성경봉독———————————————————— 사회와 회중
찬　　양————————————————————임마누엘 성가대
설　　교———————————————————— 설 교 자
헌　　금———————————————————— 위원:
목회기도———————————————————— 담임목사
교회소식———————————————————— 사 회 자
찬　　송———————————————————— 다 함 께
축　　도———————————————————— 민정웅 목사

교육

　교육이란 사람에게 지식, 교양, 품성, 기술, 능력 등을 지니게 하기 위하여 가르쳐 기르는 것을 뜻한다면 기독교 교육이란 사람에게 기독교를 가르쳐서 참다운 그리스도인(행 26:29)이 되도록 가르치고 양육하는 것을 뜻한다. 간단하게 말해서 기독교 교육이란

그리스도인의 신앙의 대상인 예수님을 잘 믿고 배우고 따르도록 가르치는 것을 의미한다.

교육을 말할 때 언제나 목적이 문제되고 나의 삶의 목적이 무엇이냐 목적 없이 사는 사람이 있다면 우스운 일이듯이 목적 없는 교육은 있을 수가 없다는 말이다. 다음 무엇을 가르칠 것이냐는 교육의 내용이 문제가 되고 다음 누가 가르칠 것이냐는 교사가 문제가 되고, 다음 어떻게 가르칠 것이냐는 교육의 방법이 문제가 된다.

이것은 기독교 교육에서도 마찬가지이다. 다만 기독교 교육의 특징은 성령의 역사로 말미암아 이루어 진다고 하는 점이다.

기독교 교육의 목적

참다운 그리스도인을 만드는 것이 기독교 교육의 목적이다. 참다운 그리스도인의 기준을 어디에 두느냐가 또 문제 되겠지만 이 문제에 대한 대답은 그리스도인이란 예수님을 믿고 배우고 따르는 사람들이라고 설명하면 무난한 대답이라고 할 수 있을 것이다.

참다운 그리스도인이란 한마디로 말해서 예수님 닮은 사람을 의미한다. 사도 바울은 참다운 그리스도인을 딤후 3:17에서 이렇게 설명하였다.

"하나님의 사람으로 온전케 하며 모든 선한 일을 행하기에 온전한 사람"이다. 대한 기독교 연합회에서 1958년에 밝힌 기독교 교육의 목적을 참고로 여기 소개한다.

"기독교 교육의 목적은 사람들로 하여금 예수 그리스도 안에서 하나님의 자기를 나타내 보이시며 찾으시는 사랑을 깨닫게 하고 믿음과 사랑으로 응답하는 가운데 저들이 누구며 저들이 처한 인간적 상태의 뜻이 무엇인지 알게 하며 하나님의 자녀로서 자라나며 모든 관계에 있어서 성령 안에서 생활하고 이 세상에서 저들의 공동적인 제자직을 다하며 그리스도인의 소망중에 거하도록 도와 주려는 것이다."[3]

기독교 교육의 교육내용

예수님의 일생이 기독교 교육의 교과서이며 교육내용인데 예수님을 가르쳐 주는 것이 신구약 성경이기 때문에 기독교 교육은 성경이 그 바탕을 이루고 있는 것은 자연스러운 일이라 하겠다. 이것은 하나님을 가르쳐 주는 신학이 하나님을 가르쳐 주는 책인 성경에 그 바탕을 두고 있고, 신론, 기독론, 구원론, 성령론, 교회론 등 성경내용을 제목별로 조직화한 조직신학이 그 바탕을 성경에 두고 있는 것과 마찬가지이다. 기독교 교육의 대상은 인간이기 때문에 인간이해를 도와주는 여타 학문들도 기독교 교육을 도와 준다. 예를 들면 심리학, 교육학, 사회학, 비교종교학, 역사학 등이다.

그러므로 교사들의 독서생활은 기독교 교육을 이루는데 도움이 될 수 있다.

바람직한 교사상

교재는 같다고 하더라도 누가 가르치느냐에 따라서 효과가 잘 나타나기도 하고 효과가 잘 나타나지 않기도 한다. 이것은 교사의 품성과 자질과 준비 여하와 성령의 역사에 따른 문제라고 하겠다. 예수님은 물론 하나님이시며 구주시요 주님이시지만 또한 성경은 예수님을 만민이 본받아야 할 영원한 스승으로도 가르치고 있다. 그리고 바울은 예수님을 믿고 배우고 따르는 제자가 되었으며 바울은 사람들에게 자기가 예수님을 본받은 제자가 된 것처럼 여러분은 나를 본받는 제자가 되라고 했다(고전 11:1).

또 바울은 세계 복음화를 위하여 예수제자 운동을 일으키면서 이렇게 가르쳤다.

또 네가 많은 증인 앞에서 네게 들은 바를 충성된 사람들에게 부탁하라. 저희가 또 다른 사람들을 가르칠 수 있으리라(딤후 2:2).

예수님께서도 일찌기 말씀하셨다.

너희는 가서 모든 족속으로 제자를 삼아 아버지와 아들과 성령의 이름으로 세례를 주고 내가 너희에게 분부한 모든 것을 가르쳐 지키게 하라. 보라 내가 세상 끝날까지 너희와 함께 있으리라(마태 28:19-20).

교육방법론

여러가지 교육방법이 논의될 수 있다. 주입식이냐, 학생중심이냐, 일대일 제자양육이냐, 공동체 안에서의 양육이냐, 시청각 교재를 동원하는 일, 교육내용을 연극으로 만들어서 전달하는 일 등 다양한 방법이 있다.

모든 방법이 때와 장소에 따라 다 의미가 있다. 어떤 때는 학생중심 방법보다 주입식 방법이 좋은 것이다. 기독교 교육은 절대 진리를 전수하는 경우가 많기 때문이다. 그런데 모든 방법중 없어서는 안되는 것은 교사가 본을 보이면서 가르치는 모델 교육은 반드시 있어야 한다.

기독교 교육은 삶에 적용하는 것이 중요하다. 본문관찰은 있고 본문해석은 있는데, 자기의 삶에 적용이 없는 교육은 교육일 수가 없다.

성령과 기독교 교육

성령과 기독교 교육은 상호 밀접한 관련을 맺고 있다. 교회의 설립과 기독교 교육의 시작이 성령의 사역에 의하여 이루어 졌고 교회 교육의 역사가 성령의 사역이며, 교회의 교육사역은 성령의 가르치는 사역에 의존하였기 때문이다. 예를 몇가지 들겠다.

성령의 역사가 아니고는 예수님을 알 수가 없다(마 16:16-17).
거듭나지 않은 사람을 그리스도인으로 양육하는 일은 불가능하다(요

3:1-15, 요 15 : 1-8).

그리스도인의 인격은 성령의 인격이다(갈 5:22-23).

기독교 교육의 교과서인 성경은 성령의 감동으로 기록된 것이다(딤후 3:16).

우리는 이상에서 무엇이 기독교 교육인지 알았다. 가장 중요한 것은 교사인 내가 예수님의 제자가 되지 않고서는 제자를 성장시킬 수 없다는 점일 것이다.

선교

먼저 "전도"라는 말과 "선교"라는 말의 뜻을 설명해야 할 필요를 느낀다. 1974년에 로잔에서 모였던 세계 복음전도에 대한 국제대회에서 복음전도의 의미를 아래와 같은 말로 정의 내린 바 있다.[4]

"복음을 전파한다는 것은 예수 그리스도께서 우리의 죄를 위해서 죽으시고 또 성경에 따라 죽은 자들 가운데서 살아 나셨으며 이제는 통치하시는 주님으로서 모든 죄에 대한 용서와 자유롭게 하는 성령의 은사를 믿고 회개하는 자들 모두에게 주시고 계신다는 좋은 소식을 전하는 일이다."

요컨대 영혼구원을 놓고 일반적으로 쓰는 말이 전도이다. 그러나 구령운동만에 머무르지 않고 인간의 삶의 전 영역에 하나님의 주권이 세워지도록 역사하는 것이 선교다.[5] 즉, 예수님은 교회의 주도 되시고 세상의 주도 되시게 하는 활동이 곧 선교다. 그러니까 선교는 전도를 포함하고 있다고 할 수가 있다. 교회는 조그마한 일부터 오늘의 선교 상황에 대한 전문적인 이해를 가지고 주변에서부터 하나님의 선교에 동참해야 한다.[6] 교회가 선교의 자세를 포기하는 바로 그때부터 교회는 교회이기를 단념하는 것이다. 하나님께서는 선교를 위해서 역사의 현장에 교회를 세우신 것이다.

봉사

예수님은 물론 전도자의 일생을 보내셨지만 또한 봉사자의 일생도 보내셨다.

인자가 온 것은 섬김을 받으려 함이 아니라 도리어 섬기려고 자기 목숨을 많은 사람의 대속물로 주려 함이니라(막 10:45)

고 말씀하신 분이 예수님이다. 주리는 사람에게 먹을 것을 주고, 목마른 사람에게 마시게 하고 나그네에게 거처를 마련해 주고 벗은 사람에게 옷을 입혀 주는 것, 병들었을 때에 돌보아 주는 것, 옥에 갇혔을 때에 돌보아 주는 것, 이와 같이 형제중에 지극히 작은 자 하나에게 한 것이 곧 내게 한 것이라고 가르쳐 주신 분이 예수님이시다(마 25:31-40).

봉사는 예수님 이래 교회의 전통이다. 초대교회도 보면 일곱 집사를 택한 이유가 봉사를 효율적으로 집행하기 위한 것이었다(행 6:1-3). 길가 밭, 돌작 밭, 가시떨기 밭을 갈아 엎어서 복음의 싹이 트게 해 주는 것은 봉사다.

개척교회가 그 지역사회에 적응할 때 봉사보다 더 좋은 촉매작용은 없다. 개신교가 한국에서 본격적으로 선교활동을 할 수 있었던 것도 알렌 선교사의 의료봉사 활동 때문이었다.[7]

교회는 예수님을 섬기기 위해서 학교, 병원, 고아원, 모자원, 양노원, 유치원, 경노대학, 소년소녀 가장돕기, 호스피스 봉사 등 사회 봉사 사업을 해야한다.

설교

설교에 대해서 말하려면 설교의 정의로부터 시작해서 설교자의 자격에 대해서, 설교에 관한 신학적 기초들(설교의 신학), 설교를 돕는 관계학문, 설교 방법론, 설교들 듣는 청중(설교를 듣는 대상의 발견), 설교의 종류, 설교의 준비법 등에 관하여 설명할 수 있어야 할 것이다.

지면 관계상 목회자와 설교와의 관계, 설교의 정의, 제목설교와 강해설교, 모델설교 등 긴요한 사항에 대해서만 언급하고자 한다.

목회자와 설교와의 관계

"목회자는 기력이 쇠잔하기 전까지는 성도들의 영혼을 돌보며 그 영혼들에게 하나님의 말씀을 주어 양육하기 위하여 복음의 진리를 설교하는 천직을 가진 사람이다. 그러므로 설교는 목회자의 피할 수 없는 사명이며 또한 목회자의 생명이다. 목회자가 설교를 잘 하느냐, 못 하느냐에 따라서 목회에 성공하느냐 실패하느냐가 좌우된다고 해도 과언이 아니며 목회의 생명이 길어지기도 하고 짧아지기도 한다.

또한 목회자의 설교에 따라 때로는 많은 생명이 더러는 적은 생명이 돌아오기도 하며 또는 주께로부터 떨어지기도 한다. 그리고 성도들의 신앙이 힘을 얻기도 하고, 맥이 빠지기도 하며 교회가 부흥하기도 하고 쇠하기도 한다. 이렇듯 목회자의 사명은 막중하며 설교의 역할은 지대하다."[8]

설교의 정의

제랄드 케네디(Dr.Gerald Kennedy)는 "설교는 교회의 강단에서 복음전파를 위하여 소명을 받은 목회자가 성령의 도움으로 성서에 증언된 복음을 신앙고백적으로 설명하고 또 증명하는 것이다."[9]고 했고, 필립스 브룩스(Phillips Brooks)는 설교는 하나님의 말씀의 진리를 소명 받은 사람(목회자)에 의하여 사람들에게 전달하는 것이다."[10]고 했다. 여기에서 우리가 알 수 있는 것은 설교에는 두가지 중요한 요소를 포함하고 있다는 사실이다. 하나는 진리의 요소이고 또 하나는 설교자의 인격의 요소이다.

설교에는 진리가 부족해도 안되고 인격이 결핍되도 안된다. 진리가 부족하면 인간의 영혼을 만족하게 살릴 수 없고, 설교자의 인격이 너무 부족하거나 결함이 있으면 진리를 전할 때 아무리 천사의 방언으로 전달할지라도 성도들이 받아들이지를 않는다.

첫째, 설교에는 진리도 충만해야 됨을 알아야 겠다. 설교의 진리를 위해서는 설교의 신학을 알아야 겠다. 설교자가 설교에 대한 신학을 가지고 있지 못할 때, 강단은 대중의 압력에 굴복하거나 거짓 선지자들을 뒤따르거나 두려움에서 비롯된 침묵을 강요 받거나 아니면 다수의 견해는 무엇이든지 다 좋다는 식으로 점잖게 무게만 잡게 되기가 쉽다[11] 진리는 수나 힘에 비례하지 않는다.

둘째, 설교자의 인격에 있어서도 결함이 없어야 한다. 곧 부덕한 요소가 없는 성숙한 인격을 가진 목회자라야 한다. 설교는 인격을 통해서 전달되기 때문이다. 목회자의 인격이 훌륭할 때, 권위가 있을 때 그가 전달하는 하나님의 말씀의 선포는 성도들에게 크게 감화와 감동을 준다. 우리나라와 세계 교회에 높은 덕망과 명 설교가로 널리 알려져 있는 한경직 목사는 후배 교역자들을 키우기 위해서 목회 연수원 강의 교안으로 저술한 책에서 다음과 같이 증거하였다.

교역자는 그 자신의 생활이 산 설교라고 하는 것을 언제나 기억하여야 할 것이다.[12]

그러면 목회자의 훌륭한 인격이란 어떻게 형성되는가?

첫째 거듭난 사람이어야 한다.
둘째 말씀과 믿음과 기도와 순종으로 사는 사람이어야 한다.
셋째 자기 욕심을 버리고 주께 헌신한 사람이어야 한다.
넷째 하나님의 비전에 불타는 사람이어야 한다.
다섯째 빌립보 3장 10-12절의 의미를 알고 시시때때로 이 말씀 가운데 거하는 사람이어야 한다. (*내가 그리스도와 그 부활의 권능과 그 고난에 참예함을 알려하여 그의 죽으심을 본받아 어찌하든지 죽은자 가운데서 부활에 이르려 하노니 내가 이미 얻었다함도 아니요 온전히 이루었다 함도 아니라 오직 내가 그리스도 예수께 잡힌 바 된 그것을 잡으려고 좇아 가노라.)
여섯째 빌4:13(내게 능력주시는 자 안에서 내가 모든 일을 할 수 있느니라)을 믿는 사람이어야 한다.

제목설교와 강해설교

제목부터 정해 놓고 성경본문을 찾으며 자료를 모아서 만든 설교가 제목설교라면 성경본문을 관찰하고 성경사전을 통해서 본문을 해석하고 몇 번씩 묵상해서 본문 내용을 충분히 이해하고 파악한 다음에 본문 내용을 요약한 것으로 제목을 삼고 현실에 적용시킨 설교가 강해설교이다.

강해설교의 대가인 데니스레인의 강해설교에 대한 정의를 들어보자.

"성경강해란 성경의 특정한 귀절의 뜻을 그 회중의 필요와 환경에 맞추어 설명함으로써 백성들이 하나님께서 그들에게 말씀하시는 바를 깨닫게 하는 과정이다."[13]

달라스 신학교에서 20년간이나 설교학 교수를 지낸 바 있는 해돈 로빈슨 박사는 "성경적 설교(강해설교)"에서 강해설교를 다음과 같이 정의했다.

성경 본문의 배경에 관련하여 역사적, 문법적, 문자적으로 연구하여 발굴

하고 알아낸 성경적 개념을 전달하는 것으로서 성령께서 그 개념을 우선 설교자의 인격과 경험에 적용하시며 설교자를 통하여 다시 청중들에게 적용시키는 것이다.[14]

제목설교는 성경본문에 대한 관찰과 해석과 적용의 작업을 통해서 하나님의 뜻이 분명히 드러나기도 전에 제목부터 정하고 아니면 자기가 하고 싶은 말을 이미 다 마음속에 결정하고 설교[15] 하기 때문에 그 내용이 인본적, 인위적으로 떨어질 위험이 있다. 성서의 증언에 종속되어야 하는 것이 설교라고 한다면 제목설교는 설교자가 상황에 매이거나 청중들의 욕구에 따라가고 말 염려가 있다.[16] 또한 제목설교는 지극히 현실적이고 자기 중심적인 교인들의 욕구에 설교자마저 끌리어가 버리고 말 염려가 있고[17] 인본주의적 자기주관이나 선입관이 개입될 수가 있다.

그러나 강해설교는 본문의 관찰과 연구와 해석과 삶에의 적용을 위해서 씨름하는 동안에 성령의 도우심을 쫓아 나의 주관과 선입견, 인본주의적 뜻은 제거되고 하나님의 음성을 듣고 하나님의 뜻이 분명히 세워져서 증거되게 되는 것이다.

설교는 가능한한 시기에 맞고 상황에 맞는 설교를 해야 하므로 제목설교를 할 수밖에 없을 때가 있지만, 그러나 오늘날 교회에 가장 필요한 말씀전달 방법은 강해설교이다.[18]

모델설교

본문 : 사도행전 2:14-41

제목 : 나사렛 예수

2:14-21절 청중과 설교자와의 접촉을 이루는데 할애되고 있다.

22절 설교제목이 제시되고 있다.

23절 죽임을 당하신 예수

24-32절 부활하신 예수

33-35절 성령의 강림과 성령시대, 그리고 예수의 재림때까지
36절 주와 그리스도가 되신 예수
37-38절 죄사함과 성령(세례)
39-40절 복음의 개방성과 세계성 만민을 위한 복음
41절 예수의 제자가 되라

모델 설교에서 우리가 알 수 있는 것은 설교란 무엇인가 그것은 죄인을 구원해서 예수님의 제자 삼는 것이다.

심방

심방의 정의, 성서적 근거, 의의, 심방의 종류, 심방의 대상, 심방하는 사람이나 받는 사람의 자세, 심방시의 주의사항 등에 대해서 말해야 할 것이나 지면관계상 긴요한 사항에 대해서만 언급하겠다.

심방의 정의(성서적 근거)

심방이란 기독교적 구원 목적 성취의 일환으로서 특별한 개별적 상황에 처하여 심방자가 피심방자를 찾아 신앙적 교제를 함으로 구령적 목적 달성에 기여코자 하는 교회적 활동을 의미하는 것이다. 사실 목회라는 말은 헬라어의 포이멘($\Pi o\iota\mu\eta\nu$)에서 나온 말로서 '양떼를 먹이고 돌본다'는 의미를 가진다. 즉 심방의 신학적 의미는 목회자가 양떼를 먹이고 돌보는 것이다(요 21:15-17).[19]

심방은 원래 사람이 하나님을 찾아가는 것이 아니고 하나님이 사람을 찾으시고 권고하시고 죄인을 구원하심이다(창 3:9; 4:9; 16:8-9; 21:1; 50:24; 출3:16). 예수님께서도 심방하셨다.(축호심방-마태 4:23-24; 축하심방-요 2:1 ; 문병심방-마 8:14-15; 전도심방-눅 19:1-10; 불우이웃돕기-마 25:31-46). 사도들도 심방했다(베드로와 요한의 심방-행 8:14-17; 바울과 바나바의 심방-행 15:36).

목사는 의사에게서 신자들을 대하는 방법을 배워야 한다. 의사는 아무리 바쁘더라도 환자를 한꺼번에 진찰하거나 면담하는 법이 없다. 한번에 한 사람씩 대하게 된다. 그 때는 어른도 아이도 심지어는 젖먹는 아이도 한 사람씩만 대하게 된다. 목사도 그래야 될 줄 안다. 심방 없이 주일날 무더기로 한꺼번에 교우들을 대하고서는 바로 목회할 수는 없다.[20]

심방의 종류

교회에서 시행하는 심방을 분류하면 대략 다음과 같이 구분할 수 있다.

대심방

대심방이라 함은 교회 형편에 따라 다르나 대개 봄, 가을로 나누어 1년에 1-2차례의 심방을 말하며 교역자와 구역장(지도자), 권찰들이 교인 가정을 방문하게 된다.

일반심방

일반심방은 구역심방과 유고심방과 출석권고심방으로 나눌 수 있다.
구역심방 - 구역장(지도자)과 권찰이 매주 금요일에 교인 가정을 심방하고 교회에 보고하는 심방이다.
유고심방 - 구역 보고에 따라 유고가정을 목사 또는 전도사가 그 가정을 방문하는 심방을 말한다.
출석권고 심방 - 장기 결석자, 새신자들을 찾아 심방한다.

특별심방

특별한 상황에 있는 자들을 심방하는 것이다. 병자심방, 임종시의 심방, 난치병자와 노인의 심방, 회의중에 있는 자의 심방, 외로운 사람과 과부들의 심방

직장심방
전도심방

상담

상담의 정의, 의의와 원리, 성경과 상담, 상담자의 모델이신 예수님, 상담자로서의 목회자, 상담의 여러가지 방법, 상담시의 주의사항 등에 대해서 말할 수 있어야 될 것이다. 지면 관계상 요긴한 사항에 대해서만 언급하겠다.

상담의 정의

상담이란 한 마디로 말해서 심각한 문제에 부딪힌 사람들이 그 적절한 해결책을 찾아 내도록 지도를 받게 되는 것을 뜻하는데 개인들로 하여금 삶의 문제들을 인간성숙과 인격의 발달을 도모해줘서 보다 효과적으로 처리할 수 있는 능력(empowering)을 키워주는 것이라고 할 수 있으며 기독교 상담이란 상담자가 피상담자로 하여금 하나님의 뜻에 따라 살아갈 수 있도록 힘을 길러줌(empowering)을 뜻힌다고 할 수 있다. 기독교 상담자는 성령사역에 대한 바른 인식이 필요하다.[21]

성령은 "모든 것"을 가르치시고 그리스도의 말씀을 생각나게 하시며 사람들에게 죄를 깨닫게 하시며 그리고 우리를 모든 진리 가운데로 인도하시는 위로자(Comforter) 또는 돕는자이시다(요 14:25-26).

기도하며 성경을 묵상하고 또 매일 진지하게 자신을 그리스도에게 위탁하는 일을 통해 상담자는 성령께서 사용하실 수 있는 유용한 매개자가 된다. 그를 통해서 성령께서 위로하시고 도우시고 가르치시고 죄를 깨닫게 하시고 또는 다른 사람을 지도하신다. 성령께서 우리를 사용하셔서 다른 사람들의 삶에 관계하고 그들을 변화시키고 또 심리적인 성숙 뿐만 아니라 영적인 성숙으로 이끄시는 것이다. 이것이 모든 믿는 자(목사이든, 평신도이든, 전문 상담자이든)의 목표가 되어야 한다.

상담자의 모델이신 예수님

분명히 예수 그리스도는 효과적이고 훌륭한 상담자로서 우리에게 가장 좋은 모델이시다.[22] 그분은 자신의 인격, 성품, 기술들을 가지고 도움을 필요로 하는 자들을 효과적으로 도울 수 있으셨다. 상담자로서 예수님의 힘은 그분의 인격이었다. 예수님은 완전히 정직하셨고 매우 자비로우셨고, 아주 감수성이 예민하셨고, 또 영적으로 성숙하셨다. 그분은 하늘의 아버지와 자신의 친구들인 인류를 섬기는데 전념하셨고 늘 기도와 묵상의 시간들을 통해 자신의 일을 준비하셨다. 또한 그분은 성경을 매우 잘 알고 계셨으며 자신에게 호소하는 불쌍한 자들이 궁극적인 평안, 희망, 안정을 찾을 수 있도록 돕기를 힘쓰셨다.

요한복음 3장 예수님과 니고데모와의 대화는 상담자로서의 예수님의 모습을 생생하게 나타내 주고 있다.[23] 니고데모는 예수님과의 상담 결과 자신의 중생의 필요성을 깨닫게 되었던 것이다.

상담자로서의 목회자

목사는 상담자로서 다른 사람들에 비해 유리한 점이 많을 것이다. 그것은 신자의 사정을 잘 안다는 점, 목사와 신자는 친교생활이 진행되고 있다는 점, 교역자는 그 직책 자체가 위신과 신용을 표현하는 것이니 개개인의 비밀을 지켜준다는 점, 죄책감에 대하여 영적 해결책이 있다는 점, 목사는 인간의 존귀성을 인정하고 민주주의 훈련이 되어 있다는 점, 목사는 기도하고 수양생활을 계속하기에 인격 성숙에 도움이 될 수 있다는 점이다.

목사가 심방하는 일에 시간을 제일 많이 소모했다는 것은 목사가 어떤 의미에서 목회 상담을 할 수 있는 가장 좋은 시간과 환경과 여건이라고 하겠다.[24] 목회의 대상은 어디까지나 개인이다. 길을 잃은 양이거나 우리 안에 있거나 누구든지 개인이다. 결코 단체가 아니다. 그러므로 효과있는 목회의 초점은 신자들의 생의 개인적인 문제에 접근 되어야 할 것이다. 이렇게만 되면,[25] 복잡한 문제를 해결해준다, 생의 적용을 도모한다, 단란한 가정생활의 기틀을 마련해 준다, 시험의 요소를 제거해 준다, 지도자로서의 신뢰와 존경을 받게 된다, 아름다운 신앙의 공동체를 형성한다, 더욱더 은혜 있는 설교를 하게 된다, 승리하는 생활을 하게 된다, 바른 지도자로서의 자세를 가지게 된다, 목회성공의 비결이 된다.

신입교우 양육체계

대한 예수교 장로회(통합측) 장석교회 이용남 목사는 초교파적으로 새신자 목회 세미나를 개최하게 된 동기를 다음과 같이 밝히고 있다.[26]

해마다 새신자의 정착율은 등록수의 10%를 넘지 못했습니다. 그러나 지난 5년동안 새신자 전담 부서를 만들고 인력과 재정을 특별히 배정하여 안간힘을 써 보았습니다. 등록수에 비하여 정착율은 10%에서 20%를 넘어서기 시작했고 그 외에도 부수적으로 큰 효과를 얻을 수 있게 되었습니다.

그렇다. 새신자 관리 문제로 고민해 보지 않은 목회자는 아마 없으리라고 생각된다. 새신자 관리와 양육을 통한 교회 성장이 진정한 교회 성장이라고 생각할 때 새신자 목회는 더욱 중요성을 띠게 된다고 하겠다.

새신자 목회에 대하여 말하려면, 새신자 목회신학의 기초, 새신자 양육을 위한 관리 체계, 새신자 양육위원의 선발 및 훈련, 새신자 양육을 위한 교재 작성, 새신자 의식구조와 새신자 교육의 커리큘럼 작성, 새신자 심방을 통한 새신자양육 등에 대해서 말해야 될 것이나 지면 관계상 생략하고(참고문헌 참조) 여기서는 필자가 담임하고 있는 독바위 교회의 새신자 양육체계에 대해서만 언급하기로 한다.

✽ 독바위교회 신입교우 양육체계 ✽

제 1 단계 : 신입교우가 담임 목사실로 안내되어 담임목사와 상담이 이루어지게 한다. 담임목사와 상담이 이루어지지 않은 신입교우는 신입교우부가 반드시 그주 안에 심방해서 최초의 심방카드를 작성해야 한다. 심방카드 작성에서 가장 중요한 것은 신입교우의 구원여부(이미 새생명이 시작된 분인가 아닌가)를 알아내는 일이다. 만약 구원의 확신이 없는 분 같으면 미리 준비해 가지고 간 4영리를 통해서 새생명이 시작되도록 해야한다. 제 1단계에서 담임목사와 신입교우부가 협력해서 반드시 해야할 일은 신입교우의 앞으로의 양육과정을 분류해 놓는 일이다. 본 교회의 양육과정은 3개 과정이 있다. 하나는 기초육성과정으로서 이 과정은 일대일 양육과정이며 교재는 C.C.C.발행 6권으로 된 기초육성 만남이며 기간은 2개월이다. 본 교회를 통해서 새생명이 시작된 신입교우는 이 과정에서 2개월간 기초육성을 받아야 한다. 또 한 과정은 기초 순모임 과정으로서 본 교회에서 기초 육성을 받은 신입교우들과 타교회에서 학습을 받은 분들은 이 기초 순모임에서 양육을 받게되는데 교재는 민정웅목사 저 '요한복음 연구' 중 제 1,3,6,8,9,10,12,13,17,19,44,52과 이상 12과(3개월 분)를 공부하게 된다. 여기까지가 신입교우 양육과정이다. 신입교우 양육과정 중 나머지 한 과정은 현재 본 교회에서 운영하고 있는 기존의 사랑방 성서학교로서 본 교회에서 기초 순모임 과정을 수료하신 분이나 타교회에서 세례 받고 본 교회를 전입해 오신 분들은 이 사랑방 성서학교에 참가하여 어울려도 불편함이 없이 신앙생활을 잘 하게 될 수 있는 줄 믿는다.

제 2 단계: 교구장으로부터 순장까지 각 사랑방 임역원은 본 교회 신입교우 양육위원도 된다. 신입교우는 제 1단계에서 양육과정이 분류된 대로 거주지역의 해당 지도자를 통해서 배정된 양육위원에 의해서 일대일 양육 혹은 기초 순모임 양육 혹은 사랑방 성서학교 양육을 받게 된다.

제 3 단계: 이 과정은 매년 전반기, 후반기, 각각 6월, 12월에 갖게 되는데 새생명 훈련원 과정 중 3박 4일 전도요원 훈련과정(민족복음화 전도요원 훈련교재 초급과정/ 밤에 할 경우는 수요일을 빼고 1주일간 매일 밤 3시간씩)을 받게 되는 과정이다. 기간중 1박 2일 혹은 가까운 거리의 사귐과 선견지 견학을 위한 여행도 다녀오게 되고 성대한 신입교우부 수료식(복음전선 파송식)도 갖게 된다.

신입교우는 이때부터 예수님의 제자로서의 사역을 감당하게 되며 본 교회 자치기관 활동에도 적극 참여하게 된다.

목회자와 역사의식

첫째, 역사란 무엇인가?
  역사라는 말, 역사(歷史)의 정의

역사(歷史)라는 말이 의미하는 바는 동양이나 서양이 같으며 "과거에 일어난 일 또는 그 기록과 서술을 가리킨다. "역사란 무엇인가를 밝혀준 사람은 역사의 아버지라고 부르는 헤로도투스(Herodotus)로서 일생의 모든 것을 다 바쳐 저술한 역사서 '페르샤 전쟁사'라는 책에서 그는 헬라어로 히스토리아(Historia, 歷史)

라는 말을 사용하였다. 역사란 무엇인가를 자문하고 이에 철저하게 대답하기 위해서 쓰여진 책이 '페르샤 전쟁사'이다. 그는 페르샤 군대가 희랍을 공격했지만 패전했는데 그는 이 책에서 동방문화와 서방문화, 전제사회와 민주사회의 역사적 배경을 서술하면서 페르샤 전쟁을 승리로 이끈 것은 아테네의 시민정신이었음을 밝혔다. 동양에서는 사(史)라는 말이 희랍의 히스토리아보다 훨씬 더 오래 전부터 사용되었음을 알 수 있으나 서양의 헤로도투스의 저서 '페르샤 전쟁사'에 필견할 만한 책이 동양에서는 사마천이 저술한 사기(史記)라고 할 수 있겠다. 인간세계의 변화하는 현상과 이에 작용하는 천제(天帝)와의 관련성의 규명이 이 책의 과제였다.

중국의 역대사서에는 창조주에 대한 고백은 없지만 천(天)이라고 해서 만물의 생성과 존재의 근원이며 그들의 생성과 존재의 여부를 결정하는 가장 높은 권위를 말하고 있다. 그 천(天)은 아들 천자(天子)를 천하(天下)의 지상세계에 보내 이를 통치하게 했다는데 이것이 소위 중국 황제의 천자(天子)사상이다.

저 유명한 역사철학자 헤겔의 역사에 대한 말을 들어보자.

"우리들의 역사라는 낱말은 객관적인 측면과 주관적인 측면을 종합하고 있는 것으로서 이것은 사건을 의미하는 동시에 사건의 기술을 의미한다"고 하였고 유명한 독일의 사학자 베르하임 교수는 역사를 다음과 같이 정의하였다.

"역사란 사회적 존재로서의 인간의 여러 활동에서 시간적 공간적으로 이루어지는 발전의 모든 사실을 심리적인 인과관계 및 그때 그때의 사회적 가치와 관련되는 인과관계에서 규명하고 서술하는 과학이다."

역사를 배우는 일은 참으로 중요하다. 역사를 배우게 되면 온 역사상에 있어서의 과거와 현재를 연결시키고 그 의미를 발견하게 하며 동시에 이에 대한 역사적인 판단을 내리게 해주기 때문이다.

그것은 또한 미래와도 어떤 대화를 나눌 수 있게 해주는 것이기 때문이다. 오만과 편견은 역사적 사고와 인식능력의 부족에서 기인되는 것임을 명심할 것이다.

역사관의 문제

역사관이라고 할 때 그 개념은 독자적인 것으로 제각기 달리 설명되겠지만 역사에 대한 견해, 해석, 관념, 사상 등의 의미를 가지고 있으며 역사를 보는 눈, 혹은 역사의식이란 광범한 의미로도 사용되고 있다.

서양의 역사관
신본주의 사관 – 고대, 중세
인본주의 사관 – 종교개혁 후 르네상스 시대
유물주의 사관 – 근대, 공산주의 혁명
＊공산주의는 헤겔의 변증법적 역사철학과 칼 막스의 유물사관에 기초를 두고 있다.
＊레오포드 본 랑케(Leopold von Ranke): 독일사람, 근대 역사학의 원조, 1795-1886. 역사비판적 방법과 객관적 역사 서술방법을 확립하였다.

중국의 역사관
중국의 역사관을 지배한 것은 사기(史記)를 기록한 한(漢)나라의 사마천이다. 사마천은 천하의 주인공을 천자(天子) 즉, 제왕으로 보고 따라서 이 주인공의 역사 즉, 제왕의 경력과 활동을 적은 본기(本記)를 책의 선두에 놓았다. 근대 중국의 사학자 양계초는 자국사를 다음과 같이 비판하였다.
• 고대 중국사가들은 오직 조정이 있음을 알고 중국이라는 국

가가 있음을 모른다.
- 개인이 있음을 알고 사회가 있음을 모른다.
- 과거와 현재와 연결이 되어 있지 않다.
- 사실이 있음을 알고 정신이 있음을 모른다. 즉 사실과 다른 사실과의 인과관계를 밝혀내지 못한다.

한국의 역사관
- 중국 역사관의 영향을 받아 치자(治者) 계급위주의 역사서술이었다.
- 일제의 식민사관
- 실학자들에 의해서 민족사관이 싹텄다. 이 민족사관은 민족의식을 싹틔우고 항일운동의 근거를 마련했다. 단재 신채호 선생의 "조선상고사 총논"에 있는 다음과 같은 글은 그 면모가 나타난다.

역사란 무엇이뇨? 인류사회의 아(我)와 비아(非我)와의 투쟁이 시간부터 발전하며 공간부터 확대하는 심적활동의 상태의 기록이니 세계사라면 세계 인류의 그리되어온 상태의 기록이며, 조선사라면 조선민족의 그리되어온 상태의 기록이니라

그는 역사를 아(我)와 비아(非我)와의 투쟁으로 파악하고 있다. 여기에서 아(我)는 우리나라, 비아(非我)는 우리나라를 침략하는 제국주의를 의미하고 있다.

역사의 시대구분
- 인간이 자기 당대의 주어진 조건 위에서 역사 발전을 이해했던 하나의 인식형태였다고 할 수 있다.
- 역사의 시대구분이 필요한 것은 역사에 의미를 부여하고 역사를 이해하는데 도움이 되기 때문이다.

역사의 시대구분에 대한 예 : 독바위 교회 25년사.

창립과정 (1967.2.6 - 1968.11.24)
개척시대 (1968.11.24- 1975.3.30)
자립시대 (1975.3.30- 1978.8.5)
환난시대 (1978.8.5 -1982.1.3)
성장시대 (1982.1.3 - 1988.11.27)
선교시대 (1988.11.27 - 현재)

둘째, 성경의 역사관
역사를 주관하시고 섭리하시는 분은 하나님이시다.

성경은 역사를 주관하시고 섭리하시는 분은 하나님이심을 증거하고 있는데 이스라엘의 남북왕조의 역사를 비교해 보면 이 사실을 가장 잘 알수 있게 됩니다. 이스라엘이 남북왕조로 분리된 것은 솔로몬왕의 아들 르호보암 때부터인데 북왕조는 솔로몬때 장군의 한 사람이었던 여로보암이 사마리아를 중심으로 해서 반란을 일으켰으며 이후 이 북왕조는 19대 호세아왕에 이르기까지 혁명이 여덟번 일어났는데 혁명이 일어날 때마다 혁명 주체세력에 의해서 왕조가 바뀐 것을 볼 수 있습니다.

바아사혁명(왕상 15:28-30) 여로보암왕의 아들 나답왕(2대)을 죽이고 왕이 됨
시므리혁명(왕상 16:8-13) 바아사왕의 아들 엘라왕을 죽이고 왕이 됨 (7일간)
오므리혁명(왕상 16:17-29) 시므리왕을 죽이고 왕이 됨.
예후혁명(왕하 9장) 아합의 아들 여호람(요람)을 죽이고 왕이 됨.
살룸혁명(왕하 15:8-11) 예후의 증손자 스가랴왕을 죽이고 왕이 됨.
므나헴혁명(왕하 15:13-16) 살룸왕을 죽이고 왕이 됨.
베가혁명(왕하 15:23-26) 므나헴왕의 아들 브가히야왕을 죽이고 왕이 됨.
호세아 혁명(왕하 15:30-31) 베가왕을 죽이고 왕이 됨.

남왕조에도 왕을 배반하고 혁명을 일으켜서 왕을 죽여버리는 일이 네번 있었으나 왕조가 바뀌는 일은 한 번도 없었고 다윗왕조가

계속해서 계계승승 이어지는 것을 볼 수 있습니다.

유대 여호람왕의 부인 아달랴(아합의 딸)가 자기 아들 아하시야왕이 죽자 왕의 씨(자기 손자들)를 진멸하려 했으나 아하시야왕의 누이 여호세바가 왕자들 중 요아스를 성전에 6년간 숨겨 놓았고, 제사장 여호야다의 보호를 받게 하다가 제사장 여호야다에 의해 아달랴는 제거되고 왕통(王統)은 요아스 왕자가 잇게 한다(왕하 11장).

요아스왕이 신복 요사갈과 여호사바드에 의해서 죽임을 당했어도 왕위는 요아스왕의 아들 아마샤가 잇는다(왕하 12장 19-21절).

아마샤왕이 반역도들에 의해서 죽임을 당했어도 왕위는 그 아들 아사랴(웃시야)가 잇게 된다(왕하 14:19-21).

아몬왕이 신복들에게 죽임을 당했어도 왕위는 그 아들 요시야에게 이어진다(왕하 21:23-24).

북왕국은 정변이 일어날 때마다 왕조가 바뀌었는데 남왕조는 정변이 일어났어도 왜 왕조가 바뀌지 않고 다윗의 혈통이 면면히 이어지고 있는가?

하나님께서는 다윗에게 하신 약속(삼하 7:16 "네 집과 네 나라가 네 앞에서 영원히 보전되고 네 위가 영원히 견고하리라 하셨다 하라)을 지키시려고 역사를 주관하시고 섭리하셨기 때문이다.

인류사(人類史)는 시작이 있고 끝이 있다.

시작 : 창1:1, 26-28 ; 창 3:15.

끝 : 계시록 20:11-15.

성경의 역사관은 역사를 주관하시고 섭리하시는 분이 누구이신지를 깨닫게 해주며 시작과 끝이 있음을 가르쳐 준다. 그래서 그분을 두려워하고, 그분의 말씀을 신뢰하며, 그분을 의지하고, 그분 앞에서 책임적인 삶을 살도록 해준다.

주

1. 프랭클린 M. 지글러, 禮拜學 原論, 정진황 역(서울 : 요단출판사, 1987 제 5판), p.18.
2. Ibid., p.19.
3. D.C. 와이코프, 복음과 기독교 교육, 김득렬 역 (서울: 대한기독교서회, 1965), p.138.
4. 데이비드 왓슨, 복음전도, 박영호 역 (서울 : 기독교문서선교회, 1986,23판), p.32.
5. 정진경, 신학과 목회, 19. Missio Dei의 개념 (서울 : 성공문화사, 1977년 재판), p.142.
6. Ibid., p.149. / 7. 박귀동, 지역사회에서 교회의 역할 ,(서울 : 혜문사, 1988), p.12.
8. 방관덕, "목회자와 설교",「현대목회」, 1982.11월호, p.49.
9. Ibid., p.50./ 10. Ibid., p.50.
11. 후레드 크래독, 설교(열린체계로서의 귀납적 설교방식), 김영일 역 (서울 : 컨콜디아사, 1990 2판), p.59.
12. 한경직, 사도바울에게서 배운다,(대한 예수교 장로회 총회 교육부, 1977), p.163.
13. 데니스 레인, 강해설교자료모음, 양승헌 역 (서울 : 두란노 서원, 1985.3판), p.33.
14. 해돈 로빈슨, 강해설교, 박영호 역 (서울 : 기독교문서선교회, 1983), p.21.
15. 데니스 레인, op. cit., p.32.
16. 한기원, "한국교회 설교는 건전한가",「월간목회」 1982.1월, p.23.
17. 김성호, op. cit. / 18. 해돈 로빈슨, op. cit.,
19. 최정성, "효과적인 심방의 이론과 실제" ,월간목회, 1983.3월호, p.254.
20. Ibid., p.255.
21. 게리 콜린스, 크리스챤 카운셀링, 피현희 역(서울 : 두란노서원, 1984), p.22.
22. Ibid., p.20.
23. 최정성, "효과적인 심방의 이론과 실제", 월간목회 1983.3., p.277.
24. Ibid., p.282. / 25. Ibid., p.283.
26. 이용남, 제 1회 교회성장을 위한 새신자 목회 세미나 자료집 (1991.2.19-20), 장석교회.

참고문헌

D. Campbell.Wyckoff. 복음과 기독교 교육. 김득렬 역. 서울: 대한기독교서회, 1965.
Em Griffin. Getting Together. Illinois Interarity Press, 1982.
J.J.폰 알멘. 예배학 원론. 정용섭 외 3인 공역. 서울: 대한기독교서회, 1979.
Jack O.Balsurick. The Family. Baker Book House Co., 1989.
M.엘리아데. 우주와 역사. 정진홍 역. 서울:현대사상사, 1976.
T.H.L.Parker. 칼빈과 설교. 김준남 역. 서울:도서출판 솔로몬, 1993.
Gary R. Collins. 크리스찬의 카운슬링. 피현희 역. 서울:두란노서원, 1984
----------. 효과적인 상담. 정동섭 역. 서울:두란노서원, 1984.
랄프 스피스. 나의 감정을 어떻게 다룰까. 이현모 역. 서울: 요단출판사, 1989. 초판 3쇄.
로버트 G. 위티. 교회심방의 새 면모(이론과 기술). 조천영 역. 서울: 혜남사, 1982.
Rudolf Bohren. 설교학원론. 박근원 역. 서울:대한기독교출판사,1987. 5판.
------------. 설교학 실천론. 박근원 역. 서울: 대한기독교출판사,1986재판.
Rudolf Bultmann. 역사와 종말론. 서남동 역. 서울:대한기독교서회, 1968.
Nicolas Berdyaev. 역사란 무엇인가. 이경식 역. 서울:전망사, 1981.
베른하임. 사학개론. 조기용 역. 서울:청연사, 1958.
Fred B. Craddock. 설교(열린체계로서의 귀납적 설교 방식). 김영일 역. 서울: 컨콜디아사, 1990.2판.
A.R.Tippett. 교회성장과 하나님의 말씀. 장중열 역. 서울:보이스사, 1978,
알프레드 깁스. 예배. 정병은 역. 서울: 전도출판사, 1991.
웨이론 비 모어. 새 신자 양육의 원리와 방법. 정학봉 역. 서울: 요단출판사, 1976 재판.

존 스타트. 현대교회와 설교. 정성구 역. 도서출판 풍만, 1985.재판.
제임스 데인. 능력 있는 설교. 이태웅 역. 서울:두란노서원, 1987.재판
제임스 케네디. 현대전도. 이동원 역. 서울: 생명의 말씀사, 1974.4판
척 스미스. 교회성장과 강해설교. 서울:엠마오, 1991.
폰 E. 존슨. 종교심리학. 김관석 역. 서울: 대한기독교서회, 1970.
Franklin M. Segler. 예배학 원본. 정진황 역. 요단출판사, 1987.5판.
C. Peter Wagner. 基督敎宣敎戰略. 전호진 역.서울:생명의 말씀사,1978.
Haddon Robinson. 강해설교. 박영호 역. 서울:기독교문서선교회,1983.
해롤드 린드셀. 기독교 세계 선교. 서울: 생명의 말씀사, 1977 재판.
R.압바. 기독교 예배의 원리와 실제. 허경 역. 서울: 대한기독교서회, 1989.10판.
G.케네디. 설교의 이론과 실제. 백리언 역. 서울:대한기독교서회, 1973 4판.
김기현. 한국교회의 예배와 생활. 서울: 양서각, 1986 개정판.
김득룡. "성령과 교회교육".「순복음교회 교회성장 제3집」, 서울:영산출판사, 1983.
오성춘. "기독교 영성의 기본요소에 관한 연구".「교회와 신학 X X I」,장로회신학대학, 1989.
윤혜원. 사학개론. 서울:수도출판사, 1975.
정장복 외 6인. "예배의 재조명".「교회와 신학 25집」장로회신학대학교 출판부, 1993.
조병호.불가능하다는 이유로 꿈을 포기하진 않는다. 서울:땅에쓰신글씨, 1994.
전국교역자 전도 연수대회 편. 전도학교. 서울: 보이스사, 1973.
고려대학교사학과 교수실. 역사란 무엇인가?. 서울:고대출판부,1979.
김광식 목사외 다수. "오늘의 심방을 말한다".「월간목회」1983.3월호.
김광식 외 다수. "특집- 새 신도 관리".「월간목회」1980.7.
김득렬. "목사와 기독교 교육".「크리스챤 헤럴드」1974.3판.
김득렬. "목회자와 교회 교육".「교회와 신학 제3집」, 장신대, 1970.
김용웅 외 3인. "특집 예배"「도림 제65호」, 서울:도림교회, 1994.
박선배. "이상적인 설교자상".「월간목회」1983.6월호.
박종렬외 다수. "특집-강해설교를 말한다".「월간목회」1985.2월호.
배상길 목사외 다수. "심방목회를 말한다".「월간목회」1986.4월 호.

오성춘. 영성과 목회. 서울: 장로회신학대학교출판부, 1994.5판.
오인탁. "기독교 교육학 교육과 경건".「교회와 신학」,장로회신학대학, 1979.
-----. "기독교 교육 인간학 서설".「교회와 신학」, 장로회신학대학, 1980.
이용남. 교회성장을 위한 새신자 목회세미나 자료집(Ⅰ,Ⅱ,Ⅲ),장석교회, 1991-1993.
정장복. 인물로 본 설교의 역사. 서울: 장로회신학대학출판부, 1986.
주선애. "한국교회 교육과정 목적설정을 위한 연구".「교회와 신학 제3집」, 장신대, 1971.
최정성. "효과적인 심방의 이론과 실제".「월간목회」 1983.3월호.

농촌목회의 신학적 사회학적 기초
사회학적 기초

사회학적 기초

한국농촌의 현실과 농촌교회
농업과 국민경제

한국농촌의 현실과 농촌교회

> 구걸동냥식의 의식이 타파되고 글자 그대로 농촌교회는 우리의 자매요, 예수님의 몸이라는 동반자의식, 운명공동체의식으로 친교해야할 것이다.

한국농촌교회 목회론은 목회사역 일반의 신학적 기초와 농촌목회신학을 바탕으로 해야 할 뿐 아니라 한국농촌과 농촌교회의 현실이해를 바딩으로 해야 힐 줄 안다.

한국농촌의 현실

개관 현실은 역사의 결과이므로 우리는 한국농촌을 이해함에 있어서도 과거 역사를 돌아볼 필요가 있다.

○ 우리나라의 총면적이 220,840km²이며 휴전선을 경계로 한 이북의 면적은 125,608km², 이남은 95,232km²이다. 삼면이 바다로 둘러싸인 반도국(半島國) 반도부(半島部)가 96.6%, 3,300여 섬으로 된 도서부(島嶼部)는 3.4%이며 산지가 총 면적의 약 8할을 차지하

고 있는 산악국으로 경지면적은 2,011,000 정보로 국토 면적의 23%밖에 되지 않는 입지조건을 가지고 있다.[1]

○ 우리나라는 선사시대 이래 부족국가시대, 삼국시대(고구려, 백제, 신라), 통일신라시대, 고려시대, 이조시대 그리고, 해방 후 대한민국 정부수립으로 제 1공화국(1948.8.15-1960.4.19)과 제 2 공화국(1960.8.19- 1961.5.16), 그리고 제 3공화국(1963.12.17-1977.10.26)이 중농정책(重農政策)을 포기하고 공업입국 정책 일변도로 나가기 전까지는 국민의 과반수 이상이 농업에 종사하는 저개발 후진국 농업국가였다.[2] 82.6달러[3]라는 1960년의 우리나라 1인당 GNP가 이 사실을 잘 설명해 주고 있다.

○ 1962년에서 1976년까지의 15년간은 제 3공화국에 의해서 3차에 걸쳐 경제개발 5개년 계획이 실시된 기간이다. 1인당 GNP에서 보면 1961년은 83달러이었던 것이 77년은 10.4배로 늘어난 864달러가 되었고, 무역면에서 1961년의 4천만 달러 정도에 지나지 않던 것이 77년에는 100억 달러를 초과하였으며 이것은 250배에 가까운 경이적인 증가현상이다. 이러한 GNP의 변화상과 수출 확대상은 산업구조에 반영되어 농림, 어업의 비중을 줄이는 대신 광공업의 비중을 높임으로써 공업한국을 건설하게 되었다는 것이다. 즉 1961년의 산업구조는 제 1차 산업이 40.2%, 제 2차 산업이 15.2%, 제 3차 산업이 44.6%이었던 것이 77년에는 각각 23.7%, 30.0%, 46.3%로 달라졌다.[4] 이 기간은 반만년의 유구한 역사를 별 변화 없이 살아오던 이 나라 민족사상 일대 변혁기라고 하지 않을 수 없다. 3차에 걸쳐 실시된 경제개발 5개년 계획은 국가 경제를 깊은 잠에서 깨우친 일, 후진국을 중진국의 반열에 들어서게 하는 결과를 낳았지만 다음과 같은 부정적인 결과도 낳았다.[5]

자연환경 파괴(공해)

경제성장을 위하여 어떠한 수단과 방법도 가리지 않고 활용한

결과 사회정의가 부정되고 있는 현실

  국민 계층간의 현격한 소득격차

  지역간의 격차

  고도성장을 이룩할 수 있었던 것은 우리의 내재적 조건을 토대로 한 것이 아니고 외적 조건에 의존하여 이룩함으로써 국민경제의 토대인 농업기반이 무너져 내리기 시작함

  대외 의존형 경제구조로 전락시켰다는 점. 경제개발 계획이 실시되기 이전의 우리 나라 식량자급도는 약 95%(*1960년의 쌀 자급도 99.0%)였으나 경제성장이 급속하게 이루어짐과 반비례하여 점점 내려 갔으며 77년도에 이르러서는 74.5%가 되었다.

〈표2〉 식량자급율(1965년-1989년까지) [6]

연 도	65	70	80	88	89
식량자급율(%)	93.9	80.5	56	38.4	34

밀 0.1%, 옥수수 2.4%, 콩 14.2%

* 농림수산부 양정국의 통계를 참조할 것

인구의 도시집중 과밀현상

〈표3〉 농가인구의 변천 (1960-1992년까지)

연 도	총인구	농가인구	비율 (%)
1960	24,989,000	14,559,000	58.3
1965	28,704,674	15,811,575	55.2
1966	29,435,571	15,780,706	54
1967	30,130,983	16,078,000	53.4
1968	30,838,302	15,908,000	51.6
1969	31,544,266	15,589,000	49.4
1970	32,240,827	14,422,000	45.9
1971	32,882,704	14,719,000	44.7
1972	33,505,406	14,677,000	42.9
1973	34,103,149	14,645,000	42.9
1974	34,692,266	13,459,000	38.85
1975	35,280,725	13,244,000	38.2
1976	35,848,525	12,785,000	35.7
1977	36,411,797	12,308,000	33.8
1978	36,969,185	11,527,000	31.1
1979	37,534,233	10,883,000	29.0
1980	38,123,775	10,826,000	28.9
1981	38,723,248	9,998,000	25.8
1982	39,326,352	9,688,000	24.6
1983	39,929,136	9,474,000	23.7
1984	40,513,264	9,014,000	22.2
1985	41,055,536	8,521,000	21.1
1986	41,569,000	8,179,000	19.7
1987	42,003,000	7,771,000	18.5
1988	42,031,000	7,272,000	17.1
1989	42,449,000	6,786,000	16.0
1990	42,869,000	6,661,000	15.5
1991	43,268,000	6,608,000	15.0
1992	43,663,000	5,707,000	13.1

* 농림수산부 농림통계연보 참조

○3차에 걸쳐 실시된 경제개발 5개년 계획의 농업부분의 계획에 대해서 알아볼 필요가 있다.

제 1차 5개년 계획의 농업개발 정책은 "증산"과 생산과정의 근대화를 목표로 하고 있으며 구체적으로는 "식량의 자급을 위한 양곡 증산"과 "공업용 및 수출용 농산물 증산"을 내용으로 하여 추진 되었다. 실효를 거둔 것은 농지 조성 사업이 비교적 활발히 전개되어 1961년의 총경지 면적이 약 205만 정보이던 것이 1966년에는 231만 정보로 확대되어 계획기간 중 12.8%의 경지 확장을 가져왔다. 그러나 경지면적의 확대율에 비해서는 경지면적의 이용도는 제자리 상태에 머물렀다. 아무튼 이 기간 중 개간, 간척 등 농경지 확대사업의 효과는 인정된다. 계획기간 중 증산을 위한 여러 가지 정책의 산물로 실생산량이 1960년의 190kg이 66년에는 243kg으로 증가 하였다. 그러나 인구증가와 일인당 양곡소비가 늘어났고 공업용 수요가 증가했기 때문에 전체 양곡 수급에서 본 식량자급화율은 점점 낮아지고 있다.

농정 입안자들에게는 무엇이 오늘의 농업과 농민을 전근대적인 생산양식과 생활방식에 묶고 있는가에 대해서 관심을 안 가지므로 말미암아 경제개발 과정에서 반드시 해결했어야 할 우리 나라 농업의 기본적 모순이 무엇인지 보이지 않았다.[7]

"제 2차 경제개발 5개년 계획"의 기본목표가 되어 있는 자립경제의 확립을 위한 첫 과제는 국민의 기본적인 수요인 식량의 자급자족이다라고 하는 식량증산이 농업개발 정책의 중심이 되지 않을 수 없었다. 그리하여 계획에서는 농업부분의 성장을 71년에는 65년에 비하여 40%가 높아지는 것으로 하였고 특히, 미곡생산은 심한 기후조건의 변동이 없다면 경지면적의 증가, 농약 및 화학비료의 증시, 수리시설의 개량, 농사법의 개선 등을 통해서 1965년에 비하여 1971년에는 39%가 증산되는 것으로 책정하였다(1965년도는 350,000톤). 또한 맥류도 33%의 증산을 계획함으로써(65년도는 1,856,000톤) 목표 년도에는 식량의 자급자족을 가져오고 이것은 자립경제의 첫 과제가 달성되는 것이라고 하였다.

이러한 자립경제 달성의 첫 과제인 식량증산을 위한 구체적 정책수단을 농업부문에 대한 투자상황에서 보면 다음표와 같다.

<표4> 산업별 투자(1965년 불변시장가격) (단위:10억원)

구 분	1962-1966		1967-1971			
			원계획		실 적	
	금 액	구성비	금 액	구성비	금 액	구성비
농림어업	64.49	9.8	156.94	16.3	128.65	6.5
광공업	163.00	24.9	301.01	30.7	440.48	22.2
사회간접자본 및 기타	364.11	55.5	591.12	53.0	251.79	63.1
재고증가	63.93	9.8			163.31	8.2
총투자	655.53	100.0	980.07	100.0	1,984.23	100.0

그리고 제 2차 경제개발 계획기간 농림 어업부문 투자 중 식량증산을 위한 것이 7.3%에 이르고 있다.

이와 같은 식량증산을 위한 투자증대는 그것이 곧 식량증산을 가져올 것이라고 생각할 수 있겠지만 사실은 전근대적 가족노작적 농업생산 방식을 기본적 성격으로 하고 있는 우리나라 농업의 제조건 하에서는 투자증대=생산증대로만 나타날 수 있는 것이 아니다.

66년도의 우리나라 경지면적은 2,312,000 정보였고 이 해에 식량생산량은 7,568,000M/T이었는데 71년도의 우리나라 경지면적은 2,290,000정보였고, 이 해의 식량생산량은 7,275,000M/T 으로 66년에 비해서 3.9%의 감소를 나타내고 있다. 그리고 경지면적도 66년에 비해서 1%의 감소를 나타내고 있다. 이것은 공업화를 위하여 많은 농지가 제공되었다는 것을 알 수 있으며 여기서도 식량생산의 감축원인을 볼 수 있다. 이리하여 식량생산의 감소는 외곡도입의 확대로서 나타나지 않을 수 없으며 식량의 대외의존을 고정화 시키고 식량의 자급자족이 아닌 식량의 부족국으로서 매년 막대한 외화를 식량 도입에 충당하지 않으면 안되게 되었다. 66년의 식량자급율은 94.7%이던 것이 71년에는 69.4%로 하락하였던 것이다.

이와같이 식량의 자급자족을 자립경제의 첫 과제로 규정하고 그것을 달성하기 위한 정책수행을 제 일의 과제로 설정하였던 제 2차 경제개발 5개년 계획은 당초 계획하고는 크게 이탈하는 결과를 가져오게 하였다.[8]

"제 3차 경제개발 5개년 계획(1972-1976)"의 농업개발 분야에서 볼 수 있는 것은 제 1차, 제 2차에서 식량자급이라는 가장 큰 목표가 사라지고 그 대신「주곡자립」이라는 목표가 새로이 등장되었다는 점이다.

제 1차 때도 농업개발이 최전면에 등장하였으나 별다른 성과를 거두지 못하였고 제 2차 때도 계획목표 달성의 가장 큰 비중이 식량자급에 두었으나 이것 역시 우리가 이미 분석한 것처럼 오히려 식량의 대외의존을 심화시키는 결과를 초래하였다. 이러한 여러 가지 사정을 감안하여서인지 제 3차 5개년 계획에서는 처음부터 식량자급은 목표에서 빼고 주곡자급을 목표로 설정하게 되었다. 사실 주곡(미,맥)의 수요는 소액의 확대공급으로 줄일 수도 있는 것이다. 그러므로 엄격히 말한다면 주곡자급이란 큰 뜻을 가지는 것이 아니다. 이것을 증명하는 것이(설사 주곡은 자급하더라도 식량부족은 더 확대되는 경우) 다름 아닌 외곡도입의 증대이고 식량자급도의 하락현상이다.

아무튼 농어촌 경제의 혁신적 개발을 주축으로 하여 추진된 제 3차 경제개발 5개년 계획은 설정한 목표와는 달리 농어촌 경제는 어느 측면에서도 혁신적 개발의 흔적을 찾아볼 수 없다. 이것은 이제까지 분석에서 언급하지 않고 넘겼던 축산업에서 그 실상을 명명백백하게 알 수 있다. 즉 제 3차 5개년 계획의「축산업 진흥」에서 보면 쇠고기를 수입하여 국내 수요를 충족하겠다는 것은 생각되지 않고 있었다. 그러나 실제의 과정은 그 이유야 어떻든 쇠고기의 대량수입이 이루어지고 그로 말미암아 쇠고기의 국내 수급이

조절되었다는 사실이다.

제 3차 경제개발 5개년 계획을 개관할 때 무엇보다 두드러진 현상은 '계획'이 수시로 변경되었다는 점이다. 한국경제에 있어서의 '계획'은 스스로의 능력과 조건을 떠난 외적 조건에 의지하여 진행되므로 외적 조건의 변화는 곧「한국의 경제 계획」을 수정시키고 만다. 그 결과 개발 계획에서 설정한 기본 정신이나 기본 목표나 또는 중점시책 등은 조령모개(朝令暮改)식으로 달라질 수 밖에 없다.

이것은 다름 아닌 우리 나라 경제가 자주적으로 그리고 자립의 방향으로 운행되기 어려운 경제구조를 가지게 됨으로써 나타나게 되는 현상이기도 하며 이것은 또한 제 1차, 제 2차 경제개발 5개년 계획기간에 설정하였던 기본 목표들이 이루어지지 못하였다는 이유이기도 하다.[9]

제 4차 경제개발 5개년 계획(1977-1981)은 기본 목표를 첫째, 자립경제(자력 성장 구조)를 확립하고 둘째, 사회개발(형평을 증진시키며) 셋째, 기술혁신과 능률(기술을 혁신하고 능률을 향상시킨다)이라고 하였는데, 농업부면을 보면 "농업생산 기반을 확충하기 위하여 계획기간중 이미 추진 중인 대단위 종합개발 계획 사업을 완료하고 농업구조의 근대화를 위하여 농업의 기계화를 촉진하고 농산물 유통체제를 정비강화할 것이다. 또한 현재 추진중인 환경개선 사업을 마무리 짓고 농어촌 소득증대를 위한 지원정책을 계속할 것이다"고 하였다. 그리고 이 기간 중 해결해야 될 과제를 다음과 같이 설정 하였다.

• 농업생산 기반의 확충과 농업의 기계화 등으로 성장을 지속하고 농업경영구조를 근대화하여야 한다.
• 쌀, 보리의 자급을 유지하고 기타 양곡을 증산하여 식량을 안정적으로 공급하여야 한다.
• 농어민의 소득을 지속적으로 증대하여 도시와 농촌간의 사회

적 경제적 격차를 축소하여야 한다.

　제 4차 경제개발 5개년 계획에서도 새로운 이념에 근거한 기본 목표와 해결해야 될 과제가 제시되고 있으나, 1차, 2차, 3차의 진부성을 탈피하지 못하였다. 농업의 발전을 위해서는 생산기술적 방법에 못지 않게 제도적 방법의 개선이 중요함에도 불구하고 농업의 제도와 조직의 개선에는 거의 외면하는 계획이 되고 말았기 때문이다.

　○미국의 잉여농산물 수출 정책에 대한 이해 없이는 한국 농촌의 현실을 바로 이해할 수는 없을 것이다.

　"광활한 영토를 가진 미국은 그 영토의 무려 40% 이상이 농경지로서 년간 곡물 총생산량이 3억 5천 만 톤에 이르고 해마다 1억 톤씩 수출해도 재고가 1억 톤씩 쌓여 골치를 앓고 있으며 생산 장려금, 수출 보조금 등의 명목으로 농업소득의 26%를 정부재정에서 지원하기 때문에 미국 경제의 큰 압박요인이 되고 있다. 세계 2차 세계대전 이후 미국은 자국의 농업공황(생산과잉)을 해결하기 위하여 1954년 미국의회에서 소위 "평화를 위한 식량원조 계획"이라는 법 "PL 480"을 제정하였다.

　PL 480의 원조방식을 보면,
　①양여조건에 의한 원조 : 수입국에서 판매한 대금을 양국의 이해에 맞게 나누어 씀.
　②무상원조 : 기근 구제나 자조사업 지원.
　③식량구호 : 미국 민간 단체에 의한
　④장기차관 : 미 달러화에 의한 장기 차관으로 잉여농산물의 판매 우리나라는 처음에는 주로 PL 480의 ①② 방식에 의한 수입이었으며 그 대충자금으로 풀 브라이트 장학금과 AID(미국 국제개발회)연구비를 주어 한국의 유학생들에게 지급되었다. 나중엔 주로 장기차관형식으로 들어 왔으며 PL 480이 만료된 1976년 이후

에는 공공차관이나 상업차관, 현금구입으로 대처하게 된 것이다."[10]

미국 농산물의 수입 발자취를 보면 아래와 같다.[11]

제 1기(1945-1955) : 순 원조 형식 및 군사원조 형식, 주품목은 소맥, 설탕, 원면.

제 2기(1956-1960) : PL 480이 주축을 이룸, 주품목은 소맥, 원면, 쌀.

제 3기(5.16이후-1976) : PL 480종료기, 현금 및 장기차관 위주, 주품목은 옥수수, 쌀 등 저렴한 식량 및 원료 농산물.

제 4기(1976-1985) : 주로 현금에 의한 농산물 구매, 쌀, 소 등 권력형 과다도입이 이루어 졌다.

제 5기(1985-) : 전 품목에 걸친 구조적이고 본격적인 개방화.

〈표5〉 대미 농산물 수입실적 (단위 :100만 달러)

구 분	1981	1982	1983	1984	1985	1986
미국의 농산물 총수출액	43,339	36,627	36,099	37,804	29,026	26,319
미국에 대한 농산물수입액	2,008	1,581	1,650	1,650	1,413	1,277
순 위	4위	5위	4위	6위	6위	4위

이상에서 보듯이 몇 단계를 거쳐 이제 농축산물의 수입자유화율은 91년도엔 85%에 이르고 97년 6월엔 100% 자유화될 전망이다. 목화 농사, 밀 농사, 우채 농사는 이미 사라지고 옥수수, 콩, 감자, 담배, 포도 농사도 풍전등화이며 소도 사육기반이 파괴되었다. 농업기반은 한 번 무너지면 회복이 쉽지 않을 뿐더러 회복기간도 수십년이 걸린다.

1785개 품목 중에 이미 1,300종이 개방화 되어 식량자급율은 34.3%에 머물러 이제 우리 식탁의 2/3가 외제 먹거리로 채워지게 되었으니 한심한 노릇이다. 미국의 수출 대상국별 위치에서는

85년에는 4위, 86·7년에는 3위에 이어 88·9년에는 2위를 차지했으며 1인당 GNP에 대하여는 단연 세계 1위이다.

○ "미국의 국내 식품가공과 식품 유통 장악"

89년 9월 6일부터 8일까지 서울의 힐튼 호텔에서는 미국의 15개 주에서 63개의 식품회사가 "아메리칸 식품전시회"를 개최하였다. 지명도 있는 정치인, 재벌들, 지식인, 언론인들로 대성황을 이뤘는데 수십 명의 농민들이 항의 시위를 벌였지만 전경차에 실려 난지도에 버려지고 말았다.

어느새 현재 외국상품 기업이 국내 식품 유통의 43%을 장악하고 있으며 85년 이후 식품제조업체들이 미, 일 등지에서 기술을 도입하고 지불한 로열티만도 3천만 불이 넘고 있다.

세계 6대 곡물 다국적 기업은 세계 곡물시장의 8-90%를 차지하고 있으며 그들 중의 카길(미국), 콘티넨탈(미국) 등이 국내에 들어와 맹활약을 벌이면서 한편으로는 대기업을 대리자로 내세워 식품의 가공과 유통을 장악해 가고 있다. 거기에 만족하지 않고 미국의 농산물 판매촉진을 위해 29개의 생산자 단체들이 국내에 상설 사무소를 설치하고 맹활약을 벌이고 있는 실정이다.[12]

○ 우리나라 개방농정(開放農政)의 역사적 배경.

우리는 이미 제3공화국으로 부터 시작된 "경제개발 5개년 계획"을 4차(1977-1981)까지 검토해 본 바가 있다. 경제개발 계획이 추진되면서 해를 거듭할수록 경제는 고도성장을 이룩한 반면에 우리나라 경제구조는 대외의존형 경제구조로 개편되는 과정을 보았다.

우리나라 개방농정이란 대외의존형 경제구조의 필연적인 결과라고 할 수 있다. "개방농정은 한마디로 농축산물 수입개방으로 시작하여 대다수 빈소농의 탈농화를 통한 부농중심의 농업구조 조정으로 마무리 짓는 농업정책이다. 70년대까지가 개방농정의 계획 입안기라면 80년대는 본격적인 농축산물 수입개방 추진기였고 90

년대는 이를 기반으로 한 농업구조 조정기이다. 이처럼 개방농정이 본격 추진되는 오늘날까지 정권이 네차례 바뀌는 동안에도 일관되게 지속되는 농업정책이다. 또한 우리가 맞이하고 있는 90년대는 대다수 빈소농의 탈농화를 강제받는 농민으로 보면 매우 사활적인 시기이다.

　이제 개방농정의 기본 구조에 관해 알아보자.
　이 〈표6〉은 정부 계획안을 그대로 옮겨 적은 것이다.

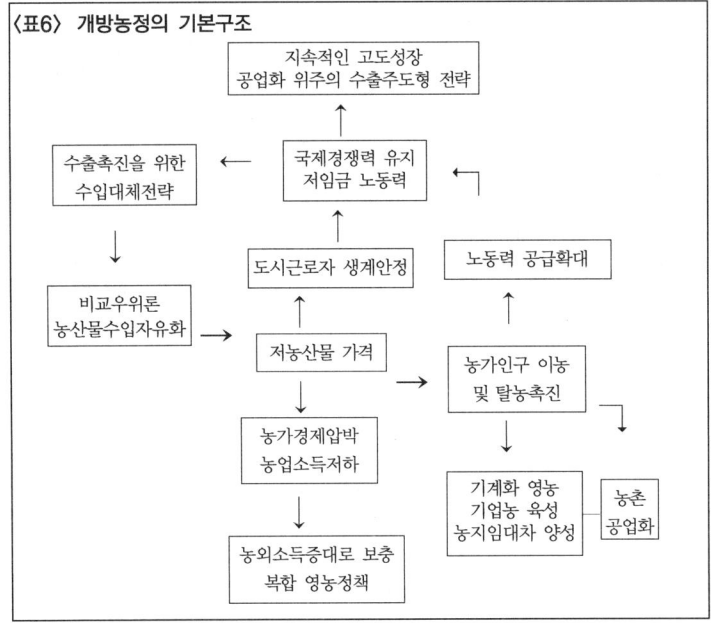

도표에서 보듯이 개방농정은 지속적인 고도성장을 위한 공업화 위주의 수출 주도형 전략을 기본 목표로 하고 있다. 이는 개방농정의 발상 자체가 농업의 발전이나 농민복리의 증진이라는 지극히 상식적인 농정의 목표에서 출발한 것이 아니라 수출주도형 공업화를 위해 농업을 희생시키겠다는 의도로부터 나온 것이다.

개방농정의 구조를 보면 수출주도형 전략을 추진함에 있어 국제경쟁력을 높이기 위해서 기술을 개발하고 생산성을 향상시키기 보다는 저임금 노동력을 통한 값싼 공산품 생산에 촛점을 맞추고 있다. 이는 또한 노동자의 희생을 전제로 한 것이다.

정부는 저임금을 유지하기 위해 농산물 가격을 낮추고 저농산물 가격을 유지하기 위해 농축산물 수입을 자유화하면 이는 수출 촉진을 위한 수입대체전략, 즉 미국 농축산물을 사주면 그 만큼 공산품을 팔아 먹을 수 있다는 계획된 계산에서 개방농정을 계획, 추진하였다. 농산물 가격을 낮추면 농가경제가 압박되고 농업소득이 저하할 것이라는 것도 계획입안을 한 정부는 사전에 알고 있었다.

오히려 한술 더 떠서 농가 경제가 압박되면 농가인구의 이농 및 탈농이 촉진되고 노동력 공급이 확대되어 저임금 노동력을 유지할 수 있을 것이라는 치밀한 계획을 세웠다. 개방농정의 기본구조에서 보면 농가 경제의 압박을 일시적으로 해소하는 방안으로 농외소득증대와 복합영농정책을 제시하고 실제로 80년대부터 이를 추진하게 되었다. 그러나 농업소득이 보장되지 않는 상황에서 농외소득 증대 주장은 빛좋은 개살구에 불과하다. 기껏해야 농한기에 날품팔이를 할 수 밖에 없기 때문이다.

정부는 농공단지를 조성하여 농민을 취업시키겠다고 했지만 10년이 지난 지금 농공단지에 취업해 있는 농민은 1만 2천 명에 불과하다. 복합영농만 해도 80년도 초부터 제 5공화국 정부는 가격보장이 안되는 쌀 농사에만 매달리지 말고 축산, 양돈, 양계, 비닐하

우스 농사 등 소득작물을 재배하라고 하며 복합영농을 강조했다. 농어민 후계자를 육성한다고 해서 한 사람당 700만원씩을 융자해 주고 복합영농을 추진했지만 농민에게 남은 것은 눈덩이처럼 불어난 농가부채 뿐이었다. 물밀듯이 들어오는 외국 농축산물로 작물마다 엄청난 가격파동을 겪었기 때문이다. 정부는 개방농정을 통해 최종적으로는 대다수 빈소농의 탈농화를 촉진하여 농업을 축소시키고 180만호의 농가를 30만호로 대폭 줄여 부농중심으로 신선도가 높은 야채를 도시에 공급하는 근교농업으로 우리 농업을 끌고 가려는 것이다.

이것이 바로 개방농정에 있어서 90년대에 중점 추진될 농업구조 조정의 핵심이다.

정부는 농업구조 조정을 위해 '농어촌 발전 종합대책'을 입안하여 1990년 3월 제 148회 임시국회에서 통과시켰다.

농어촌 발전 종합대책을 추진할 법안은 농지 임대차 관리법(1986년 제정), 농어촌 발전 특별조치법(1990년 제정), 농어촌 진흥공사 및 농지 관리 기금법(1990년 제정)의 세가지이며 기본 골격은 〈표7〉과 같다.

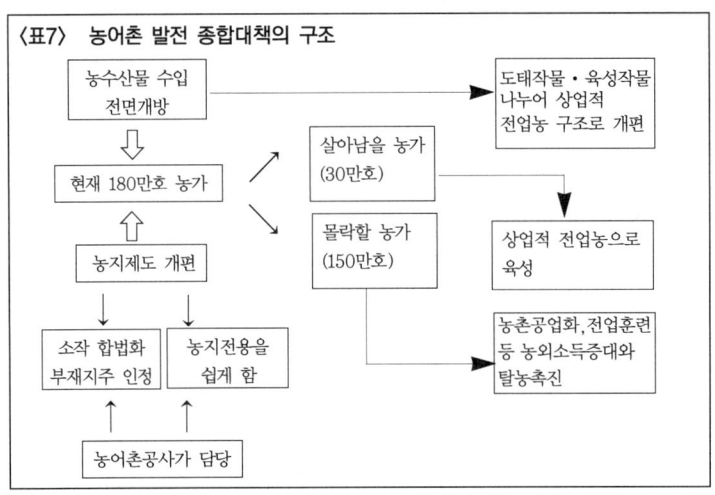

〈표7〉 농어촌 발전 종합대책의 구조

우선 농업 발전 대책의 핵심은 농가 호수를 30만호로 줄여서 이들을 상업적 전업농(부농)으로 육성하여 현재의 농업구조를 바꾸겠다는 것이다. 그러면 누가 전업농이 되고 누가 쫓겨 나는가. 정부는 전업농을 주된 소득을 농업에 의존하는 농가로서 농림수산부 장관이 정하는 일정한 규모 이상의 농가(농어촌 진흥공사 기금법 제 2조 3항)로 정하고 있다. 현실적으로 보면 최소한 농지소유면적 2정보 이상의 농가가 대상이 될 것이며 이들은 전체 농민의 10%도 안된다.

농어촌 발전 종합대책을 기준으로 보면 이제 정부의 선택에 의해 전업농으로 선정되느냐 않느냐가 농민들에게 사활이 걸린 문제가 될 것이다. 그러면 쫓겨나는 150만 농가는 차치하고라도 30만의 전업농 육성은 과연 성공할 수 있는가? 이들도 역시 농축산물 수입의 전면개방 하에서는 외국 농산물과 경쟁이 안되기 때문에 몰락할 수 밖에 없다. 정부는 국제 경쟁력 운운하지만 농가 호수를 30만호로 줄여도 평균 경지면적은 2.7정보에 불과하기 때문에 1가구당 평균 120정보나 되는 미국, 30정보나 되는 독일 등과는 애당초 경쟁이 되지 않는다. 농업은 최대한 자기 나라에서 자급자족하면서 보호해야 하는 것이지 국제 경쟁력을 비교하며 '개방' 운운하는 것 자체가 말이 안 되는 소리다.

그러면 탈락할 농가에 대한 대책은 있는가? 정부는 농어촌 발전 종합대책을 통해 직업을 바꾸려는 농가는 선별적으로 지원할 수 있다고 한다. 지원 내용은 전업 장려금 지원과 직업훈련 실시, 그리고 취업알선 등이다. 이러한 혜택(?)이 90% 이상의 탈농대상 농가 모두에 해당될 수 없음은 물론이지만 도시의 실업문제, 주택문제도 심각하고 농촌공업화 정책도 실패하고 있는 마당에 농사만 짓던 장년, 노년층 농민들이 무슨 직업훈련을 얼마나 받아 어디에 취직할 수 있겠는가? 더욱이 정부는 앞으로 농공단지에 100만 명의 농민을 취업시키겠다고 하지만 현재 농공단지에 고용된 농민이 1만 2천 명에 불과한 실정을 볼 때 농민들로 보면 대책이 서지 않는 것이다. 정부가 '농어촌 발전 종합대책'에서 누누히 강조하는 것은 농축산물 수입개방과 농축산물 수급안정이다. 최소한 생산비만이라도 보장하겠다는 말은 어디에도 없다. 즉 농민이야 어찌되든 싼 값으로 농산물을 공급하겠다는 말이다. 또한 농어촌 발전 종합대책은 소작제도, 부재지주 문제를 '임대차'란 이름으로 합법화시켜 토지투기를 제도적으로 보장하겠다는 것을 시사하고 있다. 더욱이 그간 절대 농지와 상대 농지로 구분하던 농지 보전 방식을 농업진흥지역, 비진흥지역의 구분으로 바꿔서 정부가 정하는 농업진흥지역 이외의 모든 농지는 공업용지, 관광용지, 주택용지 등으로 전용하기 쉽도록 해 놓았다. 이렇게 되면 농지가 축소되고 농업생산이 더욱 감소됨은 물론 전농지의 투기를 조장하게 될 것이다.

  정부는 농어촌 발전 종합대책에서 이농하는 농민토지의 수용, 임대차, 위탁관리, 매각 등 농지와 관련된 모든 사업을 수행하는 막강한 조직으로 농어촌 진흥공사를 설치하기로 했다. 이 공사는 일제하의 동양척식회사나 미군정 하의 신한 공사와 같이 막강한 힘을 갖고 농민을 통제하려 할 것이다. 지난 10년간의 개방농정이 우리에게 남긴 결과는 무엇인가. 외국 농축산물의 수입이 기하급수적으로 증가했다.

  아래 〈표8〉에서 보듯이 89년 농림수산부 예산이 1조 5,104억 원인데 비해 외국 농축산물 수입 액수는 4조 6,700억 원에 달한다. [13]

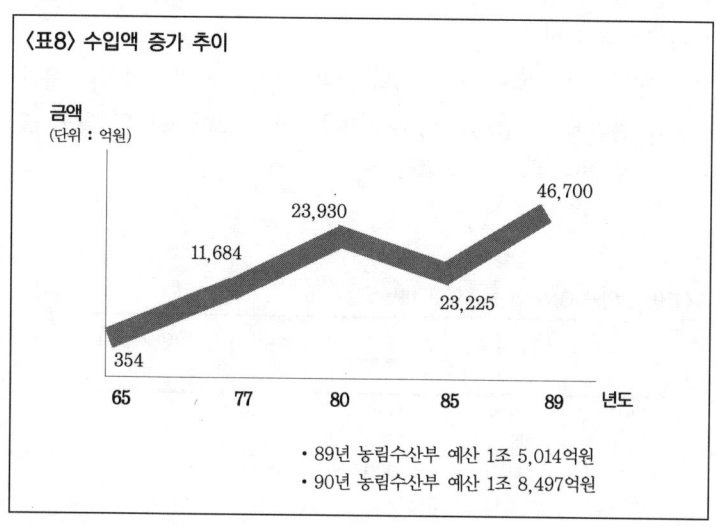

우리 나라의 91년도 총예산이 27조원이고 92년도는 33조원인데 89년도 외국농산물 수입액수가 4조 6,700억 원이라니 현재 외국농산물 수입이 우리 나라 국민경제에 미치는 영향이 얼마나 엄청난가를 가히 알 수 있겠다.

○ 농가부채의 현황

아래의 〈표9〉에서 보는 바와 같이 1인당 GNP는 해마다 올라갔지만 반면에 〈표10, 11, 12〉에서 보는 바와 같이 농민의 빚도 증가 일로에 있다.[14]

〈표9〉 1인당 GNP와 농촌인구 비율

연 도	총인구(A) (백만)	농촌인구(B) (백만)	농촌인구 비율(B/A)(%)	1인당GNP ($)
1960	24.95	14.56	58.3	–
1961	25.77	14.51	56.5	83
1965	28.71	15.81	55.8	106
1970	31.44	14.42	45.9	242
1975	34.68	13.24	38.2	574
1980	37.54	10.83	28.9	1,489
1985	40.81	8.52	20.8	2,194
1989	42.38	6.79	15.0	4,968

〈표10〉 200만 농가 호당 평균 부채 (농협중앙회조사)

조사시기	합 계	부채 내용	
		공 채	사 채
'80.7(월말)	808,400 (원)	72.0(%)	28.0(%)
'81.7	1,044,000	74.7	25.3
'82.6	1,138,000	81.1	18.8
'82.7	1,381,000	74.9	25.1
'82.12	958,000	79.9	20.1
'83.6	1,402,000	88.7	11.3
'83.7	1,700,000	(추정)	
'83.12	1,530,000	(농협 부채만 해당, 사채 제외)	

〈표11〉 농 가 부 채 (단위:천원)

연도	제도금융				생산성 부채					가계성 부채				차입금 환용
	총계 A+B	농협(A)	은행(B)	사채	계	영농시설	영농자제	동물사료	겸업자금	계	생계비	교육비	관혼상제	
1960	11	3	2	1	8	4	2	1	-	1	5	2	1	2	1
1970	16	6	5	1	10	8	3	1	2	2	7	2	1	4	1
1975	33	12	10	2	21	19	7	4	4	4	12	4	2	6	2
1980	339	173	165	8	166	206	79	47	36	44	12	40	19	53	21
1985	2024	1440	1337	103	584	1306	419	308	321	258	476	290	97	89	242
1988	3131	2652	2511	141	479	2003	658	496	337	512	729	430	163	136	399
1989	3899	3272	3069	203	627	2524	991	577	357	599	868	517	183	168	507

〈표12〉 연도별 빚 농가비율

	71	76	78	80	81	82	83
빚농가비율(%)	75.7	79.2	85.3	85.9	87.3	89.6	91.0

수출 100억불을 달성하니까 농민 빚은 가구당 100만원이 되었고 수출 600억불이 달성된 오늘날 농민빚은 가구당 600만원이 되었다.[15]

영농자금 공급액은 푼돈밖에 안 되었다.[16]

정부가 그간의 경제개발 정책을 통해 얼마나 농업,농촌,농민을 경외시하고 소외시켜 왔는가는 농사 자금의 공급추이에서 여실히 드러난다. 농사를 지으려면 자본이 필요하며, 이 때 농민에게 돈이 없을 경우 정부와 농협과 민간 은행이 충분한 자금을 대출해 주어야 한다. 그러나 정부의 공업화 위주의 수출주도형 성장 정책으로 인하여 그간 농업자금은 실수요에 비해 극히 적은 수준으로 공급되었다.

첫째, 총 금융기관 대출금 중 농업부문 대출금의 비중을 보면,

〈표13〉과 같이 81년말 전체 대출액 24조 8,872억원 중에 6.9%인 1조 7,100억 원밖에 안 되며 그것도 농협 대출금 1조 6,674억원(전체 대출금의 6.7%)을 제하면 사실상 제도 금융 대출금 가운데 0.2%만이 농업부문에 대출되었다. 〈표13〉에서 보듯이 특히 국민 총생산에 대한 농업부문의 기여율과 비교할 때 엄청난 격차를 보이고 있다. 1개 재벌기업에게는 1조원 이상을 대출해 주면서(83년 3월말, 현대그룹 2조4천억원, 삼성그룹 1조 8천억원, 그외 럭키, 대우, 선경 그룹이 각각 1조 5천억원) 1천만 농민에게는 83년도 단기 영농자금 5,500억원, 84년도 6,500억원 등 한 해에 5,500억원 밖에 대출해 주지 않고 있는 실정이다.

둘째, 경제개발에 대한 정부의 의지를 볼 수 있는 정부 재정투융자 중의 농업부문 비중도 매년 감소하고 있다.

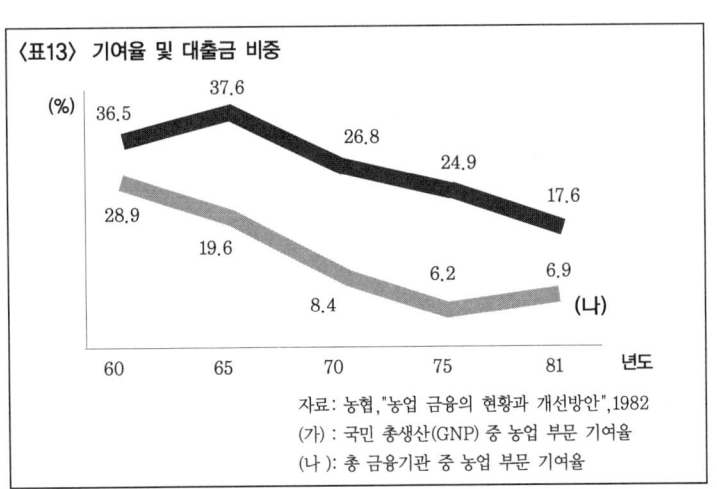

〈표13〉 기여율 및 대출금 비중

자료: 농협,"농업 금융의 현황과 개선방안",1982
(가) : 국민 총생산(GNP) 중 농업 부문 기여율
(나) : 총 금융기관 중 농업 부문 기여율

〈표14〉 연도별 농업 부문 비중

연 도	53~58	62~71	72~76	77~81
농업부문비중(%)	28.25	25.8	22.1	15.6

자료: 경제기획원,"제정 투융자 백서",1982.

이와 같이 경제 정책 자체가 농업을 경시하고 있는 가운데, 83년 84년의 경우 영농자금이 호당 25만원, 30만원씩밖에 안 되고 있으니 농촌 자금 사정이 어려울 수 밖에 없는 것이다.

농민의 부채 상환 능력을 살펴보는데 있어서는 편의상 몇가지 척도가 가능할 것이다.

첫째, 한해 농사를 지어 벌어 들이는 수입과 부채 상환액을 비교해 보자. 여기에서 농가의 전체수입을 계산하는 것은 무리이므로, 현재 농사수입의 50% 이상을 차지하고 있는 쌀 농사를 기준으로 1983년도의 현황을 비교해 보면 다음과 같다.

〈표15〉 농가수입과 부채 비교 (1983년도,단위:원)

농가 빚 총액 (가)	농가빚 이자총액(나)	쌀 총생신액 (다)	쌀 수매대금 (라)	(가) / (다)	(가) / (라)	(나) / (라)
3조4000억	6000억	3조8000억	7400억	89.5%	459.5%	81.1%

〈표15〉에서 보듯이 농가 빚 총액이 한 해 쌀 농사 총생산액과 맞먹으며 쌀 매상액보다는 무려 4배 이상이나 된다. 더욱이 이자만 하더라도 쌀 매상액의 805나 되고 있으므로 한 해 뼈빠지게 일해 봤자 전부 빚 갚는데 써도 모자라는 실정이기 때문에 농가의 상환 능력이 얼마나 열악한 것인가를 알 수 있다.

둘째, 농가의 금융자산(현금,예금,대여금)과 부채를 비교해 보면 다음과 같다. 지난 71년의 경우 농가 부채가 농가 금융자산에 비해 72.3%밖에 안 되었으나 83년도에는 189.3%로서 점점 격차가 심해지고 있다. 이는 열악한 농가 소득 수준 아래서 농가의 현금 보유 능력은 급격히 떨어지는 반면에 부채는 상대적으로 급증했기 때문이다.

 셋째, 연말에 농가에 들어오는 돈과 연말에 갚아야 될 각종 농사자금을 비교해 보자. 83년도의 경우, 추곡 수매 대금 7,400억원, 담재 수매 대금 2,300억원, 고추, 참깨 수매대금 1,030억원 등 총 1조 3,041억원이 농촌에 들어왔으나, 연말까지 회수되어야 할 각종 빚은 단기 영농자금 4,508억원, 비료 농약 외상대금 1,380억원, 미수 이자 1,250억원 등 단기 공채만 해도 1조 515억원이나 되어 결국 실질적으로 농촌에 남는 돈은 약 2,500억원, 즉 농가 호당 평균 12만 5천원밖에 안 되는 것이다(1983년 12월 10일자 동아일보). 바로 이 돈으로 겨울을 보내고 다음해 농사 자금 준비도 해야 하고, 자녀들의 교육비 대고 한 해 동안 빌어 쓴 사채와 장기 공채 및 연체된 부채를 갚아야 하는 것이다.

 넷째, 우리나라 200만 농가 가운데 평균적인 수준에서 농사짓고 있는 표본 농가를 사례로 하여 농가의 상환능력을 살펴보자. 우리나라의 농가 평균 경지면적이 3,000평(15마지기)이며, 이 가운데 논 면적이 2,000평(10마지기)이므로, 한 마지기당 쌀이 현미로 평균 3가마(1가마 80kg)생산된다면(1983년도 기준) 쌀 평균 생산량은 10마지기×3가마=30가마가 된다. 그리고 1983년도 현재 농가 한 가구당 가족 수 다섯 명을 기준으로 지출내용을 산출하면 다음과 같다.

 양　식 : 5명×2가마=10가마
 농사비용: 10마지기×1가마(1마지기 당 농사비)=10가마
 가용(생활비, 학비 등): 5명×2가마=10가마

부채상환: 10가마
지출합계: 40가마

즉, 쌀농사로는 오히려 열가마가 적자이므로 이를 돼지 두서너 마리와 소 한 마리 및 밭농사 수입으로 충당하고 있다. 이러한 형편이니 그 해 농사가 흉년이거나 가격폭락으로 생산비도 못 건지게 되거나, 집안에 환자가 생겨 의료비를 지출해야 하거나, 관혼상제비와 교육비를 빚으로 때울 경우에는 어쩔 수 없이 빚더미에 올라 앉아야 하고, 이렇게 해서 한번 빚지면 다시는 갚을 능력이 없어 또 다시 빚이 빚을 낳는 것이 오늘날의 농촌 현실이다.

농가 부채가 농민들에게는 더 이상 상환능력이 없다는 점은 그 외 여러 가지의 분석으로 뒷받침할 수 있겠으나, 1984년 4월 25일자 한국일보에 보도된 바 있는 기사내용, 즉 1983년 연말까지 회수되어야 할 농기계, 농약, 비료 등 농가 구입 상품의 외상 대금 총 2,300억 원을 파탄에 이른 농촌 경제로 인해 농민들이 갚을 수 없게 되자 이들 상품의 제조업체들이 곤란을 겪고 있다는 사실로 미루어 보더라도 현재 상환능력을 넘어서서 갈수록 증대하고 있는 농가 부채 문제의 심각성을 알 수 있다.

O "국내 독점 재벌의 무차별적인 농토잠식"[17]

전 국민의 72%가 땅 한 평 없는데 불과 1.3%의 사람들이 사유지의 65.2%나 소유하고 있으며 30대 재벌은 1억 4천 만 평의 땅을 소유하고 있다. 땅은 한정된 것이고 인간의 노력으로 만들어지는 것이 아니므로 우리는 흔히 "토지공개념"이라는 표현을 한다.

그래서 땅은 엄밀한 의미에서 사유화해서는 안 되는 것이고 더구나 재산증식의 투기 대상이 되어서는 더더구나 안 되는 것인데 우리 나라는 아무나 돈만 있으면 사게 되어 있어 문제다. 실제로 89년 한해동안 땅 값이 85조원(실제 312조)이나 올라 국민 총생산

(119조)의 71%나 되며 제조업 총생산(40조 2,700억 원)의 2배가 넘었다. 그래서 재벌들은 생산분야에는 투자를 하지 않고 편하게 돈을 버는 땅 투기에 열을 올리고 있다. 실제로 삼성은 85년-89년 사이에 생산부문 투자의 4배가 넘는 1조원을 부동산 투기에 쏟았다. 이래서 농민들은 점점 땅에서 쫓겨나고 도시 근교의 농토는 거의 다 재벌이 소유하게 되었다. 심지어 미성년자들(재벌의 손자)이 제주도 땅을 23만 평이나 갖고 있다. 똑같은 자본주의 나라이지만 싱가폴, 이스라엘은 국유지가 80%를 넘고 이웃 대만도 69.4%이며 하다못해 미국도 50%가 되는데 우리나라는 국유지가 20%도 안 되는 실정이다.

　○ 우루과이 라운드란 무엇인가?[18]

　우루과이 라운드를 알기 위해서는 가트(GATT=General Agreement on Tariffs and Trade, 관세 및 무역에 관한 일반협정)를 알아야 되는데 우루과이 라운드란 가트의 여덟번째 협상이기 때문이다.

　가트는 1947년 4월 미국이 중심이 된 23개 승전국(자본주의 체제국가)들이 모여 체결하였다. 무역분쟁이 발생하면 무력에 의해서가 아닌 가트라는 다자(多者)의 차원에서 해결함으로써 국제 경제의 이상적인 발전을 도모하자는 것인데, 가트 협정은 지금까지 일곱 차례 협정을 맺어 왔다. 농산물 수입국이던 EC와 인도, 파키스탄, 이스라엘, 인도네시아 등 제국이 자립국 내지는 수출국으로 돌아서자 국제 농산물 무역시장은 일대 혼란에 빠져 들게 되었고 특히 81년 부터 86년까지 농축산물 수출 물량이 40%나 감소된 미국은 1986년 9월 남아메리카에 있는 주요 농산물 수출국인 우루과이의 푼타 델 에스테에서 제 8차 가트 협상을 벌이면서 농산물 수입국들에게 각국의 농업보호 정책을 철폐하고 농산물에 대해서도 자유무역을 적용하자고 주장하고 나선 것이다. 쌓여만 가는 농산물 재고로 인한 농업보조금, 수출보조금 제도를 운영하게 되어 당하게 되는 재정적자를 UR 협상에서 해결해 보자는 것이 미국입장이다(* 미국행정부의 보조금 지원은 급격히 증가하여 80년에는 27억 달러였던 것이 86년에는 2백 57억 달러가 되었다고 한다.).

〈표16〉 주요 농산물 국내외 가격 비교 (단위:원/kg)

품목	국내가(A) (89 도매가)	국제가(B) (89 CIF)	B/A(%)	품목	국내가(A) (89 도매가)	국제가(B) (89 CIF)	B/A(%)
쌀	1,059	249	23.5	옥수수	245	79	32.2
보리	553	90	16.3	고추	1,985	673	33.9
콩	994	231	23.2	쇠고기	6,246	2,154	34.5

*주) 국제가는 CIF가격에 91년 예정관세율 적용
자료) ① 국내가격: 유통공사 "89 주요 농산물 도매가격 동향"
　　　② 국제가격: 관세청 "무역통계연보"

위의 도표에서 볼 수 있듯이 농산물 개방이 이뤄지면 국내 농축산물 중 경쟁 가능품목은 거의 없다. 값싼 미국 농축산물이 물밀듯 들어와 국내 농산물 가격은 폭락될 것이 분명하다. 이처럼 가격폭락이 심해지면 국내 농업생산은 격감될 것이다(최소 30%이상 감소 예상).

농촌교회

한국농촌교회 실태 조사 통계보고[19]

설문지(부록 p.259 참조)를 본 교단 산하 경기도, 충청북도, 전라남도, 경상북도, 경상남도, 강원도의 농촌지대에 산재해 있는 500교회에 보냈는데 응답을 보낸 교회는 131교회이다. 131교회를 대상으로 통계낸 통계는 아래와 같다. 통계를 낸 대상교회수가 전체 한국농촌교회의 실태를 충실히 나타내기에는 미흡한 감이 있으나 그래도 한국농촌교회의 실상을 알아보는데는 손색이 없는 줄 안다. 더구나 이 통계의 미흡한 점은 이 통계에 이어서 실린 또 하나의 통계가 보충해 주기 때문에 문제 될 것이 없는 줄 안다. 이 또 하나의 통계는 필자가 1978년도부터 1983년까지 개최된 전국농어촌교회 교역자 세미나에 출강했을 때 수집한 한국농어촌 교회 현황 기본자료표를 가지고 만든 것이다.

한국농촌교회 교세현황

교인수 (유치부부터 장년까지)

교인수(명)	교회	비율(%)
25 이하	3	2.29
25-50	10	7.63
50-75	16	12.21
75-100	20	15.27
100-125	19	14.50
125-150	20	15.27
150-175	6	4.58
175-200	8	6.11
200-250	12	9.16
250-300	3	2.29
300-350	3	2.29
350-400	2	1.53
400-450	2	1.53
450-500	1	0.76
500 이상	3	2.29
무응답	3	2.29
	131	100

청장년 교인수

교인수(명)	교회	비율(%)
10 이하	60	44.8
10-30	45	34.35
30-50	14	10.69
50-70	4	3.05
70-100	5	3.82
100-120	1	0.76
120 이상	2	1.53
	131	100

교회당 건평		
단위(평)	교회	비율(%)
20 이하	21	16.3
20-30	53	40.46
30-40	23	34.35
40-50	17	17.56
50-60	2	12.98
60-70	4	1.53
70-80	1	3.05
80-100	3	0.76
100-150	2	2.29
150-200	2	1.53
200-250	2	1.53
250 이상	없음	0
	131	100

85년도 예산총액		
금액(만원)	교회	비율(%)
50 이하	3	2.29
50-100	9	6.87
100-150	11	8.40
150-200	9	6.87
200-250	7	5.34
250-300	10	7.63
300-400	19	14.50
400-500	11	8.40
500-600	4	3.05
600-700	7	5.34
700-800	6	4.58
800-900	5	3.82
900-1000	2	1.53
1000-1500	10	7.63
1500-2000	3	2.29
2000-2500	2	1.53
2500-3000	2	1.53
3000 이상	2	1.53
무응답	9	6.87
	131	100

외부보조외에 본교회가 지급하는 사례비		
금액(만원)	교회	비율(%)
5이하	25	19.08
5-15	22	16.87
10-15	21	16.03
15-20	10	7.63
20-25	10	7.56
25-30	13	9.92
30-35	5	3.82
35-40	10	7.63
40-45	3	2.29
45-50	1	0.76
50 이상	5	3.84
무응답	6	4.58

교역자 이동		
단위(년수/ 명)	교회	비율(%)
1년 / 1명	22	16.79
2년 / 1명	27	20.61
2-3년 / 1명	16	12.21
3-5년 / 1명	35	26.72
7-10년 / 1명	6	4.58
10-12년 / 1명	4	3.05
12-14년 / 1명	2	1.53
14-16년 / 1명	1	0.76
20년 이상	2	1.53
무응답	16	12.21

교역자 학력

학력	단위(명)	비율(%)
성서학원	14	10.69
지방신학교	37	28.24
고등학교 졸업 및 재학신학교	48	36.64
정규대학교 및 신학대학원	30	22.90
무응답	2	1.53
	131	3.84

교인구성(기독교가정)

가정	교회	비율(%)
10 이상	44	33.59
5이상	32	24.43
3이상	27	20.61
무응답	28	21.37

소재지역

소재교회	교회	비율(%)
농촌교회	118	90.08
어촌교회	4	3.05
광산촌	2	1.53
무응답	7	5.34
군소재지	5	3.82
읍(면)소재지	14	10.69
리소재지	76	58.02
자연부락	21	16.03
무응답	15	11.54

필자는 1978년부터 1983년까지 만 5년동안 농어촌 교역자 세미나에 출강했을때 한국농어촌교회 현황 기본자료표라는 설문지를 나눠주었다. 응답해준 교회가 150교회이다. 이 교회들은 교파와 지역을 망라한 교회들이다. 이 통계는 이 자료에 의한 것임을 밝혀둔다.

교세

전체교인수

단위(명)	교회	비율(%)
25이하	8	5
25-50	17	11
50-75	15	10
75-100	18	12
100-125	19	13
125-150	21	14
150-175	10	7
175-200	5	3
200-225	5	3
225-250	6	4
250-275	4	3
275-300	1	1
300-350	2	2
350-400	3	2
450-500	3	2
500이상	4	3
무응답	4	3
	150	100

청장년교인수

단위(명)	교회
15이하	63
15-30	34
30-50	19
50-70	10
70-90	2
90-100	2
100-120	없음
120-140	1
140-160	1
160-190	없음
190-210	없음
무응답	18
	150

교회본당 건평

단위(평)	교회
20 이하	28
20-30	31
30-40	36
40-50	20
50-60	8
60-70	7
70-80	4
80-90	2
90-100	2
100-150	1
150-200	없음
200-250	1
250 이상	없음
무응답	10
	150 100%

일년예산총액

금액(만원)	교회
50 이하	9
50-100	7
100-150	10
150-200	19
200-250	11
250-300	4
300-400	7
400-500	6
500-600	5
600-700	2
700-800	10
800-900	3
900-1000	2
1500-2000	2
2000-2500	2
3000 이상	9
무응답	2

500 이하 교회가 82교회
500 이상 교회가 62교회

외부보조외에 본교회가 지급하는 교역자사례비

금액(만원)	교회
5 이하	27
5-15	24
10-15	17
15-20	10
20-25	22
25-30	18
30-35	15
35-40	11
40-45	1
45-50	5
50 이상	없음
	150

교역자 이동현황

단위(년수/명)	교회
1년 / 1명	12
2년 / 1명	26
2-3 / 1명	18
3-5년 / 1명	43
5-7년 / 1명	23
7-10년 / 1명	23
10-12년 / 1명	7
12-14년 / 1명	2
14-16년 / 1명	없음
16-18년 / 1명	1
18-20년 / 1명	없음
20년 이상	6
무응답	1
	150

필자는 설문지의 맨 마지막에 "어떻게 하면 농촌교회를 자립시키고 계속해서 부흥발전시켜 갈 수 있을지 하시고 싶은 말씀을 써 주십시오" 이렇게 물어 보았다. 설문지에 응답해 보낸 281명 중에 이 맨 마지막 질문에 반응을 보인 분은 232명인데 이 분들이 적어보낸 내용을 정리해 보면 아래와 같다.

• 도시교회와 농촌교회간에 자매결연이 맺어져야 한다. 자매결연을 통하여 이룩돼야 할 일은 농촌교역자의 최저 생활보장. 농토 구입기증(농촌교회의 항구적 자립책). 의료보험의 길 열어주고, 자녀 장학금 지불. 소액 다교회 지원보다 고액 한교회 지원. 농촌지역에 맞는 전원적인 아담하고 아름다운 성전을 건축하도록 유도하며 상당한 건축비를 지원해 줄 것. 구걸동냥식의 의식이 타파되고 글자 그대로 농촌교회는 우리의 자매요 같은 예수님의 몸이라는 동반자 의식, 운명공동체 의식으로 친교하고 도울 것.

• 국방을 위하여 국비로 우수한 인재를 선발 육성 파송하는 육, 해, 공군 사관학교가 설립운영되고 있는 것처럼 한국교회는 농촌복음화를 위하여 특수법인, 특수기금을 만들어 농촌목회 신학교를 설립운영해야 한다. (필자 질적으로 우수한 교역자가 농촌교회에서 일해야 한다는 대답이 많이 나왔다. 이것도 여기에 포함시킨다. 또 교역자의 생활비가 해결되야 한다는 대답도 많이 나왔다. 이것도 여기 포함시킨다.)

• 농촌교회 중 자립한 교회는 노회 부담금을 면제해 줘야한다. 그래서 자립의욕을 북돋아 줘야 한다.

• 농촌교회의 부흥사경회는 무료인도의 길을 열어야 한다.

• 농촌교회 교육교재는 총회 차원에서 제작 배부해야 한다.

• 도시교회는 자매결연한 농촌교회의 재정지원만 할 것이 아니라 그 농촌교회가 위치하고 있는 지역사회의 정치, 경제, 교육과 문화전반에 걸쳐 연구하고 선교정책을 수립 협력해야 한다.

- 도시교회의 사치와 낭비가 절약되어 농촌선교에 투자되야 한다.
- 농촌교회 출신 도시교회 교인들이 농촌교회에 십일조 보내기 운동을 해야한다.
- 농촌교회 문제의 근본적 해결책은 국가적 차원의 정책적 배려가 있어야 한다.(필자 도시집중 인구가 전국적으로 분산될 수 있는 정책이 국가적 차원에서 과감하게 실시되야 한다 등 많은 분들이 비슷한 의견을 보내 왔다.)
- 교인들이 신앙적 질적 변화 회개운동 말씀운동 영성훈련 성령운동이 일어나야 한다. (필자 상당수가 이같은 외침을 하고 있었다.)
- 농촌교회마다 교인들의 의식개혁 농업개발 (특용작물 재배법)을 위한 세미나가 필요하다.
- 교역자의 헌신과 평생목회가 있어야 한다.
- 도시교회 목사님들이 65세에 은퇴하여 남은 여생을 농촌교회 자립과 부흥발전을 위해 헌신하는 길
- 아시아 각국에 나가는 전도자들에게 1,000불 보낼 줄 알면서 한국농촌교회에서 일하는 전도자들에게는 1,000불 보낼 줄 모른다. 한국교회는 어딘가 잘못돼 있다. 한국 농촌전도도 선교적 차원에서 5만원 10만원씩의 후원 방법을 극복하고 1,000불, 2,000불씩의 선교비를 보내야 한다.
- 먼저 농촌교회에 대한 정확한 실태 파악을 하고 이에 대응한 단기 장기 정책을 지속적으로 펴 나가야 한다.
- 바울이 고린도 지역에서 자비량 전도 했던 것처럼 한국농촌교회 교역자들은 자비량 전도자라야 한다.
- 젊은이들이 이농하지 아니하고 농촌을 지키며 생의 보람을 갖고 일할 수 있는 일터를 마련해 줘야 한다.

노치준 교수는 그의 "미자립 농어촌 교회의 지원을 위한 교회조직 모델에 대한 시론"에서 한국농어촌 교회의 상황을 아래와 같이

보고하였다.

　1988년 한국교회 주소록(크리스챤 라이프 발행)에 따르면 총 25,837교회 가운데 면 단위 이하의 농어촌 교회가 8,050교회로 집계 되었다. 누락된 교회까지를 감안한다면 한국의 농어촌 교회는 약 10,000여 교회로 추산할 수 있을 것이다.

　농어촌 교회의 변동 추세를 본다면 현상유지 내지는 약간의 감소 추세를 보이고 있다. 한국교회 전체에 대한 자료는 쉽게 찾을 수 없고 장로교 통합측의 경우만 볼 때 1982년 2,113교회, 1985년 2,083교회, 1988년 2,428교회로 도시교회는 증가하였다.

　최근 한 교계 잡지에서 행한 실태조사에 따르면 장년 신도 10명 미만이 6.3%, 11-20명이 20.8%, 31-40명이 18.8%, 41-50명이 14.6%, 51-100명이 6.3%, 100명 이상이 4.2%로 나타나고 있다(목회와 신학, 1991년 1월호). 이 조사에 따르면 한국농어촌 교회의 90% 가량이 성인 신도 50명 이하의 영세한 소형 교회이고 그 가운데 35% 가량은 교회의 존립 자체가 위협을 받는 성인 신도 20명 이하의 교회라 할 수 있다.

　이 비율은 앞서 제시한 통계에 적용시켜 보면 3,500여 농어촌 교회가 외부의 도움 없이는 존립하기가 어려운 형편이라 하겠다. 신도수가 줄어드는 상황에서 농어촌 교회의 재정에 어려움이 생기는 것은 당연한 현상이라 하겠다. 앞서 말한 교계잡지의 조사에 의하면 1년 예산이 300만원 이하인 교회가 전체의 18.7%, 300-500만원이 20.8%, 500-1,000만원이 35.4%, 1,000-1,500만원이 14.6%, 2,000만원 이상이 10.5%인 것으로 나타나고 있다(목회와 신학,1991년 11월호). 농어촌교회의 40% 가까이가 교역자의 최저 생활비에도 미치지 못하는 500만원 이하의 예산으로 운영되는 모습을 볼 수 있다. 또 다른 통계 자료에 의하면 지난 10여 년간 도시교회 재정의 놀라운 팽창에 비하여 농어촌 교회의 재정은 제자리 걸음을 하고 있는 모습을 볼 수 있다."

　필자가 1982년 결산서를 분석한 조사에 따르면 1년 예산의 규모가 서울교회 5,510만원, 농어촌 교회 1,170만원의 평균치를 나타내었다. (기독교 사상 1983년 11월, 1984년 1,2월호). 그런데 대한예수교 장로회(통합) 제 76회 총회보고서(1991년)에 따르면 대도시 지역인 서울 서노회 51개 교회의 개 교회별 평균 결산액은 1억 7,102만원이 되며, 농촌교회로만 이루어진 전북 동노회 63개 교회의 개 교회별 평균 결산액은 1,285만원으로 나타나 있다. 서울 교회의 경우 예산 규모가 1982년에 비해 1990년에는 310%의 성장을 보이고 있지만 농어촌 교회의 경우 9.8%의 성장에 그치고 있다. 이 기간동안 물가 인상의 폭이 100% 이상이 된다고 할 때 농어촌 교회의 재정규모가 실제적으로는 예전의 절반 이하로 줄어들었다고 볼 수 있을 것이다.

　교회를 하나의 인간 조직체라고 할 때 한국 농어촌의 약 400여 교회가 조직의 유지 그 자체의 문제를 가지고 씨름하는 상태에 있다고 하겠다.

1992년 인구 통계기준 도시와 농촌 복음화 비교표

구분	인구	총신자수	비율(%)
전국	43,663,000	12,652,513	2 9
도시	37,956,000	12,324,138	3 2 . 5
농촌	5,707,000	328,375	5 . 7

(* 기독교 대연감의 신자 통계 참조)

주

1. 崔德敎, 大百科事典 6 (서울 : 학원사, 1959), pp. 532-549.
2. 金俊輔, 農業經濟學 序說 (서울 : 고려대학교 출판부,1973 3판), p.18."1960년 총인구 24,989,000, 농가인구 14,559,000, 비율 58.3%"
3. 유인호, 농업경제의 실상과 허상 (서울 : 평민사, 1979), pp.31-32.
4. Ibid., p.13. / 5. Ibid., pp.13-21. / 6. 한국기독교 농민회 강의안 (기농 91-7)
7. Loc. cit., pp.41-48./ 8. Ibid., pp.59-69./ 9.Ibid., pp.39-43.
10. 한국기독교 농민회 강의안 (기농 91-7)
11. 한국기독교 장로회 교회와 사회위원회, 농촌현실과 농민선교 (교회와 사회자료 5, 1990, 8월호), pp.18-19. / 12. Ibid., pp.20-21. / 13. Ibid., pp.39-43.
14. 기독교 농민회, " 農村現實과 농민운동 "〈歷史와 基督敎 第9〉(서울 : 민중사, 1984), pp.105-120. / 15.한국기독교 농민회, 농민세상, (기농회지 제 4호, 1990),p.65.
16. 기독교 농민회, Loc. cit.
17. 한국기독교 장로회 교회와 사회 위원회, 한국농촌의 현실과 농민선교, 1990, p.21.
18. 한국기독교 농민회, 농민세상 (기농회지 5회, 1990), p.46-51.
19. 민정웅, 한국농촌교회 목회론 (서울 : 한국농촌선교 협의회,1991), pp.33-40.

참고문헌

김준보. 농업경제학 서설. 서울 : 고려대학교 출판부, 1973년 3판.
민정웅. 한국농촌교회 목회론. 서울 : 소망사, 한국농촌선교 협의회, 1991.
沈永根, 農業經營學 槪論. 서울 : 先進文化社, 1976.
유인호.농업경제의 실상과 허상. 서울 : 평민사, 1979.
한국 기독교 농민회. 농가 부채의 현황과 문제점 및 해소방안. 서울 : 민중사, 1984.
김영갑. "한국농업문제의 사적 전개과정".「고대신문」(1983.3.8. 석탑논단)
김한옥. "농촌교회의 문제점".「월간목회」, 1980.5월호..
노치준. "미자립 농어촌교회 지원을 위한 교회 조직 모델에 대한 시론",「장로회(통합) 농어촌부 농어촌 선교정책 세미나 교재」(92.10.29).
박옹태. "기독교 선교와 농촌".「농협선교」제 4호, 농협기독교선교회,1982.
배문한. "농민의 의식구조의 변천과 이농".「신학전망」제46호, 1979, 가을.
윤석용. "한국농촌 선교에 도전한다".「월간목회」(1991.3월).
이원규. "도시교회와 농촌교회 성쇠의 사회적 및 경제적 배경에 관한 연구".「기독교 사상」1986,11월.
鄭英一. " UR타결 이후의 한국 농업의 活路".「展望」(1990.12월).
-----. "한국농업, 어떻게 살릴 것인가 ".「展望」(1990.12월).
한인규. "한국농촌의 실태".「목회와 신학」1991.10월.
-----." UR협상과 한국 농촌의 장래".「월간 목회」(1991.3월).
한국 기독교 농민회. 농민세상(기농회지 제 4호). 1990.7월호.
----------------. 농민세상(기농회지 제 5호). 1990.12월호.
한국 기독교 농민회 강의안(기농 91-7)
한국 기독교 장로회 교회와 사회 위원회. 농촌현실과 농민선교 (교회와 사회 자료 5). 1990, 8월.

농업과 국민경제

> 농업의 협업화를 통해 영세농도 국가발전에 기여하며 얼마든지 잘 살 수 있게 하는 제도적인 뒷받침이 마련되야 하겠다.

　이제 우리는 무엇 때문에 농업을 개발하지 않으면 안되는가, 무엇 때문에 식량을 자급하지 않으면 안되는가, 무엇 때문에 산업간 지역간의 격차를 줄이지 않으면 안되는가에 대하여 생각해 볼 때가 된 것 같다.
　우리는 이 장에서 농업이 국민경제에 있어서 차지하고 있는 비중, 왜 영국을 비롯한 선진국은 농산물 수입국에서 농산물 자급자족 국가로 혹은 농산물 수출국가가 되는 정책을 썼는가, 그리고 "한국의 농업혁명"이라고 부르는 유인호 교수의 "협업적 경영"방식에 대해서도 알아 보게 될 것이다.
　본 장은 "공산품을 수출하여 농산물을 수입하면 되지 개발비용이 많이 드는 농업부분개발에 치중할 것이 아니다"라고 하는 생각을 가진 사람들의 생각이 얼마나 잘못된 생각인지를 일깨워 주게 될 것이다.

농업이 국민경제에 있어서 차지하고 있는 비중

　우리 나라는 이미 우리가 보아온 것과 같이 1960년대 초반까지만 하더라도 자급자족하던 나라였고 산업구조면으로 보더라도 농업이 차지하고 있는 비중이 가장 큰 나라였는데, 경제개발계획이 추진되면서 식량자급률은 34%(1989년)로 떨어지고 산업구조면에서도 농업은 미미한 존재로 전락되었다.
　공업화, 산업화의 물결속에 농업이 아무리 이렇게 코너로 몰리고 있다고 할지라도 과거에도 그랬고, 현재에도 그렇지만 영원히 농업은 민족의 뿌리요 산업중의 산업으로서 모업(母業)이다. 차제에 우리는 농업이 국민경제에 미치고 있는 영향을 알아 보아야 하겠다.

농업의 외부 경제효과
　한국농어촌사회연구소 부소장 권영근 교수는 농업의 외부 경제효과를 다음과 같이 말하고 있다.[1]
　첫째, 환경, 자원의 유지, 보존효과가 있다. 농업은 자연생태계와 조화속에서 성립하는 산업이기 때문에 농산물공급이라는 직접적 효과 이외에 간접적 효과로서 환경을 보전하고 자연을 유지하는 역할을 수행하고 있다. 이러한 농업의 환경, 자원의 유지효과의 구체적 내용으로서는 저수기능, 홍수의 방지기능, 토양보전기능, 대기정화 기능들을 들 수 있다.
　저수기능이란 비를 일시에 유출하지 않고 지하에 저장한 채 조금씩 유출하는 것으로 물의 이용률을 높인다. 한 계산에 따르면 우리 나라의 연간 강수량은 1,140억 톤으로 그 중 273억 톤만이 용수 수용량에 약 6-8%가 부족한 것이며 따라서 상당량의 용수는 지하수에 의존하게 되며 지하수 이용을 위한 수자원 함양을 위해 논과 산지의 기능이 중요하다. 이런 기능의 뒷면이 홍수억제 기능이다. 비가 일시에 유출된다면 대홍수가 발생하는데, 농지, 삼림의 존재 때문에 그것이 미연에 방지된다. 1989년 총 논면적 135만 ha의 논둑 높이가 20cm이고 이 중 3cm는 평상시에도 쌀 농사를 위해서 저수되고 있기 때문에 이를 뺀 나머지 17cm는 유사시에 홍수조절을 하는 유효 저수량이라고 가정한다면 총 논면적의 홍수조절용 저수량은 23억 톤에 달한다. 이 저수량은 국내의 홍수조절용 6개 댐의 총 홍수조절 수량인 "15억 3천만 톤"[2)]보다 1.5배에 해당하는 수량이다. 만약 쌀의 수입개방으로 쌀 농사를 포기한다면 홍수피해를 현재의 수준 정도로 막기 위해 충주댐 같은 댐을 4개 더 건설해야 한다. 이러한 댐 건설비에 대한 이자와 관리비만도 연간 94,000억 원에 달할 것으로 추정된다. 일본의 경우 이러한 삼림의 홍수방지 효과가 1955-75년 사이에 28조 엔에 달하는 추계가 있다.

토양보전기능이란 농지, 임지의 형태로 지표가 덮혀 있는 것이 토양의 자연적 유출을 막고 토지 보전 효과를 갖는다는 측면이다. 이것에 대한 실험 예로 임지(林地)는 나지(裸地)와 비교할 경우에 토양의 손모율이 10분의 1에 지나지 않는다는 보고가 있다. 표토가 없으면 쓸모 없는 땅으로 황폐화 되어 생물이 자랄 수가 없고 동식물의 사체 등 유기물이 분해 되지 않는다.

대기의 정화기능은 식물의 광합성을 통하여 탄산가스를 산소로 전환하는 것으로 대기를 정화하여 인간의 생존에 필요한 산소를 공급한다는 측면이다. 이것에 관해서는 우리 나라의 삼림은 연간 7,800만 톤의 신선한 산소를 공급하되 산소의 양을 공업용 산소값으로 환산하면 연간 4조 6천억 원에 달한다고 한다.

이상과 같은 농림업의 환경보전 효과를 금액으로 환산해 보면 얼마나 될까 하는 것을 일본의 경우, 농림수산성이 대략 계산한 적이 있다. 그것에 따르면 일본의 농림업의 외부 경제 효과는 삼림이 약 25조 엔, 농업이 12조 엔, 합계 37조 엔에 달한다. 같은 시점의 농림업의 총생산액이 12조 엔이니까 농림업은 실제로 시장가격의 3배에 달하는 비시장 가치를 낳고 있다는 계산이다. 어쨌든 농업이 매우 큰 비시장 가치를 낳고 있다는 것은 틀림없다.

 이같은 농업을 담당해온 농업 종사자는 기나긴 역사와 시련 속에서도 그 임무를 다하고 국가사회 및 지역사회의 형성자로서 근면한 자질로 창조적 정신의 원천으로서의 사명을 다해 왔다. 농업과 농업 종사자에게 부하된 사명은 금후에 있어서도 변함이 없을 것이고, 민주적이고 문화적인 국가 건설에 있어 지극히 중요한 의미를 계속해서 지니게 될 것은 틀림없다.

 한 나라의 경제가 아무리 고도로 공업화가 진전되었다고 해도 농업이 가진 이상과 같은 기능은 경시될 수 없으며 오히려 공업화가 진전되면 될 수록 이는 더욱 강조되어져야 할 성질의 것이다. 1992년 6월 3일 부터 12일 동안, 브라질 수도 리오데 자네이로에서 열린 유엔 환경개발회의는 전세계적으로 도시화와 공업화의 문제점에 브레이크가 걸리게 된 세계사적인 대회라고 할 수가 있다. 117개국 지도자들이 참석하여 일명 지구 정상회담이라고 불리는 이 "리우 지구환경 보존을 위한 회의"에서 국제 관계를 지구 환경보전 위주로 하자는 "리우선언"이 이 대회에서 채택되었음을 여기에 첨부해 둔다.

 둘째, 농업은 사회보장적 효과를 갖고 있다. 농업은 고령자의 고용의 장(場)으로서 매우 중요한 역할을 수행하고 있다. 농촌은 잠재적 과잉 인구의 저수지로서 저임금을 지탱한 기저로 작용했다. 이러한 성격은 고도 경제성장을 거치면서 크게 변화했지만 노인문제에 관한 한 농업이 갖는 의미는 점점 커지고 있다.

 우리 사회 전체가 고령화 시대를 맞이하고 있는 가운데 농촌에서 고령화가 훨씬 앞서서 진행하고 있기 때문이다. 이러한 고령자의 자기 고용의 장으로서 농업은 아직 커다란 역할을 수행하고 있다.

농업이 없다면 우리사회의 노인문제는 현재보다 훨씬 심각한 양상을 띠었을 것이다. 게다가 이것은 단순한 고용량만의 문제가 아니다. 농업의 경우, 고령자가 자신의 체력에 맞게 어느 정도 작업을 선택 할 수 있으며 또한 자연과 접촉하는 가운데 스스로 삶의 보람을 확인 할 수 있다는 이점도 있다.

이러한 노동의 질 문제도 고려할 때 고령자의 고용의 장으로서 농업의 의의는 한층 더 중요하게 된다.

셋째, 지역 정책으로서 농업의 의의를 들 수 있다. 현재 우리 나라는 앞에서 살펴 본 대로 서울을 중심으로 한 수도권 집중화 경향이 극단적으로 강한 반면 지방의 인구 감소는 점점 격심해 지고 있다. 이 좁은 국토에서 과밀과 과소가 동시에 진행되고 있고 이것이 다양한 사회문제를 야기하고 있는 것이다. 이러한 경향에 제동을 걸고 국토의 균형 있는 발전을 실현하기 위해서는 지방을 떠 받치고 있는 산업기반인 농림업을 진흥하지 않으면 안된다. 이른바 지역 정책의 핵심으로 농업을 파악하는 것이다.

예컨대 스위스 등지에서는 이러한 관점에서 일정한 높이 이상의 산악 낙농에 대하여 소 한 마리당 얼마라는 형태로 특별 보조금을 지출하고 있는데 우리도 이제 앞으로 그러한 발상이 점차 필요하게 될 것이다. 그것은 산업정책이라기 보다는 오히려 지역 정책의 일환으로서의 농업정책이다.

넷째, 농업은 문화적 사회적 가치를 지니고 있다. 농업이 존재함으로써 한편으로는 전통적인 농촌의 고유문화가 유지되고 다른 한편으로는 도시인에게 편안한 휴식처를 제공한다. 예를 들면, 주말농장, 산지 직거래, 관광농원, 지방과의 교류 등이다.

선진국의 농업

덴마크

유달영 교수는 그의 저서 "새역사를 위하여"에서 덴마크를 다음과 같이 소개 하였다.[3]

덴마크의 국토와 자연

"덴마크는 독일 북쪽 북해에 튀어나온 작은 반도와 그 부근의 수다한 작은 섬들로 된 넓이 43,000평방이며 우리나라의 평안도보다 약간 좁다. 경지 면적은 313만 ha로 국토의 3/4에 달한다. 인구는 1950년의 통계로서는 425만명가량이다. 국토의 주요부인 유트랜드 반도는 원래 빙하시대에 이루어진 황무지로 땅이 메마르고 서북의 해안은 사구(沙丘)로 둘러져 있다.

북위 54도 부터 57도 사이에 있어서 우리나라보다 훨씬 북쪽이고 동양의 캄챠카 반도의 위도에 해당한다. 해발 평균 30m에 차지 못하여 200m를 넘는 산이 없는 지대다. 덴마크의 최고봉은 유트랜드 동편에 있는 '에바밴'산으로 그 높이가 겨우 172m이다. 서울의 남산이 260m의 높이이니 우리는 덴마크의 지세를 이로써 짐작할 수 있을 것이다.

서북을 가로막은 산맥이 없으므로 습한 바람이 끊임없이 불어와 1년의 대부분이 음산하고도 을씨년 스럽다. 1년 동안의 우량(雨量)은 겨우 600㎜미리에 지나지 않으나 평균 비오는 날이 158일이요, 눈오는 날이 30일이요, 안개 깊은 날이 94일이다.

가장 기후가 좋다는 덴마크의 수도 코펜하겐조차 태양을 바라 볼 수 있는 날이 겨우 50일에 지나지 않는다. 평균 기온은 섭씨 8도임으로 위도에 비해서는 따뜻한 편이다.

땅이 메마르고 기후가 또한 이러하니 농작물은 그 재배에 있어서 자연히 많은 제약을 받게 된다. 가축도 1년 중에 9개월 동안은 축사

안에서만 기르지 않으면 안된다. 약간의 토암이 날 뿐 그밖에 아무런 지하자원도 없다. 덴마크야 말로 하도 쓸모가 없어서 북해 기슭에 내버린 불모의 지편(地片)인양 싶다. 가지가지로 살펴보아도 자연의 혜택이 적은 한심한 나라이다.

이제 우리 나라를 이 나라에 비하면 인구, 면적, 자연조건, 지하자원 무엇하나 어디에 손색이 있으랴. 덴마크 민족이 저 유트랜드의 황무지에서 농민의 천국, 인류 최고의 농업 문화 건설에 성공하였다면 우리는 이 비단 같은 한반도에서 어찌하여서 낙원을 이룰 수 없을 것이랴.

역사

덴마크는 원래 북유럽에서 활개치던 왕국이었다. 11세기에는 영국을 억눌러 속지로 하고 17세기 크리스챤 4세 때에는 해운국으로 바다를 제패하였다. 스웨덴, 노르웨이 등의 스칸디나비아 반도의 대부분도 덴마크의 영토였다. 그러나 19세기에 들어서서 유럽의 역사는 큰 변동을 일으키었다. 나폴레옹 장군의 강요로 이루어진 프랑스와의 연합군이 넬슨이 거느린 영국함대에게 패하게 되자 스웨덴, 노르웨이를 상실하게 되었고 1864년에는 프러시아와 오스트리아의 연합군에게 패했을 때는 남부의 유일한 기름진 옥토 슈레스비히와 홀스타인의 두 주(州)마저 상실하게 되었다.

국민들은 순간의 향락으로 고통을 잊고자 술과 계집을 찾아 헤매고 정치의 이념이 서지 못하였으며 정당의 싸움은 날로 심하여 가고 인심도 국토도 가속도로 황량의 길을 채찍하였다.

시인 단테가 그의 불후의 명저 신곡(神曲)의 지옥편에서 지옥문에 부친 간판이 "너의 일체의 희망을 버려라"는 것이었다고 한다. "일체의 희망이 없는 곳" 이것이 바로 "지옥"이라는 말인데, 당시 덴마크 국민의 상황이 바로 이와 같았다.

덴마크를 구한 사람들

덴마크에는 전 국민이 어둠속에 비탄으로 쌓여 있을 때 실망하지 않은 사람들이 있었다. E.M.달가스, N.F.S.그룬트비히 같은 사람들이 그 사람들이다.

E.M.달가스

1866년 무너진 전선에서 돌아온 공병대령 달가스의 가슴속에는 유트랜드 대 황무지의 개척의 계획이 서 있었다. 그는 낙망하지 않는 영혼의 주인이었다. 그는 동지들을 모아 황무지 개간협회(Danish Heath Society)를 조직하고 활발히 사업에 착수하였다. 식림사업, 토지개량사업, 소택배수사업(沼澤排水事業), 하천치수사업, 토암사업 등에 불안불휴(不眠不休) 전 정력을 기울였다.

한편 다수한 농업 기술원을 만들어 아무라도 곧 지도와 원조를 받을 수 있는 강력한 조직을 만들기에 성공하였다. 이 히이드 협회가 창설된지 불과 30년만에 다음과 같은 놀라운 업적의 성공을 보게 되었다.

218평방 마일의 소림(疎林)은 702 평방 마일의 밀림으로, 200평방 마일의 소구(沼丘)는 140평방 마일로, 360평방 마일의 소택(沼澤)은 150평방 마일로, 2,065평방 마일의 황무는 270평방 마일로

이것은 1896년 까지에 유트랜드에서만 이루어진 업적이다. 달가스가 세상을 떠날 즈음에는 사업은 전국민의 협조를 받아서 급속도로 진전하여 유트랜드와 그 밖의 섬에서 실로 2,500평방 마일의 광대한 면적이 보람있게 개척되었다. 이것은 덴마크의 거의 반이나 되는 넓은 면적이다. 수 년 전의 황무지와 소택(沼澤)과 소구(沼丘) 등의 불모의 땅이던 국토는 가는 곳마다 삼림과 목장과 농장과 향촌(鄕村)의 새 산업지로 그 면목을 일신하였다.

오늘의 이 개척은 최대한으로 발전되어 8할에 가까운 국토가 농경지로 이용되고 농촌, 농지의 정돈(整頓)은 문자 그대로 세계 무비

(無比)로 일대 농업공원이 되었다.

N.F.S.그룬트비히

그룬트비히는 1783년 10월 8일에 루터파 시골 목사인 정직한 아버지와 가사 일체를 돌보며 아버지의 일을 잘 돕는 신앙심 깊은 어머니의 슬하에서 신앙과 애국심을 배우면서 성장하였다. 어머니는 그에게 늘 이런 말씀을 하셨다. "사람이 목적이 없이 우유부단한 일생을 보낼려면 차라리 죽음을 택할 것이다."라고.

그룬트비히는 9세에 라틴학교의 입학 준비를 위하여 남부 유트랜드의 '추레고'라는 곳에 '펠드' 목사의 집에 가서 6년 동안이나 있게 되었다. 이 고장은 황무지와 소택(沼澤)이 많은 지대였다. 여기서 막내둥이로 자란 어린 그룬트비히는 농촌이란 것이 얼마나 재미없고 쓸쓸한 곳인가를 깊이 느끼었다. 그는 이 쓸쓸한 농촌을 살기 좋은 곳으로 만들어야 겠다고 하는 생각이 싹튼 것은 이 시절이었다고 한다.

15세 때에 아르후스의 라틴학교에 입학하여 3년을 공부하였는데 그는 나중에 "기계적인 형식적인 교육 밖에 못하는 교사들에게 큰 고통을 받았다"고 이 때를 회상하였다.

1800년에는 코펜하겐 신학대학에 입학하였다. 그는 여기서 괴테, 피히테, 쉘링 등 세계적인 인물들의 새사상에 접촉할 수 있었고, 특히 스테펜스 교수의 강의를 통해서는 고동치는 가슴에 넓은 새 천지가 전개되는 감명을 받았다. 스테펜스 교수는 순결하고 정열적인 청년 그룬트비히로 하여금 후일에 덴마크 국민의 사상과 생활을 혁신하여 조국을 멸망에서 구원하고 오늘의 지상 낙원을 건설하게 한 도화선을 그의 가슴속에 만들어 준 것이다. 1803년에는 대학을 졸업했고, 1805년에는 가정 교사 생활을 했는데, 여주인 콘스탄스 부인에게 연애 감정에 빠져 인생을 번뇌하기도 했으나 그는 청년이 벗어나기 어려운 거미줄에서 용감히 벗어 났다. 인생의 깊이를 담은 그의 시작(詩作)과 북구신화(北歐神話)라는 대작은 그의 인생의 번뇌기간의 소산이었다.

1810년 3월에 그는 부친으로 부터 늙은 아비를 도와 달라는 간절한 편지를 받고 이미 명성이 나 있는 그의 코펜하겐 생활을 뒤로 하고 적막한 향리(鄉里)에 돌아갔다. 그는 원래 목사가 되지 않을 결심이었다. 당시의 사병(死病)과 같은 냉냉한 교회와 위선이 가득한 교직자들에게 실망하였던 까닭이다. 그러나 부친의 소원에 따라서 목사고시에도 응하였다. 그는 고시 설교에서, "그리스도의 말씀은 교회안에서 절멸하였다"라는 제목으로 생명이 없는 교회와 거짓이 가득한 교권자들을 통박하였다. 그는 이 설교문을 인쇄하여 배포하였는데, 이것이 목사와 장로들의 큰 노여움을 사서 목사 면허를 주지 말라는 맹렬한 여론이 사방에서 일어났으나 다음해에 목사 면허를 받게 되었다. 그는 향리의 교회에서 소박한 농민들과 친구가 되어서 그들의 신앙이 순수하고 바르게 자라도록 진력하였다.

1813년 부친이 세상을 떠난뒤 코펜하겐으로 다시 나가서 활동하였다. 1816-1819년에 걸쳐서 그는 '단테베야케'(덴마크의 보고(寶庫)라는 잡지를 발행하여 시와 평론과 역사로써 덴마크 국민의 가슴속에 삼는 정신을 일깨우고자 노력하였다. 그는 35세에 비로소 결혼하였고, 1922년에는 코펜하겐의 구주교회(救主敎會)의 목사로 임명되었다. 그의 설교는 예언자처럼 높고 권위가 있으며 사도와 같이 열렬하여서 점차로 사람들이 그의 설교를 듣고자 모였다.

1825년 8월에 신학교수인 크라우센이 "구교와 신교의 교회정책 및 교지(敎旨)와 의례(儀禮)"라는 방대한 저서를 출판 하였다. 이 저서가 후진들에게 적지 않은 영향을 줄 것을 염려하여 그는 "교회로 부터의 답장"이라는 반박 논문을 작성하여 출판하였다. 이것이 사회에 큰 파문을 일으켰으며 이 일로 인해서 그는 교회에서 추방당하고, 1827년부터 7년 동안이나 설교를 금지 당하였다. 저의 위대한 영혼이 낡은 오랜 껍질을 깨뜨리고 하늘을 자유로이 나르는 까닭에 교직자들은 저를 정통적이 아닌 이단으로 규정하고 이 당돌한 위험분자를 봉쇄해 버린 것이다.

그후 그는 1839년에 국왕의 특별배려로 '왈도'병원교회의 목사가 되었다. 왕비 가사린 아마린은 그룬트비히의 숭배자로 항상 이 교회에 참석하여 설교를 듣고 음으로 양으로 그를 돕기에 노력하였다. 그의 주장은 진리이기 때문에 끌 수 없는 불이 되어 전 국민의 지지를 얻게까지 되었다. 그의 주장하는 바는 국가적으로 법에 의하여 보장되기에 이르렀다.

1921년의 통계로 보면 루터파의 자유신교인의 수는 3백 22만 이상으로 98%의 다수에 달하였다. 이 신교는 결국 덴마크의 국교가 되었다.

그룬트비히의 가장 큰 관심사는 당시의 교육계의 상황이었다. 그는 생명의 모판인 학원과 교회가 이렇게 무기력하여 옛 껍질 속에 잠자고 있어서는 도저히 민족의 살길을 열어 갈 수는 없다고 생각하였다. 교육이야 말로 덴마크의 전 국민을 힘있게 결합시켜서 새로운 건설의 주초(柱礎)가 될 수 있다는 확신이 굳을수록 당시의 썩은 교육계를 바라보고 견딜 수가 없었다.

그는 코펜하겐에 덴마크협회를 조직시켜 시시로 모여서 강연을 하고 새노래를 지어 함께 불렀다. 산 말씀의 운동은 점점 퍼져서 농민계몽에 큰 효과를 내기 시작하였다. 국민에게 생의 가치와 역사적인 자기를 발견시키는 것은 국가 부흥의 핵심으로서 그 밖의 모든 문제는 이 근본문제의 확립만으로 쉽게 풀리게 되는 것이라고 그는 믿었다. 지식 있는 이기주의자를 만드는 교육은 반드시 나라와 민족과 자신까지도 파멸의 심연으로 집어 넣게 될 것이다.

그는 애국적인 청년교육을 위하여 자유학교를 설립하고자 노력하였다. 그러나 완고한 정부관리들과 편협한 일부 교육자들이 맹렬히 반대하여 뜻을 이루지 못하고 말았다. 오늘에 이 자유학교의 실패를 바라보면 오히려 "새옹(塞翁)의 마(馬)"가 된 것같다.

그룬트비히의 이상은 권력을 중심으로 시작되지 않았고 민중운동으로서 국민가운데서 움터나 사립 국민고등학교로 발전하였다. 1830년 정치의 실권이 왕으로부터 국민의 손에 들어와 의회정치가 되고 1848년 그룬트비히는 65세에 국회에 들어가 84세가 되는 1866년까지 국외에서 활동하여 교육, 종교, 산업, 토지정책 등의 개 선에 노력하였다.

세계에 유례가 없는 덴마크의 소농법도 결국 그의 상상의 일부의 실현이라고 할 것이다. 그는 진리를 위하여 일신의 영욕(榮辱)을 돌봄이 없고 권세와 부귀와 싸워서 자유, 정의, 우애를 위하여 생명을 바치기에 주저하지 않았다.

그는 1871년 10월 3일 89세로 코펜하겐에서 세상을 떠났다. 세월이 지날수록 더 많은 덴마크 사람들의 가슴속에 그 위대한 애국의 지성이 살아 움직이어 정치도, 산업도, 교육도 원만히 발전돼 그의 이상이 꽃피어 가고 있다.

덴마크의 힘

국민고등힉교(國民高等學校)

국민고등학교(Volkshoch schule, Folk high school)는 일명 민중대학이라고도 하며 세계 어느 나라에서도 볼 수 없는 덴마크의 특유한 제도로서 국민교육을 위한 학교이다. 이 학교는 소학에서 대학에 이르는 정상적인 코오스에서 떨어져서 전연 별도로 운영된다. 7년제의 소학교 이상을 졸업하고 약 4년간 사회에서 실무에 종사한 경험이 있는 만 18세 이상 30세 까지의 청년을 수용하여 단기에 교육해 내는 일종의 청년학교이다.

덴마크에서는 소학교를 졸업한 아동은 대개 3,4년동안 남의 농장에 가서 일한다. 여자는 또 남의 가정에 가서 일한다. 저들은 이 성장의 시기에 인생을 배운다. 신분의 여하를 막론하고 어떤 집 자녀라도 한번은 이 훈련을 시킨다. 그들이 18세가 되면 국민고등학교에 비로소 입학하는 것이다.

남자들은 매년 11월에 입학하여 겨울의 5-6개월 동안, 여자는 여름철 3-5개월 동안 학교에 수용하여 교육한다. 학생들은 전원 기숙사에 수용하고 교사들과 함께 생활하면서 철저한 인간적 수업을 시행한다. 교사들은 거의 교과서를 사용하는 일이 없고 대부분 강연식으로 때를 따라 임의로 교재를 엮어 최선의 것을 가르치기에 노력한다.

1844년 7월 4일에 독일과의 국경 가까이의 쉴레스비히의 북부 레딩에 키르대학의 교수 크리스찬 풀로에 의해서 세워진 레딩 국민고등학교(1865년에 아스코브로 이전)가 제 1회로 배출한 졸업생 남자 34명, 여자 6명, 합 40명으로부터 시작해서 1921년에는 학교 수 81개교에 학생수 약 10,000명에 달하였다. 통계로 보면 매년 약 만 명중에 18-25세까지 80%를 넘어 점령하고 성별로 보면 남자가 약 55%, 여자가 45%가량이다. 도시 사람들이 비교적 적고 농촌 출신이 절대 다수인 것이 또한 특색이다. 매년 이렇게 많은 청년들이 최선의 인생관을 확고히 품고 덴마크의 국민의 행복을 위하여 활동할 결심으로 교문을 나선다. 덴마크의 국민고등학교의 아버지라고 할 수 있는 크리스텐 콜(1816-1870)은 그룬트비히의 교육이상을 그대로 실천한 위대한 교육가이다. 콜의 학력은 국졸, 그리고 2년제의 초등교원 양성소를 수료한 것이 전부이었고, 한 권의 저서도 남긴 것이 없으나 교육가로서 온 국민에게 감화를 끼친 인물이다.

콜은 그룬트비히의 적극적인 협력을 얻어 1851년 푸넨주(州) "리스링게"에서 낡은 농가 한 채를 사서 자유학교를 개교하였으며 처음 시작할 때 학생수는 16세 이상부터 33세까지 15명이었다. 콜의 이 학교는 리스링게에서 "딸비"로 이전하였고 여기서 9년만에 다시

"다람"으로 옮겨 갔다.

　이 다람국민고등학교야말로 덴마크의 국민교육에 지대한 영향을 준 학교였다. 콜이 다람에서 교육하고 있을 때에 그를 사모하는 사람들이 그의 교육 방침을 물어보면 그는 늘 다음과 같이 말하였다.

　"나는 18세 때에 신과 이웃을 사랑하는 도리를 배워서 비로소 인간으로서의 참 행복을 느끼게 되었다. 그때부터 나는 다른 사람에게도 나와 같은 마음의 행복감을 가질 수 있는 신의 은혜를 받을 수 있게 하기 위하여 나는 나의 있는 힘과 시간을 바칠 결심을 하였다. 이 국민고등학교의 목적도 결국 신을 공경하고 사람들을 형제처럼 사랑하는 길로 청년들을 인도할 따름이다."

　콜의 이 말로 미루어 보면 청년 콜을 감격하게 한 기독의 정신이 그의 일생을 지배하였으며 저로 하여금 한결같이 교육사업에 진력하게 한 것임을 능히 알 수가 있다. 경신애린(敬神愛隣)의 정신이 없는 곳에 참평화와 참행복의 광명이 없음은 영원히 변하지 않는 진리이다.

　협동조합
　덴마크의 경제발달의 직접적인 기초가 되는 것이 협동조합의 발달이다. 덴마크의 거의 모든 사업이 협동조합화 하였다. 모든 물품이 생산자로부터 소비자에게 직접 주어지던 옛날에는 상인이라는 중간적인 특수존재가 없었다. 그러나 생산자와 소비자의 직거래는 생산, 소비 양자에게 모두 이익이 크기는 하나 인구가 늘고 생활이 복잡해짐에 따라 양자가 서로 먼거리에 떨어져 있을 때에는 교환이나 매매가 불가능하게 됨으로 이 두 사이에 중개역을 맡는 제 3자적 존재, 상인이 있어서 대단한 편리를 주었다. 그러나 상인의 수는 날로 증가하고 또 그 자본의 힘을 함부로 부려서 생산, 소비 양자를 압박하며 이익을 독점하는 경향이 크게 되었다.

생산, 소비 양자는 막대한 이익을 중간에서 탈취하는 상인을 거치지 않고 직접으로 연결하여 상인의 폭리를 배제하고 서로를 옹호할 목적으로 생겨난 기관이 곧 협동조합인 것이다. 협동조합의 기원은 1844년에 영국 맨체스터의 융(푸란넬) 방직공장에서 일하는 28인이 자기들의 일용물품을 싸게 구입하기 위하여 얼마씩의 자금을 모아 가지고 소비조합의 제도를 만든 것이 그 발단이 된 것이다.

덴마크에는 1866년 "한스, 크리스찬, 쏜네"가 「디스테스」에서 조합을 조직하여 일용품과 종자 등을 공동으로 사서 나누어 쓰면서부터 이것이 차차로 인근(隣近)에 인식하게 되고 그 후에 「에반드 희그스브르」가 평생을 이 사업에 바쳐서 적극적으로 조합의 물질적, 정신적 이익이 큼을 널리 선전 계몽하였다. 이리하여 국민들은 이 조합제도에 흥미를 느끼게 되고 그 장점을 깨닫게 되었다. 오늘에는 조합의 장점을 세계에서 가장 잘 발휘하여 인류사에 처음 보는 조합의 나라가 되었다.

「덴마크는 국민의 수보다 조합의 수가 더 많다」는 말이 나올 정도로 덴마크는 협동조합의 왕국이다.

농민들이 보편적으로 가입하고 있는 조합을 대체로 분류하면 다음과 같다.

- 농업 일반에 관한 것 : 왕국농사협회, 농업조합, 농가조합, 농업계산협회 등.
- 가축사양(飼養)에 관한 것 : 말사양조합, 소사육조합, 돼지사육조합, 면양사육조합, 가금(家禽)사육조합, 산양사육조합, 가축번식조합, 유유검사조합, 가축결핵예방조합.
- 축산물 가공판매에 관한 것 : 낙농조합, 돈육가공판매조합, 생축수출조합, 계란수출조합 등.
- 산업경제용품 구매에 관한 것 : 일용품 소비조합, 비료 구매조

합, 사료 구매조합, 구입조합, 시멘트 구입조합, 석암 공동조합 등.
- 경종(耕種)에 관한 것 : 종자개량조합, 감자경작조합, 차(茶)개량조합, 암지(巖地)개량조합, 식림조합 등
- 보험에 관한 것 : 가축보험조합, 해(害)예방조합, 화재예방조합, 상해보험조합, 폭풍손해보험조합 등.
- 금융에 관한 것 : 신용조합.
- 기타에 관한 것 : 전기이용조합, 수도사용조합, 농업기계사용조합, 공동제분조합, 공동제빵조합, 공동제재조합, 정원조합, 과수재배조합, 과실판매조합, 양봉조합, 루산재재배조합, 강연(講演)조합, 체조조합 등.

덴마크의 농민들은 원료의 생산자로서 자기들의 손으로 직접 공장을 세워서 가공하고 또 그 제품도 자기들의 손으로 판매하는 것이다. 그러므로 농민들은 원료의 생산자인 동시에 공장관리자이며 또 제품의 판매자이니 농민과 소비자(수요자)와의 사이에 부당 이익을 노리는 상인과 자본가들이 틈을 타지 못하는 것이다.

한편 국민고등학교는 열성을 다하여 협동정신을 고취하고 협동조합에 대한 교육을 하여 그 기반을 만들어 갔다.

현명한 농지정책

교육과 협동조합 운동은 덴마크 부흥의 2대 원동력이다. 덴마크의 힘으로 한가지를 더 넣는다면 덴마크 정부의 현명한 농지정책을 들 것이다. 농지 분양에 관하여 새로운 운동은 1866년에 「덴마크 개간협회」의 역사적인 눈부신 활동과 그 위대한 성과에서 비롯되었다고 할 것이다. 덴마크 개간협회의 운동에 관해서는 앞에서 이미 언급한 바가 있다.

전 국민이 이기심을 버리고 인도적이며 국민적인 각오를 하는 일이야 말로 덴마크 번영의 원동력인데 「땅없는 농민에게 땅을 갖도록 해 주자.」는 소농창설운동도 민중으로부터 일어나 정부와 대지

주, 그리고 도시의 부호들이 협력하여 이 운동을 전개했다니 아! 덴마크 국민성이 정말 부럽다. 정부가 소농창설운동을 뒷받침해주기 위해서 만든 토지분할법안이 1899년 국회를 통과한 이래 1904, 1909, 1914, 1917, 1921, 1927년 이렇게 개정 보안되었는데, 1927년의 개정법을 예로 들어 보면 이렇다.

"정부에 대하여 3개년 동안 매년 3백만 크로너씩 지출하게 하고 토지구입 자금으로 7500 크로너를 대부하고 건물신축에는 그 필요한 자금을 예산 한도 내에서 가능한 융통하여 주게 하였다. 또 소농의 경지는 3헥타(3정보) 이하가 되지 않도록 하고 지미(地味)도 중등 이상으로 할 것을 조건으로 하였다. 3000 크로너 이하의 대보로 자작농이 된 소농에게는 토지, 건물 확장자금으로 추가 대부를 인정하였다. 대체로 농민이 대부 받은 총액은 신농장 건설비의 90%에 해당하는 것으로 농민은 매년 3분(分) 5리(厘)의 이자와 단지 1분(分)의 원금을 갚아 가는 것이다. 상환기간은 98년의 장기이며 더욱이 그 중 건축, 가축, 농구, 기타자금의 상환은 최초의 5년은 유보된다. 자작농이 된 최초의 시기의 기초가 흔들리지 않도록 하기 위하여서다."

국가는 국민을 위하여 1세기에 걸친 상환기를 제정하고 국민은 보은과 감사의 심정으로 국가를 생각하여 전력을 기울여 속히 갚아 버린다. 1899년의 농지분할법으로 11,000여 소농이 창정되었고 1920년부터 1932년까지 다시 6,000의 소농이 창정되었다. 농지분할에 있어서 다시 흥미를 끄는 것은 토지구입상설 위원회이다. 이 위원회는 소농창설 위원회와 협력하여 약소 농민이 자력으로 구입하기 어려운 토지와 부당히 비싼 농지를 법에 의하여 적당한 가격으로 사서 나누어 준다. 소농 자신들이 직접 사게 되면 높은 값을 주고 사기 쉬워서 흉년이 들거나 하는 경우에는 치명적인 경제적 파탄을 받을 것을 염려하고 미연에 예방하는 방법을 취한 것이다.

또한 이 농지 정책에 있어서 참으로 큰 성과를 거두게 한 것은 민간 단체인 농지분양 조합이다. 이 조합은 농지 구입 희망자에 대하여 농지 선택의 주선과 이에 필요한 자금을 마련해 주는 것이 그 목적으로 1899년의 법률에 의하여 조직된 것이다. 이 조합들은 농지 분할에 있어서 정부보다 오히려 주동적인 역할을 하였으며 그 공로가 실로 막대하다.

저들은 끊임없이 대지주의 농장을 적절한 가격으로 구입하여 이를 소농에 알맞게 분양한다. 한 조합이 125인의 대지주의 토지를 사서 2,000의 소농장으로 분양하여 자작농을 창설시킨 사례가 있다.

이스라엘

면적 2,070,000 km², 서는 지중해, 동은 시리아 사막, 북은 레바논 산맥, 남은 시나이 사막으로 둘러싸인 길죽하게 가로 놓여진 초생달 모양의 영토로서 역사이래 나일강과 유프라테스강, 아프리카와 아시아의 사이에 끼여 자연적인 교두보로서 또한 완충지대로서의 역할을 담당하고 있다.[4]

신구약 시대에는 요단강 서쪽은 남쪽 브엘세바에서부터 북쪽 헬몬산까지였고, 요단강 동쪽은 사해 중부지역에서부터 헬몬산까지이며 서는 지중해에 연하고 동은 아랍제국에 접하니 요단강을 중심하여 12지파가 분할 점령하여 동쪽에 2지파 반, 서쪽에 9지파 반이 거주하였다.[5]

구약에 의하면 시내광야는 이스라엘 민족이 40년 동안 표류하던 곳이었고, 모세의 40년간 망명생활과 십계명을 받은(출19:20) 유명한 시내산이 있는 곳이다. 그러면 이스라엘 조상들에게 약속하신 땅은 어디인가, 이는 시온산 예루살렘을 중심하여 남북으로 뻗어 있는 요단강 서쪽이 가나안 복지란 것이다. 이것을 쉽게 구분하면 하부는 유대, 중부는 사마리아, 상부는 갈릴리를 가나안이라 하겠고, 특히 예수님 당시에는 사마리아와 갈릴리 까지도 이방지대라

하였다(마 4;15; 요4:9). 따라서 유다지파는 하부 유대지방을 중심 하여 오늘까지 그 땅을 지켜 왔으며 유다지파에서 다윗 임금과 그의 후손으로 예수 그리스도가 유대땅 베들레헴에서 나셨으며 갈릴리 나사렛에서 30년 동안 성장하여 갈릴리 가버나움에서 3년간 설교하셨기에 이로써 성지라 칭한다.[6]

이 땅은 과연 젖과 꿀이 흐르는 옥토인가?(출3:8).

이 땅을 밟는 사람마다 이 성경말씀이 의심이 날뿐 아니라 오히려 대경 실색한다. 비가 없고 물이 없으며 수림이 없는 벌거숭이 땅이다. 저주 받은 땅으로 밖에 여겨지지 않는다. 브엘세바 광야에서 네게브, 시내광야가 모두 풀 하나 돋지 못하는 사막인 붉은 황토지대다. 그래서 벌거벗은 땅이라 부르며 또한 예루살렘을 중심한 유대땅은 완전히 박석으로 깔린 돌산, 돌밭, 돌무더기 지역이고, 북으로 사마리아 갈릴리 지역이 요단강 유역이어서 비가 있고 비교적 비옥한 셈이다. 그래서 이곳에 키브츠 농장이 많이 있다.

기후는 대개 온난하며 사막지방은 몹시 더워서 열대지방이라 하겠으며 비는 거의 없고 다만 11월에 비가 시작되면 다음해 5월까지 약간 비가 내리고 그 다음은 가뭄으로 일관한다. 그래서 11월에 파종하고 5월에 추수한다. 그리하여 성경에 "이른비"는 11월 파종비요, "늦은비"는 5월 추수비다(약 5:7).[7]

그러면 이 나라는 무엇을 먹고 사는가 하는 의문이 생긴다.

한마디로 개척의 국민이요, 개발의 국가라 할 것이다. 저들은 대개가 산곡이나 구릉지대에 산다. 평야는 거의 사막이기 때문에 지하수가 있는 곳을 따라 살아야 하기 때문이다. 성경에 아브라함, 이삭, 야곱이 우물을 팠던 얘기가 많이 나온다. 이는 흐르는 물이 없기 때문에 땅 깊이 우물을 파고 사람과 짐승이 마셨던 것이다. 현재에도 이와같이 지하수를 개발해서 인력으로 물을 얻고 인력으로 사막이나 논밭을 개발해서 땅을 젖과 꿀이 흐르는 땅으로 만들었으며 지금도 만들고 있다. 예루살렘을 중심으로 박석 사이에 구멍을 뚫어 포도원을 만들고 감람나무를 심어 푸른 산을 만들었으며 그 많은 석회석을 이용하여 시멘트를 대량생산하며 그 돌들을 이용하여 고층건물을 짓는다. 이곳의 농어촌 집도 모두 양옥이다. 그리하여 이스라엘 관광이라면 모두 돌 구경인 돌성, 돌담, 돌산, 돌집, 돌밭, 돌무덤, 돌구유 등이라 하겠다. 지금도 돌나라를 개발하고 돌 틈에서 나오는 식물로 살고 있다고 할 것이다. 남쪽 광야 불모지는 어떻게 개발하는가, 이곳은 요단강 물이나 갈릴리 호수물을 파이프로 끌어 올린다. 1964년부터 갈릴리 호수물을 네게브 광야로 끌어내려 개발하는데 이곳이 미국 캘리포니아 땅처럼 옥토로 변하고 있다. 시내광야에는 유전이 개발되어 달러가 쏟아지며 사해바다를 개발하여 해수욕장, 유흥지, 요양지로 개발하여 세계의 관광객을 불러 들인다. 이처럼 각 분야에 개발사업을 일으켜 이 나라를 부강한 나라로 이끌어 간다. 참으로 황무지에 장미꽃이 피는 셈이다.

농업교육

미키브 이스라엘(Mikveh-Israel)농업고등학교는 텔아비브에서 15km 남쪽에 위치해 있는데 1870년 찰스네터란 유대민족주의자에 의해서 설립되었으며 유대인 정착지 농업교육의 시발점이기도 하다고 하는데 현재 이스라엘의 대부분의 지도자들이 이 학교 출신이라고 한다. 이 학교는 남녀 공학이며 800명(1972년) 학생 전원이 기숙사 생활을 하게 되며 8년간 교육의 3대 교훈은 첫째도 실습교육, 둘째도 실습교육, 셋째도 실습교육(Practical Work)으로서 완전한 농부가 되라는 것이라고 한다. 1,700에이커(2,080,800평)의 학교 부설 농장에서 학생들은 하루 11시간의 수업중 6시간의 실습교육을 받으며 이 농장은 완전한 관계 시설과 농업적 기업형성으로 학교 울타리안에 형성되어 있다. 이 거대한 농장안에는 오렌지밭과 아열대 낙엽송, 포도원, 농작물 마초, 그리고 양떼목장, 양어장, 닭장,

양봉장 등의 시설이 갖추어져 있으며 학생들은 각각 다른 분야별로 3개월씩 교대로 특별 실습시간을 가진다. 또한 남학생들은 농기구 수리, 여학생들은 가정학 그리고 특별 디자인 공부를 한다. 일과가 끝난 후에는 학생들의 써클 활동이 각 분야별로 각자의 취미에 따라 전개된다.[8]

키브츠(KIBBUTZ 집단농장)[9]

키브츠란 히브리어로 「집단(Group)」이라는 말이다. 현재 이스라엘에는 2백 40여 개의 키브츠가 있고 9만 5천 여 명의 키브츠 인구(이스라엘 인구의 4%)를 가지고 있다.

이 운동은 1900년대 시오니즘 운동과 병행해서 일어났으며 특히 이 운동은 동유럽 공산주의 국가에서 서유럽쪽으로 넘어온 젊은 유태인들을 팔레스타인 지역, 즉 현재 이스라엘국으로 이주시키는데 결정적인 역할을 했다. 최초의 키브츠는 1909년 이스라엘에서 유태기금으로 갈릴리해 남쪽 '음존니'란 농촌 마을에 세워졌다. 키브츠는 키브츠 구성원으로 구성되는 전체회의에서 공식정책, 운영위원 선출, 예산심의, 새임원 승인, 단체의 전체노동조정 등 철저하게 자치적으로 운영하고 있다(평등한 권리와 의무). 회원은 농장 내 어디서든지 일하고 싶은 곳에서 일할 수 있으며 하루 노동시간은 8-9시간이고 무보수 무료구입의 공동생활이다. 처음에는 농업중심의 1차산업에만 종사했는데 발전을 거듭하면서 식료품가공공장, 모직공장, 플라스틱 공장이 세워진 키브츠도 있으며 호텔업도 발달시키고 있다. 회원은 1년 중 2주일의 휴가를 즐길 수 있다. 1년에 몇 쌍씩 신혼부부를 선정하여 2개월 여 해외관광여행을 보내기도 한다.

자녀양육은 부모가 밭에서 일하는 동안 탁아소에서 간호원 자격증을 가진 보모밑에서 양육된다. 키브츠내에 탁아소 외에도 유치원부터 고등학교에 이르기까지 학교가 설치되어 있다. 대부분의 학생들은 고등학교를 졸업하면 남녀 학생 전부가 군에 입대하게 되며

(병역의무 3년) 고등학교를 졸업한 학생중에 특히 우수한 학생은 국가시험을 거쳐서 대학교에 진학하게 되며 외국 유학까지 보내는데 모든 학비는 키브츠에서 부담하게 된다.

키브츠는 도시보다는 문화 혜택을 더 받고 있다. 그들은 유명한 교수나 정부고급관리, 음악가, 화가, 조각가를 초대하여 강의를 듣기도 하고 실습도 한다. 전원 참석하는 포크댄스, 공동성가대, 아마추어극단, 각종 운동경기를 즐긴다. 어떤 키브츠는 자체의 박물관을 갖고 있기도 한다. 벤구리온 전 수상, 골다 메이어 전 수상, 다얀 전 국방장관 등 대부분의 국가 지도자들이 키브츠 출신들이다. 이스라엘의 근본적인 힘이 분명히 이 키브츠에서 나오고 있다.

모샤브(MOSHAVE 협동농장) [10]

농사를 짓는데 필요한 토지는 국가로부터 99년간 임대를 받는다. 최초의 모샤브는 모샤브 '나할랄'로서 1921년 제블론(Zebulon) 늪지대에 건설됐다. 그 때 처음 48명의 남자와 8명의 여자가 참여했는데 어린 아이들은 건강에 걱정이 되어(늪지대이므로 마라리아가 많음) 안전한 곳에 남아 있고 성인들만 나무로 만든 판자집 생활에서부터 시작했다. '나할랄'이 개척이 되고 가족과 함께 모여 살면서부터 너욱 빌전에 빌진을 거듭하여 현재 모샤브 니할랄온 모든 헌대식 기계화 농장이 되어 유태인의 높은 불굴의 개척정신이 불모의 땅을 피와 땀으로 옥토로 만들었다는 신화를 남겨두게 되었다. 현재 나할랄 모샤브는 총면적이 9천2백5십 두남(dunam 2,312 에이커)인데 그중 75농가가 각각 100두남씩의 농지를 경작하고 400두남은 조림사업지이고 450두남은 공원, 도로 등 공지면적이고 500두남은 농업고등학교가 소유하고 있다.

모샤브의 중심부에는 회당, 학교, 유치원, 병원, 회의실, 착유장(搾乳場), 창고, 포장공장 등이 있고 고용인들의 사무실 및 숙소가 있다. 현재 모샤브는 나할랄의 설립 당시 56명에 비하여 무려 700

여 명의 조합원을 가진 지방자치구가 되었고 60여 명의 사무원을 고용하고 있는데 이는 8명의 현장 사무원(주로 유유, 계란, 채소, 과일 등 농산물이 조합원으로부터 운반되었을 때 수량을 확인한 후 받아서 저장한다)과 24명의 농기구 공장기술자, 필요한 물품을 공급해 주는 11명의 직원, 농업고등학교 교사 7명, 행정비서, 총무부 기사, 경리인 등 11명 등이다.

모샤브의 교육과정은 매우 중요한 것인데 6년간의 유치원 교육과 8년 동안의 국민학교 교육은 국가로 부터 전액 재정지원을 받는다. 그러나 그외 2년의 유치원 추가 교육과 3년의 고등학교 교육은 모샤브 자체에서 부담한다. 성인교육은 일주일에 두번 영화상영이나 강사를 초빙하여 농업교육은 물론 다방면으로 지식을 보급시키며 일년에 두 번씩 버스 여행으로 전국을 여행하면서 산 교육을 받는다.

모샤브는 자체내에 수영장, 체육관, 운동장도 설비되어 있다. 회당도 만들고 공용도로도 건설하며 공동묘지도 준비했다. 모든 비용이나 세금은 평등하고 고르게 부담한다. 재정적 원조도 평등하게 받게 된다. 각 회원이 생산한 농산물은 협동조합에서 변질되지 않게 냉동하고 가공하여 노동 총연맹이 주관하고 있는 중안 도매시장, 즉 트누바(Tnuva)를 통하여 판매하게 되는데 이곳에는 조합원이 생산하는 농산물이 폭락하는 것을 방지하기 위하여 항상 가격을 조정하고 있다. 예를 들면 어느 계절에 너무 많은 오렌지가 생산되어 나오면 가격이 떨어지므로 일정기간 저장해 두었다가 가격이 올라 가게 되면 다시 시장에 공급하는데 조합원이 필요한 자금은 항상 원할 때에 대여하여 준다.

참고로 금년도(1972년) 51주년을 맞이하게 된 모샤브 나할렐의 규모를 살펴 보겠다.

모샤브 나할렐의 규모 및 생산량

	젖소	850두
	송아지	870두
	황소	430두
	암탉	9,000마리
	병아리	410,000마리
	칠면조	900,000마리
	개	120마리
	대형트랙터	130대
	수학 및 건초채집기	30대
	포도밭	400두남
	사과,배 밭	600두남
	마, 초 밭	1,600두남
	채소(수박)	500두남
	건초	1,750두남
	밀밭	1,350두남
	사탕수수	1,100두남
	크로버	250두남
생산량	밀크	270만 리터
	축산	1,500두
	계란	800만개
	고기	600톤
	채소	700톤
	오렌지	1,200톤

영국

영국은 18세기 후반부터 시작된 산업혁명으로 급속한 공업화를 성취시켰다. 당시 영국은 "해가 지지 않는 나라"로 알려졌다. 그만큼 세계가 영국 천하인 것처럼 영국 영토가 동서에 있었고 번영하였다. 그 당시 저명한 경제학자 「리카아도」와 「말사스」의 이론적 대립이 있었다. 리카아도는 경제합리성을 추구하는 비교 Cost설, 즉 비교우위론에 입각하여 적극적인 공업화와 국제분업을 주장하였는데, 그는 경제효율이 나쁜 농업 따위는 보호할 필요가 없다. 그런 것은 하루 빨리 버리고 다른 나라에 맡기고 영국은 더 한층 공업화를 추진하여야만 한다는 것이었다. 거기에 대해 말사스는 단기적인 경제 우위성을 고정화 시키는 것은 위험하다고 하여 농공병진발전론(農工併進發展論)을 주장했다. 즉 아무리 영국 경제가 호조(好調)된다고 하지만 라이벌 국가들도 오래지 않아 공업적 성장을 하게 된다. 그렇게 되면 상대적으로 영국 경제의 우위성을 잃어버리게 되어 경우에 따라서는 외화획득이나 식량의 수입도 곤란하게 될런지도 모른다. 그러므로 인구부양에 가장 거점이 되는 농업을 보호하여야만 한다고 주장하였다.

그러나 영국정부는 전면적으로 리카아도의 주장을 채택하여 1846년 곡물법을 폐지하고 곡물의 수입자유화를 실시하는 것과 동시에 1810년 이후 계속 되어온 지주와 자본가의 대립에 종지부를 찍었다. 그 결과 그때까지 95% 자급되어온 소맥이 무려 88%까지 수입에 의존하는 사태로 바뀌었다.

최종적으로 역사는 말사스의 설 그대로 미국, 프랑스, 독일, 일본 등의 공업화에 의해 한때 영원할 것이라고 생각했던 영국의 경제적 우위도 불과 25년 밖에 계속되지 못했다. 영국은 공업제품의 수출 경제력의 현저한 저하 뿐만 아니라 식량의 수입 의존 체질로 말미암아 종합적인 국제 경쟁력도 약화 되었다. 더구나 2차에 걸친 세계대전이 세계적인 식량 위기를 불러 일으켜서 영국은 더욱 곤란하게 되었다. 이러한 쓰라린 체험을 통해 전후의 영국은 오로지 농업재건(農業再建)에 총력을 기울였다. 목표는 식량자급이었으며 1947년에는 농지법을 다시 정립시켜서 경지확보, 품종개량, 유전자 연구 등에 노력을 경주하였다. 그리하여 한 때는 400ha까지 축소되었던 농경지를 1800ha로 확대하고 토지 생산성도 비약적으로 향상시켰다. 경제합리성만에 의한 곡물법을 폐지한 후 실로 백년이 지난 후에야 겨우 영국은 식량자급에의 길로 회복시켰다. 영국의 경험을 충분히 동조하고 있는 E.C.국가들도 2차 대전 중에 영국 못지않은 고통을 겪었기 때문에 전후에 농업을 재건하고 식량만은 어떤 일이 있더라도 자급하려는 노력을 힘써 왔다. 그 예로써 독일, 프랑스, 덴마크, 스위스 그리고, 노르웨이 등을 들 수 있다. 영국의 역사적 실패에 의해 리카아도가 주장한 수입의존 낙관설은 완전히 배제되었다. 그럼에도 불구하고 한국만이 자급을 포기할 수 있다는 논의는 도대체 어디서 나온 것이냐.[11]

선진국들의 식량자급율을 보면 다음과 같다.[12]

미국 185%, 영국 111%, 서독 95%, 이탈리아 121%.

한국의 농업혁명

지리적 환경의 악조건을 극복하고 농업입국 정책으로 튼튼한 국민경제를 이룩한 덴마크, 이스라엘, 영국 등 선진제국에 비교할 수 없을 만큼 좋은 입지조건을 갖춘 우리나라가 해방후 제 1공화국 정부수립이래 제 6공화국에 이르기까지 농지 개혁을 비롯한 수많은 농업정책을 실시했음에도 불구하고 튼튼한 국민경제의 실효를 거두지 못하고 농산물 수입국으로 전락하게 된 근본 원인은 무엇일까? 그리고 이 근본적인 원인을 해결하고 농민도 실의와 좌절에 빠지지 아니하고 행복하고 보람된 삶을 누리게 되며 자급자족 할 수 있는 튼튼한 국민경제 달성의 길은 무엇일까?

유인호 교수는 이 길을 "한국의 농업혁명"이라고 부르며, 이것은 "농업의 협업화"를 의미한다[13]고 하였다.

8.15 해방후의 농지개혁

오랜 세월에 걸쳐 봉건제도와 일본 제국주의의 치하에 있어서 비

인도적인 고율 소작료의 중압에 시달려 온 우리나라 농민들의 숙원이었던 농지개혁법이 「1949년 6월 21일 제헌 국회에서 공포, 1950년 3월 10일에 제정공포 되었다.」 농지개혁으로 분배된 농지면적은 577,320정보이며 이 농지는 소작이나 농지가 적은 농민에게 분배되었다. 그리하여 분배된 농가는 1,646,180호에 달하고 이 분배에 의하여 소작면적의 69%가 자작농지로 되었다. 그리고 분배 농지및 지주에 대한 보상은 해당 농지의 매년 생산고를 15배로 계산하여 이를 매년 3분의 1, 5년 연부로 상환 및 보상하도록 규정하였다.[14]

유인호 교수는 이 농지개혁을 다음과 같이 평가하고 있다.

"토지를 소유하지 못한 소작농을 자작농으로 전환할 수 있었으나 이 농지개혁은 그들의 영세성을 그대로 유지시키는 것이 되었는데 당시의 정치적, 사회적 제 영향과 이북의 토지개혁의 영향, 그리고 미 군정의 비전문가에 의한 경제시책이 초래한 문제들을 극복하지 못한 건국 초기의 혼란속에서 준비한 농지개혁이었으므로 농업에 있어서의 새로운 근대적 경제질서를 구현한다는 목적의식이 결여된 상태에서 실시된 것이었다. 그러므로 이것은 겨우 3정보 상한의 경자유전(耕者有田)에 입각한 영세, 소농 지배적인 자작농을 대량으로 창출할 수 있었음에 불과하였다."[15]

"이러한 농업구조 하에서 영위되는 가족 노작적 농업경영은 그 스스로도 발전할 수 없을 뿐만 아니라 국민경제의 발전을 전체적으로 가로막는 작용까지 하게 된다. 이점이야 말로 우리나라 농업의 기본적 모순이다."[16]

"가족 노작적 경영조직을 개선하는 방향이 기본적 과제로 설정되지 않는 한 농업문제를 궁극적으로 해결할 수 있는 실마리는 찾아질 수 없다."[17]

그러면 오늘의 농업구조 하에서의 농업경영 = 가족경영은 어떠한 모습으로 나타나고 있는가?

먼저 경영규모의 영세성을 들 수 있다. 전국 평균 호당 경지면적은 1960년의 8.69단보에서 70년의 8.56단보로서 10년간 거의 변화 없는 매우 영세한 경영규모를 지속하고 있다. 그리고 1인당 경지 면적도 50년의 1.5단보, 60년의 1.4단보, 70년의 1.5단보로서 이것 역시 거의 변화없는 상태에 머물고 있다. 전국평균에서 볼 수 있는 경영규모의 이러한 영세성은 우리나라 농업구조의 성격을 특징적으로 나타내는 것이라고도 하겠다.

더우기 전체농가 호수의 65%를 차지하는 영세농과 소농의 호당 평균 경지면적은 전국 평균을 훨씬 미달하는 5단정보에 불과하다. 경지면적의 영세성을 토대로 하여 형성되고 있는 우리나라 농업은 생산성에 있어서도 매우 낮은 수준을 계속 유지하고 있다. 즉 토지생산성에 있어서나 노동생산성에 있어서나 그리고 자본생산성에 있어서나 그것의 증대는 기대할 수 없고 오직 기상조건에 좌우되는 풍흉에 의한 생산의 변동을 나타내고 있을 뿐이다. 이것은 지난 10년간의 미곡 단당(段當) 수확량의 변화치에서 알 수있다.[18]

미곡 단보당 수확량(단위 Kg)

연도	단당수확량	연도	단당수확량
1961	304	1966	316
1962	263	1967	289
1963	323	1968	275
1964	328	1969	333
1965	283	1970	325

농업 근대화의 방향으로서의 농업협업화

우리는 앞에서 우리나라 농업발전의 근본적인 모순이 가족노작적 영세농경에 있음을 알았다. 그러면 문제는 어떠한 해결책이 있느냐이다. "역사적으로 보아 영국의 엔클로져(enclosure)와 같이 영세농의 토지를 합법적으로 또는 비합법적으로 탈취하여 거기에 자본주의적 대농경영을 도입하는 식의 희생많은 방식도 있으며 영세농의 몰락을 의식적으로 방치함으로써 그것이 자조적으로 대농경영에 흡수될 것을 기대하는 정책도 생각할 수 있다."[19]

그러나 우리나라 농업구조의 전근대성을 해결하는 정책이 대농이 소농을 흡수하는 식의 기업농 육성이 되게해서는 안될 것이다. 왜냐하면 기업농 육성은 전국민의 복리달성과는 거리가 먼 방향인 것이다. 뿐만 아니라 중농정책을 포기하고 공업화 정책을 쓴 이래 탈농현상이 계속되어 92년말 현재 우리나라에서 농민의 인구가 13.1%로 감소되었는데 이로 인한 도시인구집중 과밀 현상은 퇴폐풍조 등 이루 다 말할 수 없는 각종 사회문제를 심화시켰다.[20] 그러므로 우리나라에서 더 이상 탈농현상이 일어나지 않게 해야 할텐데 그렇게 하려면 영세농도 국가발전에 기여하며 얼마든지 잘 살 수 있게하는 제도적인 뒷받침이 정책적으로 마련되야 하겠다.

그것은 무엇인가?

"다수농가의 집단인 경영군(經營群)적 사고방식이 그것이다."

"농업의 협업화" 바로 이것이다. 농업의 협업화가 우리나라 농업의 기본적 모순을 해결하는 논리로서 제시된다면 그것은 과연 어떤 점에서 장기적으로 정체되어 있는 농업의 사회적 생산력을 높일 수 있을 것인가?

먼저 우리들은 가족경영 하에서의 농업생산과 협업제도 하에서의 농업생산은 다르다는 것을 볼 수 있다.

그 첫째는 가족경영 하에서는 농업생산은 경영활동 전반이 비조직적이며 비과학적이다. 즉, 노동력의 활용에 있어서나 기구의 이용에 있어서나 그리고 경영성과물의 처리에 있어서나 조직적, 계획적이지 못하다.

이와달리 협업제 하에서는 경영활동 전반이 과학적으로 운영하게 된다. 즉, 노동력의 활용, 기구의 이용, 경영성과물의 처리 등에 있어서 조직적, 계획적 조정이 이루어질 뿐 아니라 경영활동 전반이 사전적(事前的)인 설계에 따라 집행되는 것이 협업제 하에서의 농업경영이다. 이와같은 경영활동의 과학화는 농업생산의 고도화의 전제가 되는 것이다. 다시 말하면 경영방식의 고도화는 그에 따른 생산활동의 고도화를 초래하는 토대가 되는 것이다.

둘째로 가족경영에 있어서는 경영과 지배가 개별적 단독적인데 비하여 협업제 하에서는 경영과 지배가 집단적이다. 이것은 협업제 하에서의 생산을 가족경영 하에서의 생산 또는 자본제 하에서의 생산과 구별하는 본질적 요소가 되는 것이다. 왜냐하면 생산을 둘러싼 사람들간의 관계가 전혀 다른 원칙에 의존되기 때문이다.

그러면 협업제도는 어떠한 요인의 작용으로 농업생산의 고도화를 초래하는가.

첫째, 협업제 하에서는 작업과 경영면에 있어서의 활동방식이 종래의 방식과는 다르다. 즉, 종래의 영농방식 하에서는 개별 경영이 토대가 되어 있으나 협업제 하에서는 공동작업과 공동경영이 토대가 되어 있으므로 작업과 경영면에서의 활동방식이 달라진다.

둘째, 노동력과 생산수단의 활용이 협업제 하에서는 통일적, 계획적으로 조정된다. 즉 노동력과 생산수단의 통일적 계획적인 배분과 조정은 노동능률의 증대와 생산수단의 이용율 증대의 토대가 되는 것이다.

셋째, 교육(생산교육과 문화교육)이 협업제 하에서는 집단적으로 나타나게 되며 또한 선진농업기술의 보급속도도 매우 높아진다.

넷째, 재해의 극복이 협업제 하에서는 집단적, 공동적으로 이루어질 수 있으므로 그것의 극복 범위도 매우 넓어진다. 가령 개별적으로는 극복하기 어려운 자연재해도 협업제 하에서는 극복이 가능한 경우가 많다.

농업의 협업화의 예
경북능금협동조합[21]

영세한 사과재배 농가들이 모여서 만든 조합인데 이 조합은 전국에 판매망을 두어 놓았다고 하며 가공공장까지 갖추고 있어서 대만과의 국교단절 때 사과수출의 길이 막혔을 때 이 가공공장이 조합원의 사과를 가공판매, 혹은 가공저장하여 사과재배 농가의 엄청난 피해를 막아 줄 수 있었다고 한다. 조합원은 재배한 사과를 조합에 갖다 맡기기만 하면 조합에서는 일체를 책임지고 그 맡은 사과를 팔아서 준다고 한다. 개별 경영으로서는 도저히 할 수 없는 일을 농업의 협업화로서는 할 수 있는 것이다.

농업의 협업화로서 덴마크는 농민의 천국을 만들었고, 이스라엘은 사막을 젖과 꿀이 흐르는 농장으로 만들 수 있었다. 우리나라 농민도 농업의 협업화로서 영세성을 얼마든지 극복할 수 있고, 이 나라에 국민경제의 기반을 구축할 수 있으리라고 믿는다.

우리나라의 영농조합 법인

90년 3월 제정된 농어촌 발전 특별 조치법에 따라 공동영농조직인 영농조합법인이 세워지게 되었다. 이 법인 설립의 목적을 보면 "영세농가 및 농업 노동력 부족 농가에 편의를 제공하고 농업 생산성 향상을 도모한다."는 것으로 되어있다. 이 법인은 5인 이상의 협동영농조직이다. 조합원의 자격은 일정 규모하의 농지 소유자 또는 일정규모이하의 가축사육자이다. 영농조합 법인은 일정규모 이하의 농지를 소유한 농민 조합원들의 농업경영구조개선을 위한 협동영농체이다.

우리나라의 농업혁명, 즉 농업의 협업화는 이 영농조합법의 육성의 성패여부에 달려 있는 것같다. 필자에게는 우리나라 농촌의 운명이 걸려 있다고 보여지는 이 중요한 영농조합 법인의 자료를 읍, 군청의 실무 담당자에게서는 얻을 수 없었고, 연줄 연줄 알아 보아서 결국 농수산부 농업구조정책과에 가서야 얻을 수 있었다. 읍과 군청의 담당자가 가지고 있는 자료는 위탁영농회사 설립에 관한 자료들 뿐이었다. 그러니까 정부는 영농조합 법인은 홍보하지 않고 있고, 위탁영농회사 설립만 권장하고 있구나 하는 느낌을 필자는 갖게 되었다.

위탁영농회사란 글자 그대로 위탁에 의한 농업경영 및 농작업 대행회사이며, 영농조합 법인은 영농규모가 작은 농민끼리 농지, 가축, 농기계 등 영농자산을 공동출자하여 법인이 농지를 소유하면서 협업적 전문 영농을 하는 새로운 제도이다. 1979년도에 유인호 교수가 한국농업의 혁명이라고 하면서 주장한 농업의 협업화가 1990년 3월 제정된 농어촌 발전 특별조치법에 따른 공동 영농조직인 영농조합 법인인 것이다. 한국 농촌발전의 근본적인 모순과 저해 요인이었던 영세성과 개별화 영농의 해결책이었던 농업의 협업화가 법적 제도적인 뒷받침까지 갖게 되었으니 앞날의 한국 농촌을 위해서 얼마나 다행한 일인가.

그런데 이 놀라운 법을 제정해놓고도 이 법을 끊임없이 홍보하여 실효를 거두지 않고 위탁영농회사 쪽을 택하여 홍보하고 있으니 필자로서는 실로 어처구니 없어 할 수 밖에 없었다. 영농조합법인의 중요성을 비추어서 농림수산부가 발행한 책,「영농조합 법인의 설립과 운영」[22]에 대해서는 중요 부분을 발췌하여 이 논문의 부록으로 첨부해 두었다.

주

1. 권영근, "국민경제와 농업의 역할"「교회와 농민」. (서울: 장로회(통합)농어촌부, 1993년 봄호), pp.30-37.
2. 강병화, "민족의 생존과 농업(쌀농사와 자연환경)",「장로회(통합) 농어촌부 전국 농어촌 교역자 선교대회 교재」p.39. "충주댐 6억톤, 소양댐 5억톤, 대청댐 2억 5천 만톤, 안동댐 1억 1천만 톤, 남강댐 4천 3백 만톤, 섬진강댐 2천 7백만 톤."
3. 유달영, 새역사를 위하여 (서울 : 부민문화사, 1959, 4판), pp. 6-249.
4. 김상진, 이스라엘 (서울 : 문명사, 1972), p.111.
5. 이천영, 이스라엘 (서울 : 성광문화사, 1977), pp.12-17.
6. Ibid. / 7.Ibid. / 8. 김상진, 이스라엘 (서울 : 문명사, 1972), pp. 78-82.
9. Ibid., pp.82-92. / 10. Ibid., pp.93-99.
11. 최병칠, "문명(文明)과 유기농업(有機農業)"「제6회 전국 농촌목회자 교육대회 교재 (1992,10월)」, 한국농촌선교 협의회, pp.29-30.
12. 권영근, op. cit., p.35. / 13. 유인호, op. cit., p.175.
14. 대백과사전 6, (서울 : 학원사, 1959), p.564.
15. 유인호, 농업경제의 실상과 허상 (서울 : 평민사, 1979), p.179.
16. Ibid. / 17. Ibid., p.179. / 18. Ibid., pp.176-181. / 19. Ibid., p.204.
20. 정복조, "農民의 離農現象과 그 對應策 ",「現代農業」(1982, 6월호), pp.13-14.
21. 경북능금 협동조합「본사: 대구시 동구 신천동 329-7, 전화 053-743-2884. 공장: 경북 군위군 의흥면 원산리」
22. 영농조합법인의 설립과 운영 , 농수산부 : 농업구조 정책과

참고문헌

G.W. Anderson. 이스라엘의 역사와 종교. 김찬국 역. 서울: 대한기독교서회, 1988 13판.

Antonius H.J. Gunneweg. 이스라엘 역사. 문희석 역. 서울: 한국신학연구소, 1975.

김상진. 이스라엘. 서울: 문명사, 1972.

김영환. 指導者의 故鄕. 서울: 숭문사, 1968 재판.

유달영. 새 역사를 위하여. 서울: 부민문화사, 1959 제4판.

유인호. 농업경제의 실상과 허상. 서울: 평민사, 1979.

이천영. 이스라엘. 서울: 성광문화사, 1977. 9. 10.

최병칠. "문명과 유기농업".「제6회 전국농촌목회자 교육대회 교재」. 한국농촌선교협의회, 1992년).

강병화. "민족의 생존과 농업".「장로회(통합) 농어촌부 전국농어촌 교역자 선교대회 교재」.

권영근. "국민경제와 농업의 역할".「교회와 농민」. 장로회(통합)농어촌부,1993년 봄호.

성보근. 한국농업의 국제화 - 이론, 현실, 전략. 농민신문사, 1994. 2.3.

오호성 외 2인. 농지제도 - 문제의 본질과 대책. 농민신문사, 1994.

정복조. 농민의 이농현상과 그 대응책 , 현대농업 82년 6월호.

최병칠, 문명과 유기농업, 제 6회 전국농촌목회자 교육대회 교재 , 1992년

황정수. "독점자본주의하 농업위기의 본질".「고대신문」, 1984.5.14.

농촌목회론
농촌목회의 과제와 전략

농촌목회의 과제와 전략

농촌목회의 과제
한국농촌 복음화 전략

농촌목회의 과제

> 농촌목회신학의 확립과 모범농촌
> 교회에 대한 자리매김을 통한 목
> 회전개

　우리는 전 장에서 농촌, 농업, 농민을 지키고 돌봐야 할 이유를 개진하였다. 본 장에서는 농촌, 농업, 농민을 지키고 돌보려면 어떤 일들을 해야 할 것인지 농촌 목회의 과제를 다루고자 한다.

모범 농촌 교회 운동

　특수 품종 사과를 장려하기 위해서는 특수 품종 사과 재배 시범 농장을 세워 운영해야 하고 특수 품종 포도를 장려하기 위해서는 특수 품종 포도 재배 시범농장을 세워 운영해야 하고, 개량 농가 주택을 보급 장려하기 위해서는 개량 농가 주택 시범 마을을 세워 운영해야 되는 것처럼 농촌, 농업, 농민을 끝까지 지키고 돌볼 농촌교회를 육성, 증가, 보급 장려하기 위해서는 모범 농촌 교회 운동을 벌여야 될 줄 안다.

　시범 농장에는 장려 품목이 있듯이 모범 농촌 교회를 보급 장려하려면 모범 농촌교회란 어떤 교회여야 한다고 하는 모범 농촌 교회에 대한 의미 부여 내지는 규정을 해 놓고 이 운동을 벌여야 모범 농촌 교회 운동에 대한 실효를 거둘 수 있을 것이다.

　농촌교회가 그 지역사회 완전 복음화를 목표로 하고 농촌을 끝까지 지키고 돌보기 위해서는 다음 몇 가지 사항이 고려 되어야 될 줄 안다.

　• 그 교회 담임 목회자는 농촌 목회 신학이 확립되어 있는 분으로서 헌신된 분이어야 한다.
　• 제자화 운동을 벌이는 교회여야 한다.

　보통 도시교회는 행정, 교육, 선교, 심방 등 목회 제 분야에 담당 교역자를 기용해서 목회 업무를 분담하여 교회 성장을 도모한다. 농촌교회는 담당 교역자들을 기용할 만한 예산을 가지고 있지 못하다고 하더라도 일 만 명 교회의 목회 업무나 백명 교회의 목회 업무나 같은 것이므로 교회를 성장시키기 위해서는 도시 교회 담당 교역자들의 사역을 제자화된 그 교회의 평신도 지도자들이 맡을 수 있도록 훈련시켜야 한다. 한국 농촌교회는 목사도 장로도 권사도 안수집사도 예수님을 믿고 배우고 따르는 예수님의 제자들이란 깨달음에 눈 떠 있지 못하고 있기 때문에 교인들에게 목회 업무를 분담시키지 못하고 10년이 지나도 20년이 지나도 담임 교역자 혼자서 목회를 하기 때문에 한국 농촌교회는 교회성장을 도모하지 못하고 있다. 교인의 제자화 문제는 평신도 지도자 운동 항목에서 좀더 자세히 다루겠다.

　• 지역사회의 애로사항이나 숙원 사업 해결을 위한 구체적인 프로그램을 가지고 지속적으로 노력하는 교회여야 한다. 지역사회를 섬기는 구체적인 프로그램을 실천하는 교회여야 한다는 것이다.

농민운동

첫째, 농민운동이란 농민들 스스로가 자신의 경제적 사회적 권익을 신장하기 위해서 구체적이고도 조직적인 운동을 전개하는 것을 뜻한다.

우선 농민의 의의와 농민운동의 뜻을 명확히 하여야 하겠다. 농민이라는 말은 사회계층적인 인식을 전제로 한 말이다. 같은 농사일을 하는 사람 가운데 사회계층적으로 "농노"의 수준에 있는 사람들이 있다. 농노란 봉건체제 아래 신분적으로 자유롭지 못한 상태로 농사일을 하는 계층을 이른다. 농민이 되기 위해서는 먼저 신분에 대한 보장이 확립되어야 한다. 이 말은 자유로운 신분이 보장된 가운데 농업에 종사하고 있는 사람들만이 농민이라는 뜻이다. 신분적으로 자유로운 농민들이 자신들의 토지를 가지고 생업으로 농사일을 할 때 근본적인 의미에서의 농민계층을 이룬 것이라고 볼 수 있다. 따라서 "농민운동이란 농민들 스스로가 자신의 경제적 사회적 권익을 신장하기 위하여 구체적이고도 조직적인 운동을 전개하는 것"을 뜻한다.[1]

우리 나라 농민운동은 역사적으로 볼 때 신분해방, 탐관오리들과 일제의 수탈과 탄압에 항거하기 위하여 일어났으며 대표적인 농민운동은 1894년에 일어난 "동학농민혁명"[2]이라고 할 수 있다. 전봉준을 대표로 한 동학 농민군은 다음 사항들을 정부에 요구하였다.[3]

　정부는 동학교도와 협력할 것
　부패관리를 처단할 것
　횡포한 부호를 엄벌할 것
　불량한 유가들과 양반을 처벌할 것
　노비문서를 불사를 것
　천민대우를 개선할 것
　여자의 재혼을 허락할 것

법정이외의 세를 징수치 말 것
　관리는 널리 인재를 등용할 것
　일본인들과 비밀접촉하는 첩자를 엄벌할 것
　일체의 부채를 폐기할 것
　토지를 고르게 나누어 경작하게 할 것 등이다.
　해방 이후 농민운동은 소작쟁의를 벗어나 "경자유전"의 원칙에 따라 토지를 농민에게 돌려 달라는 운동으로 발전하였다. 이 농민운동은 결실을 거두게 되어 1950년 1월 1일 부터 실시하게 된 농지개혁법이다.[4]

　그 후 10년간은 농민운동의 타락기하고 할 수 있다.[5] 여촌야도(與村野都)라는 말에서처럼 농민들은 눈앞에 보이는 작은 이익 때문에 자신들의 정치적, 사회적, 경제적 지위 향상과 권익신장이라는 본래의 목표 달성을 위한 조직적 노력을 스스로 포기한 것이다.

　농민운동을 이러한 타락기에서 벗어나게 해 준 것은 4.19 민주혁명이다. 그리고 농민운동이 새로운 국면으로 접어들게 한 것은 5.16혁명이다. 과거에는 토지만 소유하면 모든 것이 해결 될 것으로 생각하였으나 그후 사회과정에서 얻은 교훈은 토지 소유라는 1차 목표보다 중요한 것이 농민들의 사회적, 경제적 지위와 권익보호 문제라는 것이다.

　앞으로 농민운동의 방향은 다음 3가지로 집약된다.[6]
　첫째, 농민의 경제적 자립을 위한 제도적 장치의 마련
　둘째, 유통구조의 개선
　셋째, 소득증대

　농민운동을 자발적인 국가 부흥운동으로 유도하기 위해서는 그것을 촉진할 수 있는 법적 조치가 이루어져야 한다. 특히 우루과이 라운드 협상타결[7]로 세계가 바야흐로 국경을 활짝 열고 자유무역을 펼쳐 가는 무한 경쟁시대에 돌입한 때에 농촌, 농업, 농민을 지키고 돌보기 위한 법적 조처가 이루어져야 한다. 농민운동의 기본전략은

농민 자조운동을 통한 협동운동이다.[8)]

둘째, 농민운동은 이 시대 이 때의 신앙운동이요, 신학운동이다.

우리는 이미 앞의 한국 농촌 목회 신학의 확립 장에서 농민의 가치를 성경에서 찾은 바 있다. 우리는 이미 앞에서 타산이 맞으면 하고 타산이 안 맞으면 집어 치울 수 있는 이해타산에 따라하는 세상직업하고는 다른 것이 농업임을 밝힌 바 있다. 인간의 식량을 공급하며(창 1:29, 창 2:5), 지구촌을 에덴동산처럼 만들라(창 2:15)는 하나님의 말씀앞에 서 있는 것이 농민이다. 하나님의 말씀이 그리스도인의 삶의 양식이라면 (요3:34) 농민은 존재목적을 하나님의 말씀에서 찾아야 되며 농민의 가치는 하나님의 말씀으로 성별(聖別)되야 한다.

한국 농민은 불신앙으로 말미암아 삶의 목적을 세상사람처럼 세상에서 찾으려고 하기 때문에 물질위주시대, 황금만능시대, 쾌락추구시대에 농촌을 떠나지만 한국 농민이 삶의 목적을 하나님의 말씀 속에서 찾는 그리스도인이 된다면 한국 농촌은 지켜지고 우리 나라는 농촌을 근원지로 해서 에덴동산처럼 살기 좋은 나라가 될 것이다. 우리가 농민운동을 신앙운동이요, 신학운동이라고 부르는 이유가 이 때문이다.

공동체 운동

우리는 전국 신학교 공동체 모임 연합회에서 발행한 기독교 공동체 자료집 서문[9)]의 다음과 같은 언급에서 이 시대 이 때의 공동체운동의 중요성을 확인할 수 있다.

한국은 지금 엄청난 몸살을 앓고 있다. 한 민족이 남과 북으로 나누어져 있는 민족적 비극을 비롯해서 사회적으로는 가진 자와 못 가진 자로 지역적으로는 영, 호남으로, 정치적인 면에서는 해방이후 한 정당도 지금까지 존

속된 적이 없다. 한국교회는 세계 최고의 개신교 분열상을 보이고 있다. 이 모든 문제는 근본적으로 우리 민족에겐 더불어 함께 사는 공동체성이 극도로 결여되어 있기 때문이다…(중략)…1970년대가 대중전도의 해였다면 1980년대는 제자훈련의 해였고, 1990년대는 공동체의 해다. 90년대 지도자는 공동체를 알아야 한다. 이제 한국교회 개혁의 목표는 공동체적인 교회의 회복이다. 공동체성의 내용은 교회 내적으로는 성령의 역사로 영적 정신적인 교제 뿐만 아니라 물질까지도 나눌 수 있는 전인적인 교제를 실천하여 하나가 되는 것이며 외적으로는 이웃의 필요와 고통에 동참하는 것이다.

성경은 둘이 한 몸을 이루라(창 2:24, 엡 5:31-32)고 말씀했고, 희년이 오면 지상의 인위적인 모든 불평등이 철폐되고 원상회복 되게 되어 있었으며(레 25장) 선지자 이사야는 사자들과 어린양이 함께 뛰어 노는 범죄 이전의 세계를 여호와를 아는 지식을 통해서 인간 세계에서도 보았고(사 11:1-9) 이사야의 이 환상이 실현된 것이 바로 사도행전 4장 32절부터 35절까지이다.[10]

인류는 본래 하나이며(눅 3:23-38) 따라서 인간은 언제 어느 곳에서 살던지 운명공동체 의식(롬 5:19)[11]을 가지고 살아야 하며 엡 4장 3절에서 말씀 하신 것처럼 "성령의 하나되게 하신 것을 힘써 지키며" 살아야 한다. 더불어 사는 삶, 인류 운명공동체에 역행하는 삶을 사는 크리스천이 있다면 그는 적그리스도라고 아니할 수가 없다.

한국의 기독교인들은 한국 역사의 책임적 존재로서 강제적 동기보다는 성령의 능력에 의한 스스로 원해서 희년을 선포해야 할 것이다. 이는 선택의 문제가 아니요 당위요 의무이다.[12]

우리 나라는 강원도 태백의 예수원과 목포의 디아코니아 자매회[13], 남양만의 두레마을[14], 의정부 두레마을[15], 서울 종로구 인지동의 사랑방 교회[16], 청량리의 다일 공동체, 경기도 양주군의 풀무원(한 삶회)공동체, 경남 진양의 민들레 공동체 등이 있고, 해외에는 독일의 마리아 자매회[17], 프랑스의 떼제 공동체[18], 영국의 포스트 그린[19], 미국의 베다니[20] 등이 있으며 혹은, 선교를 위해서 혹은, 빈민들을 돕기 위해서 혹은, 결핵환자를 돕기 위해서, 민족적인 죄를 회개하기 위해서 "믿는 무리가 한 마음과 한 뜻이 되어 모든 물건을 서로 통용하고 제 재물을 조금이라도 제 것이라 하는 이가 하나도 없는" 이러한 공동체들이 지금 세계 도처에 자꾸 늘어나고 있는데 여기에 인류사를 위한 하나님의 메시지가 들어 있다고 보며 특히 공산당, 공산사회의 이념 교육에 찌들어 있는 북한 동포를 수용해서 통일조국을 이루어야 하고 땅끝까지 복음 전하는 세계 선교의 기지가 되어야 하는 우리 나라의 경우에는[21] 한국교회가 공동체 운동에 앞서야함을 아무리 강조해도 지나치지 않는다고 생각한다.

농업과 환경보존 운동

1992년 6월 3일부터 12일 동안 브라질의 리우데 자네이루에서 세계 178개국 대표들이 참가한 유엔 환경 개발회의가 개최되었는데 12일에는 117개국 정상회담도 있었고, 14일 폐막식에서는 전문과 27개 원칙으로 구성된 "리우선언"도 채택하였다. 환경문제의 중요성을 웅변적으로 나타내준 것이 이 회의였다고 할 수가 있겠다.[22]

각 일간 신문이 22회째 맞는 6월 5일 세계 환경의 날에 보도한 내용을 보면[23] "지구 오염은 이미 위험선을 넘었으며 산업화 도시화와 대량생산, 대량소비 추세도 지구환경의 균형이 파괴되고 자원 고갈은 심화되고 있다. 이 추세로 갈 경우 2010년이 되면 지구의 기온이 2-5도 상승하고 해수면은 30-100cm 높아져 섬나라와 해안 저지대는 자취를 감추고 가뭄, 냉해, 홍수 등 각종 기상 이변이 심각해지리라는 분석이다.

특히, 농작물 생육한계선이 달라져 식량수급에도 큰 변화가 일게 되고 자연 생태계가 파괴됨은 물론이다. 이같은 기후 변화는 농지의 사막화 현상을 초래한다. 지난 70년대 이래로 매년 6백만 ha의 농지가 사막으로 바뀌는 등 전세계 건조지대의 70%(육지 면적의 25%)에 해당하는 36억 ha가 사막화 징후를 보이고 있다. 이에 반해 세계 인구는 연간 1억 명 이상이 증가, 오는 2025년에는 85억 명에 이르게 되고 특히 개발도상국의 인구비율이 높아져 빈부격차의 심화와 함께 환경파괴는 가속화 되리라는 예측이다. 아울러 매년 60만 여 톤의 유류가 각종 사고로 해양에 유출되는 등 난분해성 화학물질과 방사성 폐기물, 유해 폐기물의 해양 투기로 해양 생태계가 파괴되고 생명의 보고인 바다가 서서히 자정 능력을 잃어가고 있다.

프레온 가스로 인해 지난 10년간 오존층의 오존량은 1-3% 감소했으며 특히 남극의 오존층은 정상상태의 40% 정도에 불과, 북미 대륙만한 구멍을 뚫어 놓고 있다. 오존층의 파괴는 자외선 과다 투과로 인한 피부암 증가와 면역기능의 약화, 식물 엽록체 파괴 및 수산 생물의 생산량 감소를 초래 지구환경 파괴의 상징이 되고 있다.

지구에 산소를 공급하는 산림의 파괴도 심각해 해마다 육지 면적의 0.1%에 해당하는 약 11만 평방km의 산림이 벌채되고 있어 이대로 간다면 1백 70년 후에는 지구상의 열대 우림이 완전히 사라질 것이라는 전망이다. 특히, 산업난방 및 수송활동에 의해 배출되는 아황산가스 및 질소산화물이 원인이 되고 있는 산성비는 북유럽과 북미 대륙을 중심으로 침엽수림을 고사시키고 호수의 산성화를 초래해 이미 심각한 문제를 야기하고 있다. 각종 개발행위와 이에 따른 환경파괴로 지구상에서 영영 자취를 감추고 있는 생물 종류도 매년 2만 5천 - 5만 종에 달해 앞으로 30년 안에 지구상의 생물 중 25%이상이 멸종될 것으로 전망되고 있다.

21세기의 위기는 질병이나 전쟁이 아니라 환경에서 시작된다는 인식이다.

93년 7월 26일자 "지하수까지 오염되었다니..."라는 제목의 국민일보 사설과 "강이 아니라 하수구 썩은 퇴적물 두께 1m"라는 제목의 1994년 1월 14일자 국민일보 현장 취재 기자 수첩의 대구시 비산동 북쪽 금호강의 오염실태 보도는 우리나라 환경오염 실태를 극명하게 나타내 주고 있다.

그런데 환경보존을 위해서 농업이 차지하고 있는 비중은 절대적이라고 할 수가 있다. 예를 하나만 들겠다.

우리 나라의 물저장 능력이 충주댐 6억 톤, 소양댐 5억 톤, 대청댐 2억 5천 만톤, 안동댐 1억 1천 만 톤, 남강댐 4천 3백 만 톤, 섬진강댐 5억 톤, 모두 15억 3천 만 톤인데 우리 나라의 쌀농사를 짓는 12만 정보의 논은 우리 나라 모든 댐 보다 5억 9천 5백 만 톤이 더 많은 21억 2천 5백만의 홍수조절력을 갖고 있다고 한다. 이밖에도 물을 저장하고 있는 논을 통해서 얻는 유익은 공기 습도 조절, 강우의 원천이 되는 구름의 구성성분, 지하수의 공급원 등등으로 그 혜택은 돈으로 환산할 수 없는 정도라고 한다.[24]

우리는 본 논문 "인간은 지구촌을 에덴 동산처럼 만들어야 한다."는 항목에서 이미 인간의 생존을 위하여 농업의 중요성과 지구촌 환경보존과 관리 책임이 인간에게 있음을 밝힌 바가 있다.

환경보존을 위해서는 농업기반이 보존 되야 하고 환경교육을 통해서 국민을 의식화하여 쓰레기오염, 화학물질오염, 수질오염, 대기오염, 오존층의 파괴, 해양오염으로 부터 삼천리 반도 금수강산과 지구촌을 지켜야 한다.

유기농업과 인체의 건강

「生命의 醫, 生命의 農」의 저자이며 30년 이상 내과 전문의로서 인체의 건강을 위하여 유기농업 운동에 평생을 헌신하고 있는 梁瀨義亮 박사는 일본 내의 장수촌 주민들의 생활 연구에 이어 사람을 건강하게 하는 것과 약하게 하는 것이 무엇인가를 규명해 내기 위하여 1만 명의 생활과 건강 상태를 조사하여 그 결과를 15가지 항목을 세워서 발표했는데 그 요점은 인체의 건강에 절대적인 영향을 주는 것은 첫째 인간의 마음 즉 정서적인 것이라든지 인생관이나 세계관에 의한 마음의 동향이며, 둘째 무엇을 먹느냐, 셋째 생활 습관이었다고 밝히고 있으며 병의 근본원인은 생명력(자연 치유력)이 약해졌을 때이며 생명력이 왕성한 사람은 병에 걸리지 않는다고 하였으며 근대 의학의 약점은 병을 치료하지만 동시에 생명력(자연치유력)을 약화 시키기 때문에 약주고 병주는 격이 되고 만다고 지적하고 채식을 즐겨하는 사람들이 육식을 즐겨하는 사람들 보다 건강하였고 장수하였다고 결론지었다. 그러나 그는 화학비료와 농약의 무서움[25]을 안 다음에는 화학비료와 농약을 사용하지 않고 농사짓는 유기 농업운동에 일생을 헌신하게 되었다.

梁瀨義亮 박사는 자신이 치료한 수 많은 환자들을 통해서 화학비료와 농약으로 짓는 농사의 피해가 얼마나 무서운 것인가에 대한 많은 사례를 그의 저서에 일일이 발표했는데 그 중에 하나만 여기 소개한다.

"1960년 여름의 일이었다. 극도로 쇠약해진 한 60세 가량으로 보이는 부인이 나의 병원을 찾아왔다. 카드를 보니 아직 45세이다. 1년 전 부터 위하수, 설사, 전신쇠약이 심해졌으며 병원순회를 계속해 왔다는 것이다. 심한 노이로제로 살아갈 소망도 없다고 하면서 울고 있었다. 진찰한 결과 심한 농약 중독으로 진단했다. 사정을 들어보니 그녀의 집의 동쪽에는 복숭아

밭, 북쪽은 배추, 토마토, 오이밭, 서쪽은 포도밭이다. 농약이 여름 내내 살 포되었기 때문에 그 안개속에 집이 둘러 싸이게 되었다. 사육하고 있는 30마리의 닭은 벌써 오래 전에 전부 죽어 버렸고 집에는 여름 동안에도 모기나 파리도 전혀 없다는 것이다. '모기나 파리가 살 수 없는 환경에서는 인간도 살 수 없습니다. 빨리 그 집에서 도망해 나와야 합니다.' 나는 그렇게 권고했다. 급성충수염, 급성 편도선염, 위궤양 ..... 계속해서 큰 중병이 그녀를 습격했다. 곧 죽겠다 곧 죽겠다 하고 생각하면서도 나는 필사적인 노력을 다하였다. 약한 병자이면서도 어느 정도 건강이 회복되기 까지 2년이 걸렸다. 1978년 현재 그녀는 피로를 쉽게 느끼기는 하지만 튼튼한 몸으로 웃으면서 생활하고 있다. 그리고 남편이 시작한 유기농업(퇴비로 짓는 농사)을 도와 주고 있다. [26]

"건강으로 가는 길"[27]의 저자 김해용 씨는 그의 책 서문에서 다음과 같이 간증하였다.

"토양을 좋게 만드는 것은 퇴비다. 인체에도 퇴비와 같은 영양소만 충분히 공급해 주면 옥토와 같은 건강체가 될 수 있다. 저자가 이 원리를 알았을 때 21년간 앓아 왔던 류머티스성 관절염과 아들까지 앓고 있던 관절염이 낫게 되었다. 산성토양에서 작물이 잘 성장하지 못하듯이 현재 많은 질병, 범죄(우발적), 자살(돌발형)은 거의가 다 산성체질에서 오고 있다."

세간에 널리 알려졌던 영어학원의 강사였고 유명한 안현필 기초 영문법의 저자인 안현필 선생은 사업에 부도를 내고 은둔생활 10년 (60-70세)세월 속에 건강에 관한 수 많은 서적들을 연구하여 저술한 "불멸의 건강진리"[28]에서 다음과 같이 증거하였다.

"나의 건강 치병법은 나쁜 음식, 술, 담배, 약 등으로 몸속에 독이 쌓여서 병이 생겼으니까 우선 그 몸속의 '독'을 일소하는 것이 제일 급선무입니다. 그렇게 해서 몸속이 깨끗해지고 난 다음에 - 몸 속을 더럽히지 않는 '

자연식'을 해야합니다. '자연식'을 하면 살과 피가 맑아 지는데 그 맑은 피도 돌지 않으면 썩어서 병을 만들기 때문에 피를 순환시키는 운동을 해야 합니다."

우리가 가족농 보호육성정책을 지지하고 정부가 지금 입법예고 하고 있는 기업농 육성정책을 반대하는 이유 중에 하나가 기업농은 대량생산을 목표로 화학비료와 농약을 무차별 살포하면서 짓게 되는 농사가 될 것이 뻔하기 때문이다.
그러나 가족농은 대량생산을 목표로 할 수 없기 때문에 소량을 생산하는 대신 삼천리 금수강산을 각종 오염으로부터 지키면서 화학비료와 농약을 사용하지 않고 인체의 생명력(자연 치유력)을 신장시켜 주는 무공해 농산물을 생산할 수 있는 유기농법(퇴비를 써서 농사 지음)으로 농사를 지을 수 있다.

유통구조의 확립

생산지 값과 소비자 값에 심한 격차를 보이고 있는 농산물을 불과 얼마 안되는 차로 유통하게 한다면 농촌에 큰 도움이 될 것은 말할 것도 없다. 때문에 이를 바꿔 말하면 오늘날 우리 농촌이 크게 어렵게 된 것은 농산물 유통구조가 전근대적인데도 한 원인이 있다 할 수 있다.
"사실 오늘날 우리 농촌이 크게 피폐해진 것은 농산물 값이 제 값으로 지지 되지 않고 있는데 가장 큰 원인이 있다 할 수 있다."[29]
조금만 과잉생산 되어도 가격의 폭락을 가져와 농민들에게 큰 타격을 주곤 했다. 거기다가 농산물이 수입개방되면서 경쟁력을 잃고 제 값을 받을 수 없는 우리 농산물이 수없이 많아지고 있는 실정이다. 한마디로 적정선의 생산지도와 가격지지 정책이 크게 미흡한데다가 농산물 수입개방에 대응할 만한 수익성 작물의 개발이 안되어 있는 등 농업의 구조적 개선에 별 진전이 없기 때문이다. 때문에 확고한 농산물 가격 지지정책의 수립과 농업의 구조적 개선은 농촌을 살리는 과제 중의 과제라 할 수 있다. 여기다가 농산물 유통구조 개선도 과제가 아닐 수 없다.

우리는 지난해 여름 한 때 생산지에서는 한 개의 무우 값이 3백-4백원 한 것을 소비자는 2천원이 넘는 값으로 구입한 것이 그 한 예이다. 때문에 일찍부터 농산물 유통구조가 개선되어야 한다고 지적되어 왔다. 사실 생산자를 위해서만이 아니라 소비자를 위해서도 농산물 유통구조는 개선 되어야만 하는 과제가 아닐 수 없다. 유통구조 개선을 위해서 해를 거듭 할수록 경향 각지에서 생산자와 소비자간에 직거래 운동이[30] 늘어나고 있고, 생활 협동 조합운동[31]이 일어나고 있는 것은 바람직한 일이라고 할 수 있다.

평신도 지도자 운동

우리가 평신도 지도자 운동을 펼치게 되는 것은 그리스도의 지상명령을 효과적으로 이루어 드리기 위함이다. 전도가 교역자들에 의해서만 이루어진다면 복음은 땅끝까지 전해질 수 없으며 한 사람이 한 사람씩 전도하는 더하기식 전도방법으로는 우리 세대에 땅끝까지 복음이 전해질 수는 없을 것이다.

그러므로 성경이 가르쳐 주는 방법대론 곱하기식 전도방법을 택해야 할 텐데 이것이 우리가 여기서 말하려고 하는 평신도 지도자 운동이다. 그러나 평신도 지도자 운동은 영혼 구원만을 목적 삼는 전도 운동만도 아니다. 이 운동은 예수님은 교회의 주만 되시는 것이 아니라 세상의 주도 되심을 알고 정치, 경제, 교육과 문화, 우리의 삶 전반이 복음화 되도록 하는 선교운동이기도 하다. 즉, 예수 믿는 사람은 신앙의 공동체를 이루고 이 신앙의 공동체가 뭉쳐진 힘으로 지역사회와 국가를 복음화 해 나가도록 하는 선교운동이 바로 평신도 지도자 운동이다.[32] 이 평신도 지도자 운동은 부서가 생길 때마다 일거리가 생길 때마다 유급 교역자를 기용해서 목회 업무를 위임해서 책임 있게 수행해 나가는 도시교회들 처럼 할 수 없는 농촌교회에서는 유급 교역자 대신에 평신도 지도자들을 육성해서 일을 해 나가도록 해야 하는데 이럴 경우 우리는 특히 이 운동을 평신도 지도자 운동이라고 부른다.[33] 그래서 독바위 교회에서는 교인들에게 목사, 장로, 권사, 안수집사 등 성직의식 보다는 성령의식, 종의 의식, 역사의식, 제자의식을 강조하고 있다. 평신도 지도자 운동의 성서적 근거는 마태 28:19-20절에서 그리스도의 지상명령은 예수 믿는 사람을 제자를 삼으라고 말씀하셨다는 근거에서 부터 시작해서 이 그리스도의 지상명령을 받은 사도행전을 보면 정말 예수 믿는 사람을 제자로 부르고 있다는 점 (행 2:41; 행 6:6; 행 9:1; 행 13:52; 행 21:16)이다.

세계를 복음화 하기 위해서는 사도행전이 일깨워 주고 있는대로 예수님의 열두제자만 제자가 아니라 예수를 구주시요 주님으로 고백하는 모든 그리스도인이 예수님의 제자라는 깨달음을 갖고 평신도들이 세계 복음전선에 참가하여야 한다(딤후 2:2). 그리고 평신도 지도자 운동은 이 땅에 하나님의 공의가 실현될 수 있도록 하는 일도 포함되야 한다.

그렇다. 한국농어촌을 복음화 하기 위해서는 모든 농어촌 교회들에게 평신도 지도자 운동이 정착되어야 할 줄 안다.[34] 본교회는 평신도 지도자 운동을 사랑방 성서학교 운동을 통해서 펼쳐나가고 있다. 나중에 한국복음화 전략을 다룰 때 자세히 언급하게 될 것이다.

주

1. 가나안 복민 연구소, 가나안 복민 운동 1 (서울 : 농민운동사), p.43.
2. 姜普哲,姜萬吉,金眞培, 韓國의 歷史 (서울 : 고려대학교 출판부, 1978 5판), p.174.
3. Loc. cit., p.47. / 4. Ibid., p.54. / 5. Ibid.
6. 복민주의 연구실, 가나안 복민운동 (가나안 농군학교 교재), (가나안 농군학교, 1985), p .192.
7. 경제기획원 공보처, 우루과이라운드 협상 타결 내용과 우리의 자세, (경제기획원 공보처, 1994)
8. Loc. cit., p.193.
9. 전국신학교 공동체 모임 연합회 , 성령의 공동체 (기독교 공동체 자료집), 1992 재판, p.1.
10. 민정웅, 믿음 소망 사랑 살자, (서울 : 순출판사, 1992), p.43.
11. "한 사람이 순종치 아니하므로 많은 사람이 죄인된 것 같이 한 사람이 순종하심으로 많은 사람이 의인이 되리라."
12. 허성구, 성서에 나타난 희년사상 (기독교 대학설립 동역회 출판부, 1986년), p.36.
13. 전국신학교 공동체 모임연구회, op. cit., p. 156.
14. Ibid., p.158./ 15. Ibid., p.160. / 16. Ibid., p.162. / 17. Ibid., p.144.
18. Ibid., p.146. / 19. Ibid., p.150. / 20. Ibid., p.152.
21. 민정웅, 믿음 소망 사랑 살자 , p.17. / 22. 동아일보, 92. 6. 13일자 , 6면
23. 동아일보, 92. 6. 4., 20면
24. 강병화, "민족의 생존과 농업",「 전국 농어촌 교역자 선교대회」, (대한 예수교 장로회 총회 농어촌부), 1992. 6. 15., p.39.
25. 梁瀨義亮 , 생명의 의, 생명의 농 , 최병칠 역, (한국유기농업 보급회 1987 재판)
26. Ibid., p.94. / 27. 金海湧, 건강으로 가는 길,(서울 : 행림출판, 1986).
28. 안현필, 불멸의 건강관리,(서울 : 서필사, 1990), p.6.
29. 경인일보 1991. 1. 14., 사설
30. 농어촌 선교문제 연구소, " 도시-농어촌 교회간의 농산물 직거래 운동에 관하여 ",「교회와 농민」, (예장 농어촌 선교문제 연구소,1993년 봄호)
31. 황주석, "생활협동조합 운동과 교회 기초 공동체",「교회와 농민」(예장 농어촌 선교문제 연구소, 1993년 가을호), pp.16-19.
32. 민정웅, 믿음 소망 사랑 살자 , pp.69-70.
33. 김수진, "평신도 운동이 한국교회 성장에 미친 영향에 대한 연구",「월간목회」, (1987. 1 1월호), p.229.
34. Ibid., p.230.

참고문헌

Paul C. Bragg. 단식의 기적과 물의 신비. 김태수 역.우성문화사,1988,5판.
A.B. Bruce . 열 두 제자 훈련. 김영봉 역. 서울: 생명의 말씀사, 1984
버트게치, 존 불태트너. 함께 나누는 삶. 홍소철 역. 서울: 성요셉 출판사, 1986.
Robert Coleman. 주님의 제자훈련 계획. 김영헌 역. 두란노서원, 1988.
테드 W.엥스트롬. 크리스챤 지도자가 되는 길. 권명달 역. 보이스사, 1990. 중판.
John Fleming , Ken Wright. 새로운 선교와 교회 구조. 김정준, 주재용 역. 서울: 대한 기독교서회, 1977, 3판.
Richard Foster . 영적성장을 위한 제자훈련. 서울: 보이스사, 1988.
존 E.하가이. 지도자가 되라. 서울: 보이스사, 1989.
H. krammer . 평신도 신학. 유동식 역. 대한기독교서회, 81년 7판.
D.V.리즈. 공산주의와 예수가정. 이명환 역. 서울: 정경사, 1975.
죤 맥아더. 교회지도자론. 장의성 역. 서울: 두란노서원, 1986.
J.I.로데일. 유기농법(有機農法). 최병칠 역. 서울: 복음출판사,1982
빌리 행크스, 윌리암 A.셸. 弟子道. 주상지 역. 나침반사, 1983.2판
Juan Carlos Ortiz . 제자입니까?. 서울: 두란노, 1989.
폴 스티븐스.참으로 해방된 평신도. 김성오역. 한국기독학생회 출판부,1994.
론 니콜라스. 소그룹 운동과 교회성장. 신재구 역. 한국기독교 학생회 출판부, 1988.4판.
하워드 스나이더. 그리스도의 공동체. 김영국 역. 서울: 생명의 말씀사, 1987.
安藤孫衛. 食品公害 . 최병칠 역. 서울 : 복음출판사. 1982.
渡邊正. 現代病에의 挑戰. 김기준 역. 영설출판사.
강보철,강만길,김정배. 세계사에 비춘 한국의 역사. 서울: 고려대학교 출판부, 1978 5판.
고달삼. 병원 없는 마을. 서울: 벧엘, 1993.
김광택. "자연 치유력과 건강"."93전국 농어촌 교역자 선교대회」. 대한 예수교 장로회 총회 농어촌부. 93.5.17-19
김정욱. 환경을 지켜야 할 그리스도인. 기독교 대학 설립 동역회 출판부, 1990, 5판.
김준한. 그린라운드와 한국경제. 웅진출판, 1994.
대천덕 외 다수. 성령의 공동체 (기독교 공동체 자료집Ⅱ). 전국 신학교 공동체 모임 연합회, 1992 재판.
박양식. 선교하는 예수 공동체. 서울: 도서출판 예안, 1990.

옥한흠. 평신도를 깨운다. 서울: 두란노서원, 1984, 2판.
이용호. 평신도 이렇게 키운다. 한국문서선교회, 1986.
정평림. "환경오염과 자연보호".「가나안 복민운동2」.가나안 농군학교, 1990.
정호경. 나눔과 섬김의 공동체. 서울: 분도출판사, 1984.
가나안 복민연구소. 가나안 복민운동1,2. 가나안 농군학교 교재.
복민주의 연구실. 가나안 복민운동(성인용 정신교육 교재). 가나안 농군학교, 1985.
고직한 외 다수. "특집, 그분의 제자입니까".「C.C.C편지」1994.6월, pp.6- 19
권영근. "국민경제와 농업의 역할".「교회와 농민」제 3호(1993년 봄호).대한 예수교 장로회 농어촌 선교문제 연구소, pp.33-34.
김병수. "환경문제 얼마나 심각한가?".「월간 기농」,한국기독교농민회,1992.5월호
김수진. "평신도 운동이 한국교회에 미친 영향에 대한 연구".「월간목회」1987,11월호, pp.227-322.
김영락. "환경운동에 대한 성서적 근거".「제 1회 환경보전 운동 실천대회 1994.6.21」,대한 예수교 장로회 여전도회전국 연합회, pp.18-27.
이명선. "영락교회 환경보호사례".「교회와 사회」94년 6월호 (대한 예수교 장로회 총회 사회부,통권10권 46호), pp.17-20.
정농회. 정농회보 제2호 (1981)부터 14호(1992년)까지
지명관. "복음선교와 평신도 육성".「복된 말씀」제 19권 8,9월호, pp.23-27.
최병칠. 환경보전과 유기농업. 한국 유기 농업보급회, 1992.
-----. "문명과 유기농업"「전국 농촌 목회자 교육대회, 92.10.5」.한국농촌 선교협의회.
-----. "세계 유기 농업현황과 우리의 선방".「땅을 가꾸자」. 아시아 농촌선교협회. 1988.10.
-----. "산업사회의 위기와 기독교".「땅을 가꾸자」. 아세아 농촌 선교협회. 1990.1월 10호.
최용원. "군산지역 환경운동과 교회의 역할".「1993년 환경주일 자료집」. 한국기독교교회 협의회 환경위원회, pp.26-30.
경제기획원/공보처. 우루과이 라운드 이렇게 이겨내자. 정부간행물,1994.
安藤孫繡. 食品公害. 최병칠 역. 서울: 복음출판사, 1982.
蔡偉賢. 오늘을 위한 성경적 리더쉽. 권영석 역. 한국기독학생회 출판부, 1990.2판.

한국 농촌 복음화 전략

> 세계선교전략의 교두보이자 특별단위인 농촌의 복음화를 중요시해야 한다.

우리는 이미 앞의 "농촌목회 신학의 확립"편에서 "한국 농촌복음화는 세계 선교의 지름길이다."라는 항목에서 세계 복음화 전략상 한국 농촌 복음화의 중요성에 대해서 언급한 바가 있다. 여기서 한 번 더 강조해 두고자 한다. 세계 인구의 60%이상이 아시아 인구이며 아시아 인구의 대부분이 농민이다.

따라서 우리가 우리나라 농촌을 복음화 할 수 있다면 우리는 아시아를 복음화할 수 있으며 우리가 우리나라 농촌을 복음화 할 수 없으면 우리는 아시아를 복음화 시킬 수 없다. 우리는 이미 앞에서 우리나라의 도시지역 복음화율은 25%로 농촌지역 복음화율 0.6%로 나타나 있는 것을 본 바가 있다. 이렇게 해서는 우리나라가 아시아 선교의 기지 내지는 세계선교의 기지가 될 수 없다. 한국 농촌 복음화의 기반 없이 기독교 한국은 건설되지 않을 것이고 한국 농촌복음화 없이는 아시아는 복음화 되지 않을 것이다.

우리나라의 155 마일 전선이 방위 전략상 하나의 단위가 되어 방어전략이 세워져 있듯이 우리나라 농촌도 선교전략상 하나의 특별단위가 되어 복음화 전략을 세울 필요가 있다.

새생명 훈련원

한국 대학생 선교회 김준곤 목사는 우리나라 복음전선에 새생명 훈련원(New Life Training Center)을 도입하는 과정에서 그 첫 시범교회로 본 교회를 선정하고 88. 3.7- 4.8까지 훈련간사 5명(안강희, 김의겸, 최복규, 문병권, 백현숙)을 파송하여 본 교회 평신도 지도자들을 훈련하여 대단한 성과를 거두고 이후부터 우리나라 모든 교회를 대상으로 이 훈련원을 보급 시키기 시작하여 오늘에 이르고 있다. 새생명 훈련원은 한마디로 말해서 국제 대학생 선교회와 한국 대학생 선교회가 그리스도의 지상명령 성취를 위하여 지나간 30년간 전도하고 양육하고 파송하는 예수님의 제자화 훈련과정 전반을 총 집대성한 것으로서 "목표지역"에 설립해서 그리스도의 지상명령을 성취해 나가도록 하는 훈련원이다.

필사가 담임하고 있는 교회는 이 훈련원을 부설기관으로 운영하고 있으며 양주군이 "목표지역"으로서 지난 88년 6월 20-25일(5박 6일 합숙훈련)에 양주군 복음화를 위한 새생명 훈련원 제 1회 교역자 연수회를 가진 바 있다. 본 교회는 이 훈련원 초급 과정은 교인은 누구나 의무적으로 훈련받게 하고 있으며 중급 과정은 초급 과정을 마친 분들 중에서 원하는 분들이, 고급과정(지도자 과정)은 또 중급과정을 마친 분들 중에서 자원하는 분들이 훈련 받게 하고 있다.

군 단위 복음화 전략

현재 우리나라는 군이 136, 읍이 178, 면이 1,257개이다. 지금은 읍이 많아져서 그렇지만 70년대에는 면의 수가 1,356개 였다. 필자는 그 때 한국농촌을 복음화 하기 위한 기도를 드릴 때 '전도요원 1,356명을 저에게 보내주소서' 하고 기도한 적이 있다. 한국농촌복음화 전략을 면 단위로 세웠기 때문이다. 그러나 지금은 '전도요원 136명을 보내주소서' 하고 기도한다. 새생명 훈련원의 교육을 받은 다음에는 면 단위 전도전략을 군 단위 전도 전략으로 바꾸었기 때문이다.

군 단위에 1명의 선교사 파송

"기독교 21세기 운동 농어촌 선교위원회"[1]에서는 한국농촌복음화를 위해서 군 단위에 초교파적으로 일할 1명의 선교사를 파송할 계획을 세워 놓고 있다. 해외로 복음을 들고 나가는 분들은 선교사라고 부르고 재정 뒷받침도 상당히 해 주는데 비해서 한국 농촌으로 복음 들고 나가는 분들에게는 일반적으로 선교사라고 부르지도 않고 재정 뒷받침도 빈약하기가 짝이 없고 무성의함을 느낀다. 앞으로 국내 농촌 복음화 사역자들도 선교사라는 차원에서 이해하고 뒷받침해 주어야 할 줄 안다.

지역단위 농촌 선교 대회

영남지역, 호남지역, 중부지역, 강원지역 등 지역단위로 1년에 적어도 1회 이상 농촌선교대회를 개최할 필요가 있다. 황금만능주의, 세속주의, 쾌락추구주의, 도시와 공업화 지향주의 시대에 국민사이에서 농촌, 농업, 농민의 중요성을 일깨우기 위해서도 농촌복음화 운동을 위해서도 그렇다.

본 교회는 "한국농촌선교협의회[2]의 협력을 얻어 1년에 한번씩은 농촌선교 대회를 개최해서 본 교회 개척정신과 목회정신을 면면히 이어 나가게 하고 있다.

한시선교회 방법

한시선교회는 조병호 목사가 예수 그리스도를 주라 고백하고 그 사랑을 전하고자 하는 열심있는 젊은 직장인, 대학생, 신학생 등 30-40명을 모아 해외선교에는 열심들을 내는 반면 국내에서도 점점 소외 당하고 있는 한국 농촌의 무교회 지역에 도시와 농촌의 거리를 가깝게 만들고 이 나라를 세계선교의 기지로 만들기 위해서 한시(限時)적 사역이라는 개념을 사역의 한 형태로 끌어들인 젊은이들의 선교단체다.

한시선교회는 여름 휴가철에 한주간을 뽑아내서 한시적으로 선교하는 프로그램을 주축으로 하며 그 후속 사역으로 편지사역, 봄방학에 사역지역의 어린이를 3박4일 초청하기 등이 있어 사역을 일주일간의 현지사역으로 끝내는 것이 아니라 양육에도 힘쓰고 있다. 경비는 참가자 회원들의 자비량을 원칙으로 하고있다. 한 주간의 사역방법, 사역 내용은 다음과 같다.

사역방법 : 200명의 사역자들이 한 진당 10명씩 구성되어 4개진이 1개팀을 이룬다. 1개팀이 4개부락으로 구성된 1개권역을 섬기고, 1개진이 1개부락을 섬긴다.

사역내용 : 일곱가지 정도의 주요사역형태를 바탕삼아 예수가 구원이심을 모든 분들에게 일대일로 전함을 원칙으로 한다.
- 월 – 장신대 미스바광장에 집합하여 출발, 사역지 도착 후 마을 어르신들께 인사 및 마을 청소
- 화 –경로잔치: 위로부터 접촉시도, 여는사역으로 동네 어르신들의 마음문을 열게 하는데 의미를 둔다.

수 – 오전: 각 마을 노천 성경학교 시작, 어린이들을 적극적인 전도대상자로 하여 일대일 성서학습
　　오후: 축호전도후 인근 교회에서 수요찬양집회, 사역인 접지역교회와 연계하여 지역분들을 예배당으로 인도하여 성전문턱을 처음 넘어보게 하는데 그 의미를 둔다.
목 – 일대일 축호전도에 주안점을 둠, 2인1조 방식을 원칙으로 복음의 핵심요약 (개인별)
　　전달방식 – 문화적 요인 및 주변환경 사전인식
　　목요캠프집회 – 중고생을 대상으로 한 찬양과 말씀집회
금 – 사역마무리로서의 마을 축제, 마을의 모든 분들을 모셔서 예수이름으로 대접하고 섬기는데 의미를 둔다.(닫는 사역) 한시 클로스는 비밀.
토 – 마을분들이 미안한 마음을 느끼시지 않도록 아침 일찍 정리하여 출발.

사역 일정

	월	화	수	목	금	토
출발			노천성경학교			정리 출발
		경로잔치				
인사 및 청소			축호전도			
			찬양예배	캠프집회	마을축제 한시클로스	

　　결국 한시선교회 방법은 한국 복음전선에서 증거되는 복음에 권위와 능력을 더해주게 될 것이며 민족을 하나되게 하는데 기여할 것이다.[3]

독바위교회의 사랑방 성서학교 운동

역사와 이념

이 운동에 대해서는 앞의 "농촌목회의 과제"편의 평신도 지도자 운동에서 이미 언급한 바 있으나 여기서는 한국농촌 복음화 전략 차원에서 언급하고자 한다.

이 운동은 1973년도에 한국대학생 선교회 김준곤 목사가 한국농촌을 대상으로 해서 일으킨 민족복음화 선교전략의 일환이다. 예배당이 있고, 교역자에 의해서만 전도해야 된다면 민족복음화를 언제나 하겠는가. 성전 건축비가 없고, 교역자 봉급비가 없어도 하루 속히 민족은 복음화 되어야 할텐데라는 염원을 배경으로 해서 일으킨 운동이다. 김준곤 목사는 이 운동을 다음과 같이 소개하였다.

"사랑방은 희랍의 아카데미보다, 서구의 살롱보다, 로마의 포럼보다, 중국의 서당보다, 현대의 학교보다 더 다정하고 토속적인 우리나라의 생활장소였다. 사랑방은 마을마다 존재하는 것으로서 그 안에 우리 민족사가 들어있다. 한국농촌 복음화를 위해서 예수 이름으로 이 사랑방을 사용하자는 것이 사랑방성서학교 운동이다."

김준곤 목사는 사랑방 성서학교를 "교회 이전의 교회, 교회 이후의 교회"라고 정의하였다.

필자는 본교회 구역운영을 엑스폴로 '74기간(1974.8.13~16)을 기점으로 해서 사랑방 성서학교 운영으로 개편하였다. 필자에게 있어서 사랑방 성서학교 운동은 평신도 지도자 개발운동이요, 탈교회적 선교운동이요, 입체적 선교운동이요, 공동체 운동이며, 말씀이 육신이 되게 하는 운동이다.

사랑방 성서학교 운동의 비전

• 기독교 한국을 건설하자

• 이 나라가 세계선교의 기지가 되게 하자

사랑방 성서학교 운동의 전략
- 지도자의 선발, 육성, 파송.
- 시범부락과 시범면의 선정 육성.
- 마을 하나를 지도자 하나가 끝까지 책임지고 복음화해 나가도록 하라.
- 마을 원주민 가운데서 지도자를 찾아라.
- 접촉점을 찾아라.
  (예) 지역사회의 숙원사업을 해결해주는 일 등
- 신앙공동체가 기독교 마을이 되게 하라.
  예수 믿는 사람 두 사람 이상 (마 18 : 19-20)이 신앙의 공동체다. 활동 대상이 기독교 마을이다. 이것을 그림으로 그려보면 아래와 같다.

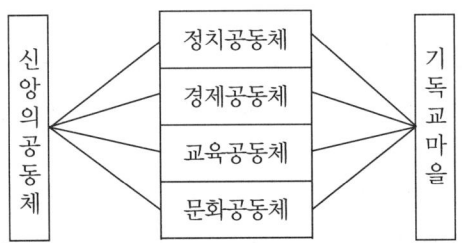

지도자론
1. 중생한 사람이어야 한다.
2. 사랑방 성서학교 지도라로서 기독교 한국 건설에 소명이 있는 자.
3. 영적으로, 도덕적으로, 지적으로, 사회적으로 성장하는 사람.
4. 이 시대, 이 때에 농업을 천직으로 하는 사람.
5. 나는 교회 따로 마을 따로 분리시킬 수 없음을 자각하고 교회

가 곧 그리스도의 몸이고 마을이 곧 그리스도의 몸이 되도록 활동한다.
6. 나는 지속적이고 생동적인 전도자이며 육성하는 교사이며 기독화 전쟁의 최전방 소대장이다.
7. 나는 누구도 지배하고 누구도 섬기는 자유인이고, 그런 의미에서 한국이 기대하는 새로운 종합적 지도자이다.
8. 나는 지금도 예수 그리스도께서 하나님으로 내 안에 살아계시고, 나를 통하여 일하고 계시고 하나님과 나는 영원의 삶임을 믿는다.
9. 나는 내가 사랑으로 구원 받았듯이 임무수행 방법은 사랑임을 자각한다.
10. 나는 보조지도자를 임무수행일로부터 찾고 확보하고 동행하고 육성할 책임을 진다.

한국의 농어촌이 복음화되고 기독교 한국 건설이 완성되려면 자연부락 단위 완전복음화의 주체세력은 담임목사가 아니라 육성된 평신도 지도자가 되어야 하며 이 지도자가 자기 일생을 개인화하지 말고 자기 마을이 완전 복음화될 때까지 한 알의 썩는 밀알이 되어 자비량 선교사처럼 사기 생활을 스스로 해결해 나가며 전도, 양육, 파송하는 예수님의 제자가 될 때 가능할 것이다.

독바위교회의 운영실태

조직과 운영면에 대해서는 독바위교회를 소개하는 장에서 자세히 언급했으니 참고해 주기 바란다. 커리큘럼면에서 보면 주 1회 모이는데 1부는 주로 성경공부, 2부는 생활교육인데 성경공부는 대학생선교회에서 발간한 교재와 필자가 편집해서 만든 교재를 사용하고 생활교육은 필요한 과목을 지도자가 공부해서 가르치거나 강사를 초청하기도 한다. 지도자 교육은 4박5일 과정으로 1년에 한번씩 받는 과정 외에 정규적으로 매주 삼일기도회 후에 지도자 교실이라 해서 필자가 직접 교육시킨다. 연합 사랑방 성서학교가 있는데 교구 연합 사랑방 성서학교는 교구 안에 있는 여러 개의 사랑방 성서학교가 매월 마지막 주간 금요일에 교회의 지정된 장소에서 각각 모이며 이 모임은 교구장의 책임 아래 있다. 전체 연합 사랑방 성서학교는 금요일이 다섯번 있는 달의 마지막 금요일에 모든 사랑방 성서학교가 모두 교회 본예배당에서 모이며 이 모임은 담임목사가 주관한다. 이 전체 연합 사랑방 성서학교는 각 자연부락간의 벽과 벽을 헐게 되고, 그리스도 안에서 교제를 나누게 하여 하나되는 경험을 하게 해준다.

한국 농어촌 복음화 없이 기독교 한국 건설이 되지 않는 것이라 하면 사랑방 성서학교식 전도운동은 한국 기독교인으로서 누가 하든지 반드시 해야 하며, 누가 성취하든지 반드시 성취해야 한다고 확신한다.

주

1. 세계 복음화를 꿈꾸는 분들이 21세기를 바라보며 총체 총력으로 하는 세계 복음화 운동, 혁명적 종말론적인 비상전도 운동, 기도운동, 민족복음화 운동, 교회 부흥을 위한 모이는 운동을 벌리면서 이름하여 기독교 21세기 운동(A.D.2000 and Beyond Movement)이라고 하였고, 현재 200여 나라가 참여하는 민족단위와 16개의 국제 분과 조직으로 1000여의 지구촌 중요도시에 기도망이 확장되어 있다. 이와 유사한 운동은 현재 지구상에서 이 운동이 유일하며 특히 한국교회가 그 중심적 위치에 있다. 대표 대회장: 정진경, 준비위원장: 김준곤, 농어촌 선교위원회 위원장: 민정웅.
2. 한국농촌선교협의회는 1989년 9월에 전남 함평군에서 사역하던 윤석용 목사, 선명회 이일하 목사, 서울농대 정지웅, 최민호 교수, 독바위 교회 민정웅 목사 등이 발기인이 되어 여의도 선명회 본부에서 한국농촌복음화와 복지농촌 건설을 목적으로 설립된 초교파적 복음주의 선교단체이다. 1대 회장(1989-1991)은 서울농대 한인규 교수, 2대 회장(1991-1993)은 서울농대 최민호 교수, 3대 회장(1993-현재)은 가나안 농군학교 임영철 교장이다. 기관지 "농촌선교"를 9집(1993년 가을호)까지 발행했으며 6회까지 농촌선교대회를 개최한 바 있다. 전국에 농촌을 사랑하는 200여 명의 회원이 있다.
3. 조병호, "사역방식의 한 형태로서의 한시선교" 「六,七월의 한시」, 땅에쓰신글씨, pp.36-44.

농촌목회론
농촌교회 모델로서의 독바위교회

농촌교회 모델로서의 독바위교회

독바위교회의 과거
독바위교회의 현재
독바위교회의 미래

독바위교회의 과거

> 하나님의 꿈과 창립멤버의 꿈이 만난 역사의 현장이 독바위교회라고 할 수 있다.

　독바위교회는 경기도 양주군 회천읍 옥정리 808번지, 전형적인 한국 농촌 리소재지에 위치한 교회이다. 86년 10월 1일에 읍으로 승격하였다. 독바위교회란 이름이 생기게 된 것은 마을에 큼직한 산 하나가 있는데 그 모습이 꼭 장독을 엎어 놓은 모습이고, 이 산 전체가 순전히 돌로 되어 있어서 이 산의 이름이 독바위다. 그래서 이 마을은 독바위골로 이름이 나 있고, 교회 이름은 독바위교회라고 부르게 되었다. 작년 어느날 MBC 방송에 의해서 독바위산이 클로즈 업되었는데 이때 우리 나라 전체의 배꼽에 위치하는 산이 독바위산이라 방송되었다. 이 때 필자는 독바위교회를 민족의 중심, 세계의 중심으로 이해하고 목회해 온 것은 결코 우연이 아니었구나 하는 생각을 했었다.

　독바위교회는 1968년 11월 24일 창립예배를 드렸는데 필자가 여기에 독바위교회를 개척하게 된 것은 신학교 2학년 때 이 마을 출신 윤동노라는 청년과 가나안 농군학교 제 44기 동기생이 된 것이 인연이 되어 자기 마을에 교회를 세워달라는 간청을 받아 당시 필자가 봉사하던 서울 한양교회 남녀 전도회의 도움을 얻어 신학교 졸업과 동시에 여기에 전도사로 파송받아 독바위교회를 세우게 되었다. 개척 멤버 윤동노 형제는 가나안 농군학교 44기 동기생 89명 중에서 필자가 이미 결신시킨 17명의 그리스도인 중에 한 명이었고 독바위 마을에는 덕정 감리교회의 속이 설치돼 있어서 속회원 3가정이 그 교회 담임 김덕화 목사님의 적극적인 지원 아래 개척 멤버가 되어 주어서 독바위교회 개척은 순조롭게 이루어졌다.

독바위교회 창립과정에 나타난 특징은 네가지라고 볼 수 있다.

첫째, 원주민에 의해서 세워진 교회라는 점이다. 이것은 외부에서 누가 억지로 들어와서 억지로 복음을 전했고, 억지로 교회를 세운 하향식 교회가 아니라 원주민 중에 벌써 복음을 받아 들인 사람이 있었고, 이런 사람들에 의해서 복음이 전해지기 시작했고 또 이 분들과 함께 원주민이 교회를 세워주기를 원해서 세워진 상향식 교회라는 점은 매우 중요하다고 생각한다. 한국 교회사도 외국 선교사에 의해서 시작된 것이 아니라 외국에 나가서 복음을 받아 들여온 한국 사람에 의해서 시작되었다는 점은 한국 교회의 체질을 이해하는데 대단히 중요하다고 생각된다.

둘째는 세계 선교 열정에 불타는 복음주의자의 정신에 의해서 세워진 교회라는 점이다. 초대 담임 전도사가 한국 대학생 선교회에서 복음을 받아 민족복음화와 세계복음화의 불타는 비전과 함께 양육된 전도자였으며 또한 감리교회 목사가 장로교회의 창립에 적극적으로 참가하였던 것이다.

셋째, 농촌, 농업, 농민에 대한 비전을 가지고 세워진 교회라는 점이다. 도시로 전향하지 아니하고 농촌을 지키면서 한국 농촌이 개화되고 발전하려면 마을에 교회가 세워져야 한다는 한 농촌 청년의 꿈의 실현이 독바위교회 창립으로 나타난 것이다. 그러니까 하나님의 꿈과 창립멤버의 꿈이 만난 역사의 현장이 독바위교회라고 할 수가 있다.

넷째는 약속을 지킨 개척 전도사의 신실성이다. 성경은 약속의 책이다. 하나님의 약속대로 오신 분이 예수님이시다. 약속을 지키시는 것은 하나님의 품성이시다. 약속을 지키는 사람을 하나님께서는 축복하신다.

독바위교회 25년사는 개척이전시대(1967.2.6 - 68.11.24), 개척시대(1968.11.24- 75.3.30), 자립시대(1975.3.30 - 78.8.5), 환란시대(1978.8.5 - 82.1.3), 성장시대(1982.1.3 - 88.11.27), 선교시대(1988.11.27 - 현재)로서 요약해 볼 수 있겠다.

개척이전시대(1967.2.6 - 68.11.24)에 대해서는 앞에서 이미 언급하였다. 개척시대(1968.11.24 - 75.3.30)란 창립예배를 드린 1968년 11월 24일부터 모교회인 한양교회로부터 자립기념 감사예배를 드린 1975년 3월 30일까지를 말하는데, 아브라함 농장설립, 독바위 복지회 설립, 독바위 탁아소 설립, 독바위 야전진료소 설치, 녹바위 신용협농조합 설립, 녹바위 중등성경구락부 설립 등을 개척시대에 하였으며 독바위 교회는 명실공히 "지역사회 개발자로서의 교회"[1]였다. 독바위 교회 개척시대를 보낸 필자는 이후부터 모든 개척교회 개척자들에게 다음과 같은 증거를 할 수 있었다. 즉 "농촌지역 사회 주민의 심성에 복음의 씨앗이 떨어져서 싹이 나게 하려면 지역사회를 개발하는 봉사사업을 통해서 길가 밭 갈고, 돌 밭 갈고, 가시떨기 밭 같은 그들의 마음 밭을 갈아 엎어야 한다"는 것이었다.

자립시대(1975.3.30 - 78.8.5)는 모교회로부터 자립하던 날부터 본 교단 전국평신도 연합회가 제정한 제 1회 모범농촌교회상을 수상하던 날까지를 말하는데 이 시대를 특징짓는 것은 평신도 지도자 운동인 사랑방 성서학교를 시작한 것이라고 할 수가 있다. "정치, 경제, 교육과 문화 예수의 이름으로 하자. 신앙의 공동체가 기독교 마을 되게 하자"고 외치며 목회 하던 때가 이 때였으며 평신도 지도자들이 무보수 교역자처럼 자비량 선교사처럼 목회에 참여할 수 있도록 길을 닦기 시작한 시기였다.

환란시대(1978.8.5 - 82.1.3)란 교회가 자립을 하고 모범 농촌교회상을 수상한 때로부터 공동의회에서 새성전을 짓자는 동의가 만장일치로 통과되던 날까지의 기간인데, 교회가 자립 후 양육된 지도자들과 함께 새로운 차원으로 발돋움하여 성장하여 가는가 싶더니 79년 80년 사이에 겪게 된 무서운 축산파동은 필자가 농촌 목회자로서의 모든 꿈을 지니고 있었던 아브라함 농장을 청산해 버릴 수 밖에 없었고 지역사회 개발의 센터 역할을 하던 아브라함 농장의 청산은 지역사회 개발의 센터가 마을로 옮겨지게 되는 등, 이 때에 무서운 환난과 시험을 당하게 되었다. 개척멤버들이 마을 복음화를 위한 공동체 육성에 헌신하는 길을 버리고 개인사업으로 전향하게 되던 시기도 이 때였으며 마을 대동회에서 창립된 국제 민간기구 소속인 독바위 신용협동조합이 정부 소속인 마을금고로 변신하게 된 것도 이 시기였다. 독바위교회 역사상 이 시기는 분명히 환난시대이며 시험당하던 시기였다.

성장시대(1982.1.3 - 88.1.27)를 대변하는 것은 25평짜리 개척시대의 성전이 273평의 웅장한 새성전 건축이라고 생각한다. 훈련원으로 설계된 농촌에서는 보기 드문 성전이다. 이 성전은 환난시대를 이겨낸 교회가 지은 꿈과 믿음과 헌신과 인내와 기도의 결정체이다. 필자 자신도 환난시대에 독바위교회를 떠날 것인지 다시 재도전해서 계속 목회할 것인지 하는 갈등을 겪었으나 다시 재 도전해서 10년만에 청.장년 100명이 넘어선 교우와 함께 이룩해낸 것이 이 성전이다.

성장시대가 낳은 것은 **선교시대**(1988.11.27 - 현재)이다. 땅끝까지 복음을 증거하기 위해서 세워진 것이 교회가 아닌가! 개척시대, 자립시대, 환난시대, 성장시대를 거쳐 창립 21주년을 맞이한 교회가 이 해를 독바위교회 선교시대 원년으로 잡고 국내, 해외를 향하여 선교시대를 열어 가는 것은 당연하다고 생각한다. 1989년 창립 21주년을 맞이하는 해를 선교하는 공동체 첫째해(원년)로 잡을 때 금년 1995년은 선교하는 공동체 일곱째 해가 된다.

독바위교회 역사를 돌이켜 볼 때마다 항상 마음에 걸리는 것은 환난시대의 후유증이 독바위교회에 아직도 가시지 않고 남아 있다고 하는 점이다. 지역사회 개발자로서의 교회가 지역사회 주민과의 사이에 괴리가 생기고 하나가 되기 보다는 사이가 점점 벌어지기 시작한 것은 협동조합운동을 하던 개척멤버들이 지역 주민이 그 열매를 따 먹을 수 있을 때까지 믿음과 기도로 헌신하는 대신에 생명을 바쳐도 아깝지 않는 그 길을 버리고 개인사업을 확장하는 일에 몰두하게 된데서 비롯되었다고 판단되기 때문이다. 만약 환난시대에 개척멤버들이 개인 사업확장에의 길을 택하지 아니하고 마을의 한 복판에서 마을 복음화를 위한 공동체 육성에 계속적으로 헌신할 수 있다면 기독교 마을 건설의 비젼은 오늘날 상당한 진척을 가져오게 되었을 것이라고 확신한다. 만약 개척멤버들이 시험에 들지 아니하고 그 나라와 그 의를 구하는 일을 계속 추구했더라면 농촌과 나라와 민족에게 이바지할 수 있는 선견지명 있는 위대한 기업도 일으킬 수 있었으리라고 확신한다.

교회와 지역 주민과의 사이가 멀어지게 하는데 일조(一助)한 또 하나의 사건은 마을금고라고 판단된다. 지금의 마을금고 대신에 창립당시의 신용협동조합 그대로 육성했더라면 지금까지도 독바위교회는 명실공히 지역사회 개발자로서의 교회로서 지역사회를 선도하고 지역사회 복음화 운동에 혁혁한 성과를 올리고 있을 것임에 틀림없겠기 때문이다. 독바위교회 담임목사가 마을의 회의에 참석하지 않게 된 것은 목사와 의논도 없이 신용협동조합이 마을금고로 바꿔진 이후부터 라고 생각된다.

주

1. 「복된말씀」 1977년 11월호.

독바위교회의 현재

> 모범교회 농촌교회상을 확립하기 위해 개척시대보다도 더욱 지역사회 봉사 프로그램을 발전시켜 나가고 있다.

교세 : 남.녀 선교회원으로 구성된 장년부가 200명, 청년부가 50명, 고등부가 50명, 중등부가 50명, 아동부가 70명, 유치부가 30명, 모두 450명이다.
교역자 : 담임목사와 전임 전도사, 그리고 교육전도사 1명이다.
항존직 : 장로 3명, 명예권사 1명, 시무권사 4명, 안수집사 3명이다.
교사 : 장년부 2명, 청년부 2명, 고등부 4명, 중등부 4명, 아동부 13명, 유치부 6명이다.
예산 : 1억원이다.

지역사회 봉사 프로그램
독바위 유치원

본 교회의 독바위 유치원은 본래 농번기때 주민을 돕기 위해서 1975년 5월 25일 농번기 탁아소를 시작한 것이 1976년 5월 25일에는 어린이집으로 개편하게 되었고, 양주군수의 배려를 받게 되어 1980년 3월 5일부터는 내무부 소속 유아원으로 개편되었고, 1993년 11월 9일에는 문교부 소속 유치원으로 정식인가를 받아 오늘에 이르렀다. 유아원으로부터 오늘에 이르기까지 제 13회 졸업식 (1994. 2. 18)까지 302명의 졸업생을 배출하였다.

전국에 우후죽순처럼 늘어난 사설학원 교육의 맹점은 비전문가에 의해서 인격과 사회성 발달(전인교육)은 등한히 하고 취학 전의 글 모르는 어린 아이들에게 억압과 간섭으로 글 가르쳐 주는 지식위주의 교육이라는 점이다. 글은 국민학교 들어간 다음에 배우게 되어 있는 것이다. 어린 아이들에게 중요한 것은 억압과 간섭에서 해방해줘서 교육적인 환경에서 상대편을 인정해 주고 사이좋게 지내면서 잘 뛰어 놀고, 건강하고 씩씩하게 자라도록 도와 주는 것이다. 미래의 인물은 그 잠재역량이 유치원 때 싹이 틔어지는 것이다. 독바위 교회 유치원은 이와 같은 철학을 지닌 필자의 아내가 네 자녀를 양육한 교육의 장의 확장된 장이라고 볼 수 있다.

장학사업

본 교회의 장학위원회는 교회학교 각 부에서 추천 들어온 각각 2명씩의 대상자 외에 지역사회에 있는 국민학교와 중학교에 매년 장학생을 각각 2명씩 선발하여 지급하고 있다.

독바위교회 신용협동조합

이것은 개척시대에 마을에 세운 신용협동조합이 마을금고로 변신하게 되자 분열과 투쟁대신에 미래를 기약하고 1979년에 교회내에 신용협동조합을 새롭게 만들어서 운영해 오고 있다. 그래서 이것은 지역사회봉사 프로그램이라기 보다는 교인을 신앙의 공동체로 육성하는 교인의 상부상조기관이라고 볼 수 있다. 지역사회 프로그램은 마을이 완전 복음화될 때까지 교회가 지속적으로 개발하고 감당해 나가야 될 것이다.

보는 바와 같이 개척시대에 비해서 발전시켰다기 보다는 오히려 엄청나게 후퇴되어있는 것을 볼 수 있다. 그러나 본 교회가 모범교회 농촌교회상을 확립하기 위해서는 개척시대보다도 더욱 지역사회 봉사 프로그램을 발전시켜 나가야 할 것이다. 증가일로에 있는 노인층을 위한 노인 복지로서 상설 경노대학, 호스피스 봉사 등 노인 복지 사업들, 신체 부자유자, 정신장애자의 발생으로 시달리며 신음하고 있는 가정들을 고통과 아픔에서 해방시켜 주기 위한 복지시설을 마련하는데 앞장서야 되겠다. 지역사회 자녀 양육을 위해서 도시의 도서관이나 학원보다 쾌적한 환경의 도서관이나 공부방 운영에도 교회가 본을 보여야 하겠다. 기타 지역사회 주민들의 애로사항을 해결해 주는데 교회가 헌신적인 노력을 하여야 하겠다.

선교

신교직인 차원에서 지역사회에 있는 미사립 교회 하나와 사회봉사기관 하나를 돕고 있고, 일본, 홍콩, 요르단, 태국, 네팔과 방글라데시 선교를 돕고 있다. 인도에도 미력이나마 도움의 손길이 가 닿기를 바라고 있다. 바라기로는 전체 예산의 40%까지 국내와 해외 선교에 쓰여지게 되기를 희망하고 있다. 창립 25주년 기념사업으로 우선순위는 역시 독바위교회 개척정신을 살려서 농촌에 개척교회를 세우고자 준비하고 있다.

사랑방 성서학교

사랑방 성서학교에 대해서는 앞에서 평신도 지도자 운동을 말할 때와 한국농촌 복음화 전략을 말할 때 이미 언급한 바가 있다. 여기서는 독바위교회의 현재 목회상황을 설명하는 차원에서 언급하고자 한다. 사랑방 성서학교는 표면상으로는 다른 교회의 구역조직과 다를바 없는 구역조직이고 장년부 교육기관이다.

현재 본교회 사랑방 성서학교는 3대교구에 16개 사랑방 성서학교가 있다. 독바위교회 교구를 원으로 그린다면 제 1교구는 교회 소재지역 자연부락 우산동을 말하며, 예루살렘 교구라하여 원의 중앙지역이고, 제 2교구는 제 1교구 반경 다음 반경으로서 유대 교구라고 부르고 다섯 개의 자연부락에 4개의 사랑방 성서학교가 있고, 제 3교구는 교회의 외곽지역으로서 사마리아 교구라고 부르고 자연부락 2개에 읍소재지와 동두천, 의정부, 서울 등 외곽지역에 3개의 사랑방 성서학교가 있고, 특수 사랑방 성서학교로서 할머니들이 모여서 생활하는 나오미 사랑방 성서학교가 있다.

본 교회 교구 편성은 땅끝까지 복음을 전하자는 선교열을 고취하기 위하여 교구 이름을 예루살렘, 유대,사마리아라 하였다.

주일은 독바위교회 비전을 위해서 즉, 목회목표와 방향을 위해서, 국가와 민족을 위해서 기도하는 날이고,

월요일은 각자 개인기도를 하는 날이고,

화요일은 예루살렘 교구를 위해서,

수요일은 유대 교구를 위해서,

목요일은 사마리아 교구를 위해서,

금요일은 복음이 땅끝까지 전해지라고 국내와 해외 선교를 위해서 기도하는 날이고,

토요일은 주일을 준비하면서 맡은 일에 충성하라고 각급 직책과 직분을 위해서 기도하는 날이다.

독바위 교회의 비전은 세계선교의 기지를 만드는 일이다. 필자가 말하는 세계선교의 기지란 평신도 지도자인 교구장을 중심으로 자

립, 자조, 협동하고 전도, 양육, 파송하는 목회의 현장을 만드는 일이다. 앞에서 평신도 지도자 운동을 말할 때도 언급했지만 한국의 농어촌이 복음화 되고 기독교 한국 건설이 완성되려면 자연 부락단위 완전 복음화의 주체 세력은 담임 목사가 아니라 육성된 평신도 지도자가 되어야 하며, 이 지도자가 자기 일생을 개인화하지 말고 자기 마을이 완전 복음화될 때까지 한 알의 썩은 밀알이 되어 자비량 선교사처럼 자기 생활을 스스로 해결해 나가며 전도, 양육, 파송하는 예수님의 제자가 될 때 가능한 것이다.

독바위교회의 미래

> 독바위교회의 비전은 평신도 지도자가 주체세력이 되어 세계선교의 기지를 만드는 일이다.

개척 멤버들이 앞서 말한 본 교회 역사상 환난시대에 시험들었던 일 즉, 자기사업에 몰두하느라고 희생시켰던 주님의 일과 마을 복음화의 비전, 그리고 개척정신을 되찾고, 담임목사가 평신도 지도자 운동을 벌인 이래 줄기차게 기도해온 일 즉, 예루살렘교구, 유대교구, 사마리아교구 3대 교구장이 자기를 발견하게 하시되, 세계선교의 기지를 닦는 요원으로 발견하게 하시고 이를 위해서 일생을 바치며, 미국의 백화점왕 와나 메이커처럼 즉 주님의 일이 나의 주업이고 나의 사업은 부업이 되게 하며 전도, 양육, 파송하는 일에 헌신하게 되며, 지역 주민의 억울한 일을 풀어주고, 애로사항을 해결해 주며, 상처를 치유해 주고 약한 면을 보안해 주며, 소유를 위한 삶이 아니라 "이를 행하라 그러면 살리라"(눅10:28) 주께서 말씀하신 존재를 위한 삶을 살게 되어 이들의 활동이 목회전반에 걸쳐서 꽃을 피우고 열매를 거두게 될 것이다.

각 나라 지도자들과 전도자들이 우리가 이룩한 세계 선교의 기지의 현장에 찾아와서 예수님의 제자되는 길을 배워가지고 가서 자기 나라 복음화의 중심인물들이 될 것이다.

독바위교회의 비전을 근본적으로 뒷받침할 수 있는 선교하는 예수공동체가 생기게 될 것이다. 예를 들면 독바위 유기농산물 시범농장, 독바위 도.농 이웃하기 운동 주말농장, 독바위 무공해 농산물 가공공장, 모든 가축들을 방목하는 독바위 자연농원, 의지할 곳 없는 나그네와 각 나라 여행객들이 쉬어 갈 수 있는 독바위 주막 등.

사회종합 복지관이 건립될 것이다. 이 복지관은 어린 아이부터 어른에 이르기까지 신체장애자, 정신장애자, 의지할데 없는 분들 등 각계 각층의 불우한 이들이 인격적인 봉사를 받는 곳이며 누구든지 생의 존재목적과 보람을 찾도록 해주는 시설이 될 것이다. 日本 東京都 品川邑 八潮 5-1-1 (전화 0313790-4729)에 가면 최신의 각종 복지시설을 갖추어 놓은 이와 같은 복지관을 볼 수 있다.

평신도 지도자가 무급 교역자처럼 자비량 선교사처럼 생활을 스스로 하면서 목회 업무를 분담하여 하게 될 것이다. 예를 들면 낮예배 설교, 성례전, 결혼식, 장례식, 특별 심방은 담임목사가 하지만, 저녁예배 수요기도회 설교, 전도, 교구심방, 사랑방 심방, 성전관리, 기타 행정 등 도시교회에서는 유급교역자가 맡아 하는 일을 본교회에서는 육성된 평신도 지도자가 맡아 하게 될 것이다.

독바위교회 설교는 본문 관찰과 해석, 적용의 작업을 거친 것이 될 것이며 설교예화는 주로 설교자가 하는 사업체나 자기 직장생활에서 인용하게 될 것이다. 교인들이 자기 사업체와 자기 직장을 자랑하게 될 때 그 사회는 사람살기 좋은 사회가 될 것이다.

독바위교회 훈련원

독바위교회는 농어촌 복음화 운동의 요람이 될 것이며, 선교하는 공동체로서의 독바위교회의 이야기를 본 훈련원에서 훈련받는 이들을 통해서 국내와 세계전역에 보급될 것이다.

■ 맺으면서

결론 필자는 본 논문에서 목회사역 일반의 신학적 기초를 견고하게 세웠다. 농촌교회도 도시교회와 마찬가지로 교회임에는 마찬가지이기 때문이다. 그리고 농촌목회신학을 확립하였다. 농촌목회신학의 부재가 농촌교회를 공허하고 황량하게 만들었기 때문이다. 그리고 한국 농촌의 현실이 얼마나 어려운 처지에 있는가에 대해서도 자세히 증거하였고, 농업기반이 무너져 버리면 경제적인 타격이 오게 됨은 물론 민족의 장래가 위기에 처하게 될 것도 선진제국의 사례를 들어서 증명하였다. 그리고 농촌, 농업, 농민을 말씀으로 성별할 수 있는 농촌교회는 한국농촌을 지키는 마지막 보루이자 한국농촌의 희망이 되는 것도 증거 하였다.

따라서 농촌교회 목회자들은 시대성에 따라서 동요하지 말고 평생목회에 헌신할 것을 권고하면서 나머지 문제는 무엇을 하여야 농촌, 농업, 농민을 지킬 수 있고 돌볼 수 있는가 그리고 어떻게 하여야 교인들을 하나님의 백성으로 바르게 인도할 수 있는가에 대해서도 언급하였다. 그리고 부족하지만 필자는 담임하고 있는 독바위교회의 과거, 현재, 미래에 대해서 언급하면서 이상적인 농촌교회상을 제시하였다.

제언 하나님의 말씀은 나의 삶의 목적, 나의 삶의 목적은 하나님의 말씀이다. 수입이 많으면 좋은 직업, 수입이 적으면 나쁜 직업. 이것은 가치관이 타락한 것이며 전도(顚倒)된 것이다. 더불어 살기 좋은 세상을 만드는데 유익이 되는 직업이면 수입이 적더라도 좋은 직업이며 더불어 살기 좋은 세상을 만드는데 해로운 직업이면 수입이 많더라도 나쁜 직업이다.

우리 나라에서 농민이 농업 기피증에 빠지지 아니하고 기쁘고 감사한 마음으로 농업에 종사하게 될 때 우리나라는 바른 국가, 하나님이 축복하시는 나라, 선교한국이 될 것이다.

이제 우리 나라도 도시집중 시대에서 지방화 시대가 오고 있다. 살기 좋은 이상국가를 만드는 길은 인구가 전국 방방곡곡에 골고루 분산해서 살 수 있어야 할 것이며 그렇게 되려면 농촌이 잘 살아야 한다.

1994년 7월 30일자 한국 기독공보기사에 보면 우리 나라 전체 교회의 수는 총 3만7천1백52개로 이 가운데 질반에 가까운 49.1% 교회가 서울, 경기지역에 집중되어 있는 것을 알 수 있었다. 인구가 몰려드는 곳에 교회수가 급증하게 된 것은 당연하다 하겠다. 그러나 전국 방방곡곡 심산유곡 산간벽지에 산재되어 있는 모든 농촌, 어촌교회들의 교역자들은 자기의 목회지에 믿음으로 의미를 부여하며 지키고 돌봐주기를 권고하고 싶다.

오직 의인은 세상 따라 사는 사람이 아니요, 믿음으로 사는 사람이라고 했다(합 2:4; 롬 1:17). 한국 농촌으로 하나님의 부르심을 받은 이들이여, 시온의 영광이 빛나는 그 아침을 바라보며, 우리의 목회지를 지키고 돌보자. 믿음, 소망, 사랑살자.

부 록

아브라함 농장 경영계획서 전문(前文)
영농조합법인 관계법령 발췌
동남아시아 선교여행 보고
민정웅 목사 집회일지

아브라함 농장 경영계획서 전문

> 아브라함 농장의 사람들은 자기 뜻을 포기하고 하나님의 뜻에 순종하는 것을 배우게 할 것이다.

　먼저 밝혀둘 것은 아브라함 농장 설치 및 경영계획을 구상하게 된 것은 독바위교회의 창립 1주년 기념으로부터 비롯되었다는 점입니다. 농촌교회 교역자로서의 나의 일년간의 경험은 사고방식과 행동, 결단양식과 생활 전반이 성경상의 정신에 입각하여 삶을 영위할 수 있도록 생활 환경을 새롭게 개선시켜 나갈 구체적인 어떤 방안이 강구되지 않는 한 전도 목적이 기형화 내지 수포화할 우려가 있음을 발견하였습니다. 복음을 받아들인 사람에게나 복음을 받아들인 지역에서 인격 전반에 걸쳐서와 생활전반에 걸쳐서 복음의 복음됨이 나타나지 못하고 있는 것은 농촌교회 뿐만 아니라 도시교회와 오늘날 교회 일반이 가지고 있는 과제 중의 과제가 아닌가 하고 나는 묻는 바입니다. 아브라함 농장의 설치목적은 이러한 오늘날의 교회 일반의 과제를 해결해 보려는 노력의 구체적인 표현입니다. 아브라함 농장의 경영목적은 아브라함 농장으로 하여금 독바위교회를 섬기려 함에 있습니다. 아브라함 농장으로 하여금 독바위교회를 섬기게 하려는 것이라 함은 교회는 신앙이요, 아브라함 농장은 생활이니 신앙과 생활의 일치화에 하나님의 축복이 같이 한다는 사실을 증명해 보이려는 것입니다. 농장 이름을 아브라함이라 한 것은 아브람이란 사람이 하나님께서 새로이 지어 주신 이름인 아브라함이 된데 기인합니다. 아브라함은 믿음의 조상입니다. 성경은 아브람이 아브라함이 된 것에 대한 면모를 다음과 같이 소개하고 있습니다. 「그러므로 후사가 되는 이것이 은혜에 속하기 위하여 믿음으로 되나니 이는 그 약속을 모든 후손에게 뿐 아니라 아브라함의 믿음에 속한 자에게니 아브라함은 하나님 앞에서 우리 모든 사람의 조상이라. 기록된 바 내가 너를 많은 민족의 조상으로 세웠다 하심과 같으니 그의 믿은 바 하나님은 죽은 자를 살리시며 없는 것을 있는 것같이 부르시는 이시니라. 아브라함이 바랄 수 없는 중에 바라고 믿었으니 이는 네 후손이 이 같으리라 하신 말씀대로 많은 민족의 조상이 되게 하려 하심을 인함이라. 그가 백세나 되어 자기 몸의 죽은 것 같음과 사라의 태의 죽은 것 같음을 알고도 믿음이 약하여지지 아니하고 믿음이 없이 하나님의 약속을 의심치 않고 믿음에 견고하여져서 하나님께 영광을 돌리며 약속하신 그것을 또한 능히 이루실 줄을 확신하였으니 그러므로 이것을 저에게 의로 여기셨느니라. 저에게 의로 여기셨다 기록된 것은 아브라함만 위한 것이 아니요 의로 여기심을 받을 우리도 위함이니 곧, 예수 우리 주를 죽은 자 가운데서 살리신 이를 믿는 자니라. 예수는 우리 범죄함을 위하여 내어 줌이 되고 또한 우리를 의롭다 하심을 위하여 살아나셨느니라(로마서 4:16-25)」함과 같습니다.

아브라함은 그의 독생자 이삭을 하나님께로부터 바치라는 명령을 받았을 때 그는 자기의 하나밖에 없는 독생자를 하나님께 바쳐서는 안되겠다는 것이 그의 뜻이었지만 그러나 그는 자기의 뜻을 포기하고 하나님의 뜻을 따르기로 결정하였을 때, 아브라함은 독생자를 살릴 수 있었을 뿐 아니라 하나님께로부터 성경사상 최대의 축복을 받았던 것입니다. 이 세상 안에 하나님께서는 독생자 예수 그리스도를 보내셔서 그 몸을 버려 십자가상에 달려죽게 하심으로 인류의 죄를 대속하시고 예수 그리스도를 통하여 죄인에게 구원의 길을 터 놓으셨습니다. 예수 그리스도는 이 세상 안에 계시는 동안 무엇을 보여 주셨던가? 그것은 자기 뜻을 포기하고 하나님의 뜻에 순종하는 것이었습니다. 예수 그리스도의 생애는 부활과 영생으로 나타났습니다.

아브라함 농장의 사람들로 하여금 자기 뜻을 포기하고 하나님의 뜻에의 순종을 배우게 할 것입니다. 아브라함 농장의 사람들은 아브라함 농장을 통해서 자행자지하는 자기 뜻을 포기하고 하나님의 뜻에 순종하지 않으면 안 될 것입니다. 요컨대 아브라함 농장은 크리스챤을 탄생시키는 것이 목적입니다. 하나님의 뜻에 불순종하는 원죄(原罪)인 자기 뜻을 예수 그리스도를 믿음으로 사함 받고 이로부터 하나님의 뜻을 찾아 살아가는 새사람이 크리스챤입니다. 요컨대 아브라함 농장은 이 새사람들로 하여금 새역사를 창조케 하려는 것입니다. 크리스챤은 새사람입니다. 과거는 그리스도와 더불어 십자가에 죽고 부활하신 그리스도와 더불어 살아서 새생명을 살아가는 것입니다. 각인의 과거는 새생명이 열 열매의 밑거름이 될 것입니다. 새로운 생각과 새로운 계획과 새로운 삶을 구상하고 형성시키어 영위해 나가는 삶입니다. 내가 주가 아니라 생활 전반에 걸쳐서 하나님이 주가 되게 하는 삶입니다. 천국생활입니다. 마음과 생활 전역에 걸쳐서 하나님의 통치를 받아들이는 삶이 천국시민의 삶입니다. 요컨대 아브라함 농장의 존재 영농의미는 말씀이 육신이 되게 함에 있습니다. 생각으로나 생활으로나 아브라함 농장 사람들이 하나님께서 주님이 되게 하시는 모든 삶의 내용으로 말미암아 누리게 되는 행복을 장차는 이 지역의 가가호호가 다 누리게 하려는 것입니다. 다시 말해서 이 지역의 가가호호가 다 아브라함 농장이 되고 회천면 전체가 아브라함 농장이 되고 한국 전체가 아브라함 농장이 되게 하려함에 있습니다. 한국 백성의 생각과 계획과 생활 전체가 하나님을 섬기게 되는 꿈의 구체적인 실천방안을 아브라함 농장이라는 이름으로 함축시켜 놓은 것입니다. 언제나 아브라함 농장은 사람의 제일 되는 목적이 하나님을 영화롭게 하고 하나님을 영원토록 즐거워 하는 것이라는 성경정신을 증명하고 말할 것입니다.

1970년 2월 15일
대한예수교 장로회 독바위교회 강도사 민정웅

영농조합법인 관계법령 발췌

農漁村發展特別措置法

第 6條 (營農組合法人의 육성) ①農民은 農業經營의 合理化로 農業生産性의 향상과 農家所得의 增大를 도모하기 위하여 營農組合法人을 설립할 수 있다.
②營農組合法人은 法人으로 하며, 農地를 所有할 수 있다.
③營農組合法人은 그 名稱중에 營農組合法人이란, 名稱을 사용하여야 하며, 營農組合法人이 아닌 者는 營農組合法人이라는 名稱을 사용하지 못한다.
④營農組合法人의 組合員이 될 수 있는 자는 당해 市·郡에서 3년이상 營農에 종사하고 있는 小規模 經營農民으로서 大統領令이 정하는 바에 의하여 定款이 정하는 者로 한다.
⑤營農組合法人을 設立하고자 할 때에는 5인이상의 農民이 共同으로 定款을 작성하고, 기타 設立에 필요한 행위를 하여야 한다.
⑥營農組合法人은 創立總會의 의결을 거친후 그 主된 事務所의 所在地에서 設立登記를 함으로써 成立한다.
⑦營農組合法人의 設立·出資·事業·定款記載事項·解散 등에 관하여 필요한 사항은 大統領令으로 정한다.
⑧營農組合法人은 農業協同組合法 第22條의 2의 規定에 의한 農業協同組合의 準組合員으로 加入할 수 있다.

영농조합법인이란?

가. 협업영농을 통하여 영농의 능률화와 소득증대를 기할 수 있는 새로운 제도

○ 농어촌발전특별조치법과 동법 시행령의 제정으로 희망하는 농민은 자유롭게 영농조합법인을 설립할 수 있게 됨
○ 영농조합법인은 영농규모가 작은 농민끼리 농지, 가축, 농기계 등 영농자산을 공동출자하여 법인이 농지를 소유하면서 협업적 전문영농을 하는 새로운 제도임
○ 이러한 제도를 통하여 영농조합법인의 조합원은 농작업을 협력하고 서로 분담할 수 있으며, 경영규모도 커져 영농기계화가 쉽게 이루어짐은 물론 전문적인 영농으로 절감된 인력은 농외취업으로 소득을 높일 수 있음

나. 자격을 가진 농민 5인 이상이 정관을 작성하여 관할등기소에 설립등기함으로써 설립

○ 영농조합법인의 조합원 자격은
① 당해시군에서 3년 이상 영농에 종사하고
② 조합법인 사무소 소재지나 인접한 시군에 거주하면서
③ 1ha(3,025평) 미만의 농지를 소유하거나 축산의 경우 소 30두, 젖소 20두, 돼지 200두, 닭 1만수 등 일정규모 이하의 가축을 사육하고 있는 농민으로 1가구 1인에 한함
○ 조합원 자격을 가진 농민 5인 이상이 공동으로 정관을 작성(정관의 작성은 농림수산부에서 고시한 영농조합법인 정관례를 기준으로 참고하면 간편함)
○ 정관작성후 창립총회의 의결을 거쳐 소재지를 관할하는 등기소에 등기함으로써 설립

다. 전문적인 영농은 물론 공동이용시설의 설치·운영, 농작업의 대행, 농기계 및 시설의 대여 등 다양한 사업 영위

○ 영농조합법인은 논농사, 과수, 원예, 시설농업, 축산 등의 영농활동은 물론 가공·판매 등의 부대사업과
○ 농산물보관창고, 건조장 등 지역농민이 공동으로 이용할 수 있는 시설의 설치·

운영 및 농작업의 대행 등 농가소득 증대를 위하여 정관으로 정하는 다양한 사업을 영위할 수 있음

라. 농지, 농기계 등 현물과 현금으로 출자

○ 영농조합법인의 조합원은 농지, 농기계, 가축, 현금 등으로 출자할 수 있으나
○ 농지를 출자한 조합원에 한하여 현금을 출자할 수 있도록 하여 실제 영농에 종사하고 있는 농민만이 영농조합법인을 설립할 수 있도록 하고
○ 영농조합법인의 적정한 운영을 위하여 조합원 1인의 출자액이 영농조합법인 총출자액의 1/3을 초과할 수 없도록 하였음

마. 일반법인과 달리 농업경영에 있어 여러가지 지원 실시

※ 영농조합법인의 조합원들이 개별농민으로 영농할 때와 마찬가지로 각종 세제상 혜택 부여

〈영농조합법인에 대한 세제상 지원〉
○ 법인세감면 : 농지에서 농작물을 재배함으로써 얻는 농지소득전액과 농지소득이외의 소득중 일정금액 (소득세법 농가부업소득 면제금액 500만원 ×조합원 수)
○ 부가가치세 면제 : 농작업대행용역은 면제, 영농조합법인이 구입하는 농약, 비료, 농기계등 농자재에 대하여는 영세율 적용
○ 지방세감면 : 조합법인이 고유의 사업에 사용하기 위하여 취득하는 재산에 대하여 취득세, 등록세, 재산세 면제
 −농지세를 조합법인에 부과할 경우 면적이 커 누진과세되는 불이익 방지를 위해 조합원 별로 부과
 −조합법인이 소유하고 있는 농지에 대하여는 종합토지세를 분리과세하며 최저세율인 0.1% 적용

〈조합원에 대한 세제상 지원〉
○ 양도소득세 면제 : 조합법인에 농지를 출자할 때 발생하는 양도소득에 대하여 양도소득세 면제
○ 소득세 감면 : 조합법인으로부터 받는 배당소득 중 농지소득에서 발생한 배당소득 전액과 농지 이외의 소득에서 발생한 배당소득 중 일정금액을 면제하고 그외

배당소득은 5% 분리과세
○ 상속세 면제 : 출자지분중 농지 9천평, 초지 4만 5천평, 산림지 9만평까지는 과세가액에서 공제(일반농민과 동일)
※ 영농조합법인은 법인격을 가진 농민이므로 일반농민과 같이 영농자금, 농지구입자금, 농기계 구입자금등의 금융지원을 실시하며 개별사업의 지원성격에 따라 지원 규모를 일반농민보다 확대
- 영농자금 : 농가당 영농자금 지원한도금액에 조합원수를 곱한 금액을 일시에 지원
- 농지구입자금 : 일반농가 지원규모의 2배까지 지원
- 농기계구입자금 : 기계화 영농단으로 선정 지원
※ 시군, 농촌지도소, 농(축)협, 농어촌진흥공사 등 관계기관에서 영농조합법인의 설립 및 경영, 농업기술, 사업활동을 지원
- 농(축산)업협동조합에 준조합원으로 가입할 수 있음

영농조합법인 설립절차 일람표

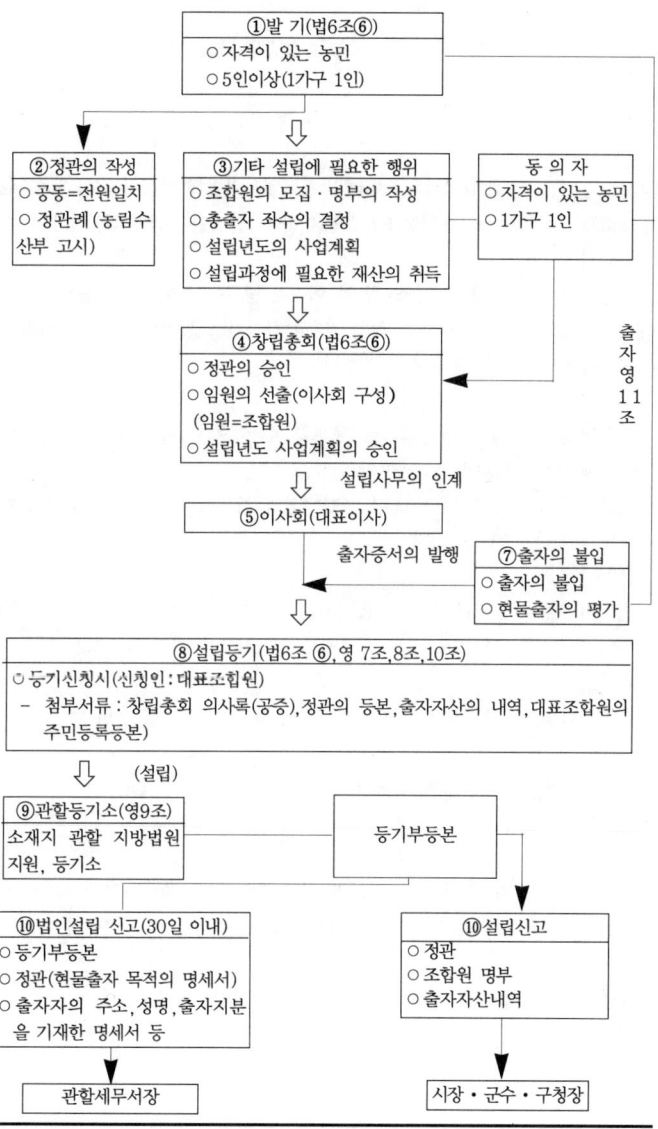

영농조합법인정관례〈전문〉

○○ 영농조합법인 정관

제 1장 총 칙

제 1조 (명칭) 본 조합법인은 농어촌발전특별조치법에 의하여 설립된 영농조합법인으로서 그 명칭은 ○○영농조합법인(이하 "조합법인"이라 한다) 이라 한다.
[비고]
명칭 중에는 반드시 『영농조합법인』이라는 명칭을 사용하여야 한다.
제 2조 (목적) 본 조합법인은 농업경영의 합리화로 농업생산성의 향상과 조합원의 소득증대를 도모함을 목적으로 한다.
[비고]
조합법인의 목적을 구체적으로 표현할 수 있으나, 농어촌발전특별조치법 제6조 제 1항의 규정에 부합되어야 한다.
제 3조 (사무소의 소재지) ① 본 조합법인의 사무소는 ○○(시·군)○○○(구·읍·면)○○(동·리) 에 둔다.
[비고]
별도의 (분) 사무소를 두는 조합법인은 『본조합법인의 사무소는』을 『본조합법인의 주된 (주) 사무소는 』으로 고치고 제 1항으로 하며 제 2항을 다음과 같이 한다.
②본조합법인의 분사무소는 ○○(시·군) ○○○(구·읍 ·면)○○(동· 리)에 둔다.
제 4조 (구역) 본 조합법인의 구역은 ○○(시·군)○○○(읍·면) 및 ○○(읍·면) 지역으로 한다.
[비고]
조합법인의 사업구역을 읍·면단위 이하 (리·동)로 축소하거나 시·군으로 확대할 수 있으나, 사무소소재지와 동일 또는 연접한 시 ·군이내의 지역으로 하여야 한다.
제 5조 (사업) 본 조합법인은 그 설립목적을 달성하기 위하여 다음 각호의 사업을 행한다.
 1. 농수산업의 경영
 2. 집단재배 및 공동작업에 관한 사업

3. 농업에 관련된 공동이용시설의 설치 및 운영
4. 농기계 및 시설의 대여사업
5. 농작업의 대행
6. 농산물의 가공 및 판매
[비고]
1. 제1호 『농수산업의 경영』은 반드시 규정하여야 하며 제2호 내지 제6호의 사업은 조합법인이 행하고자 하는 것 만을 열거한다.
2. 각호의 사업영역은 다음과 같다.
   1. 농수산업의 경영 : 조합법인이 직접 행하는 농업・임업 ・축산업 ・수산업과 관련된 생산활동 전체를 포함함.
   2. 집단재배 및 공동작업에 관한 사업 : 조합법인의 농수산업 경영에 부수하여 조합원 또는 조합원 이외의 자의 농작업을 협력하고 수수료를 받는 경제활동을 말함.
   3. 농업에 관련된 공동이용시설의 설치 및 운영 : 조합법인이 공동경영을 위하여 농사・창고・축사・퇴비사 등 공동이용시설을 설치하여 운영하고, 부수적으로 조합원 이외의 자에게 이용하게 하여 사용료를 받는 경제활동을 말함.
   4. 농기계 및 시설의 대여사업 : 조합법인이 농기계・농기구 ・건조시설 등을 보유하여 이용하면서 부수적으로 조합원 이외의 자에게 대여・사용하게 하고 사용료 및 임대료를 받는 경제활동을 말함.
   5. 농작업의 대행 : 조합법인이 조합원 이외의 자로부터 수탁에 의한 농작업의 전부 또는 일부를 대행하고 수수료를 받는 경제활동을 말함.
   6. 농산물의 가공 및 판매 : 조합법인이 농수산업의 경영을 통하여 생산한 농산물을 직접 판매하거나 가공하여 판매하는 경제활동을 말함.
3. 제2호 내지 제6호에 열거한 사업이외의 사업도 제2조의 목적과 부합되는 것은 적절히 열거할 수 있다.
   예) 7. 관광농업

제6조(협동조합에의 가입) 본 조합법인은 ○○농업협동조합에 준조합원으로 가입한다.
[비고]
1. 가입하는 농업협동조합은 조합법인이 가입할 수 있는 농업협동조합(조합원의 주소지를 구역으로 하는 농업협동조합)중에서 조합법인의 사업실시와 관련하여 적당하다고 인정되는 조합을 선택하여 정한다.

2. 양축농민들로 구성된 조합법인으로서 축산업을 주업으로 하는 경우에는 다음과 같이 하여 축산업협동조합에 가입한다.
『본조합법인은 ○○축산업협동조합에 준조합원으로 가입한다.』
제 7조(공고방법) ① 본 조합법인의 공고는 본 조합법인의 사무소 게시판에 게시하고 필요하다고 인정할 때에 일간신문에 게재할 수 있다.
② 제 1항의 공고기간은 7일이상으로 한다.
제 8조(규정의 제정) 이 정관에서 정한 것 이외에 업무의 집행, 회계, 직원의 채용 기타 필요한 사항은 별도의 규정으로 정할 수 있다.

제 2 장 조합원

제 9조(조합원의 자격) 본 조합법인의 조합원이 될 수 있는 자는 다음 각호의 요건을 모두 갖춘 자로 한다. 다만, 1가구당 1인에 한한다.
1. 조합법인가입신청 당시 3년 이상 영농에 종사하고 있는자
2. 제4조의 규정에 의한 조합법인의 구역내에 주소를 가진 자
3. 1만제곱미터(3,025평) 미만의 농지를 소유하거나 ○○가축을 ○○두 이하 사육하는 자
4. 만 ○○세 이상의 성년으로서 본 조합법인의 설립취지에 찬동하는 자
5. 출자할 수 있는 농지, 현금, 농기계, 가축 기타의 현물을 소유한 자
[비고]
1. 제 1호, 제 2호, 제 3호는 이 정관례와 동일하게 규정하여야 한다.
2. 제 3호의 경우 축산을 사업으로 행하고자 하는 조합법인은
『○○가축을 ○○두 이하』에 대한 축종과 사육규모를 다음 표이 규모이내에서 규정하여야 한다.

＊조합법인의 조합원이 될 수 있는 가축사유규모
(농어촌발전특별조치법시행령 별표)

가 축	규 모	비 고
소 · 말	30두	마리수의 계산은 성축을 기준으로 한다. 다만, 육성우의 경우에는 2두를 1두로 본다.
젖소 · 사슴	20두	
돼지	200두	
면양 · 산양	300두	
토끼 · 친칠라 · 밍크 · 여우	5천두	
닭 · 오리 · 메추리	1만수	
꿀벌	150군	

3. 제 4호의 경우 ○○은 20이상으로 한다.
4. 제 5호의 경우 조합법인이 출자를 허용하고자 하는 것만을 기재한다.

제 10조 (가입) ① 본 조합법인에 가입하고자 하는 자는 다음 각호의 사항을 기재한 가입신청서를 본 조합법인에 제출하여야 한다.
 1. 주소, 성명, 주민등록번호
 2. 가족관계
 3. 납입 혹은 인수하고자 하는 출자좌수 및 출자의 목적인 재산
 4. 영농종사 경력
 5. 농지소유면적 또는 가축사육두수
②조합법인은 제 1항의 가입신청서를 접수하였을 경우에는 총회에서 그 가입 여부를 결정하고, 가입을 승인한 때에는 가입신청자에게 통지하여 출자의 불입(출자의 목적인 재산을 양도하고 등기 · 등록 기타 권리의 설정 또는 이전이 필요한 경우에는 이에 관한 서류를 완비하여 교부하는 것을 말한다. 이하 같다)을 하게 한 후 조합원 명부에 기재한다.
③가입신청자는 제 2항의 규정에 의하여 출자를 불입함으로써 조합원의 자격을 갖는다.
④출자좌수를 늘리려는 조합원에 대해서는 제 1항내지 제 3항의 규정을 준용한다.
 [비고]
　조합원 가입 허용 여부를 이 조에서 특별히 규정하고자 하는 경우에는 제 2항의 내용을 조합원 전원의 동의에 의하도록 하는 등 적절히 수정기입할 수 있다.

제 11조 (권리) ① 본 조합법인의 조합원의 권리는 다음 각호와 같다.
 1. 조합법인의 공동작업에 종사하여 노동에 대한 응분의 대가를 받을 권리
 2. 지분 환불에 대한 청구권

3. 조합법인 해산시 잔여재산 분배청구권
  4. 조합법인의 임원의 선거권 및 피선거권
  5. 조합법인의 제반 회의에 참석하여 의결할 권리
  6. 조합법인의 운영에 참여하여 의견을 제시할 권리
  7. 조합법인의 업무집행에 대한 감독 및 감사의 권리
②제 1항 제 1호의 조합원의 노동과 대가에 대한 사항은 별도의 규정으로 정한다.
③조합원은 출자의 다소에 관계없이 1개의 의결권과 선거권을 가진다.
  [비고]
   조합원의 의결권을 출자의 비율에 따라 가지도록 정하고자 하는 조합법인은 제 3항을 다음과 같이 수정한다.
③조합원은 출자지분에 따라 그 비례대로 의결권과 선거권을 가진다.
제 12조 (의무) 본 조합법인의 조합원의 의무는 다음 각호와 같다.
  1. 정관 및 재규정을 준수할 의무
  2. 조합법인에 대한 출자의무
  3. 조합법인의 제반 노동에 참가하고 노동규정을 준수할 의무
  4. 총회에 출석할 의무와 총회의 의결사항을 준수할 의무
  5. 조합원간에 서로 단결하고 조합법인의 발전을 위해서 노력할 의무
  [비고]
   조합법인의 사업, 규모 등에 따라 의무사항을 적절히 추가하여 정할 수 있다.
제 13조(탈퇴) ①탈퇴를 원하는 조합원은 60일전에 탈퇴의사를 서면으로 본 조합법인에 예고하여 탈퇴하며 그에 따른 모든 정산은 당해 회계연도말에 한다.
②조합원은 다음 각호의 1에 해당하는 사유가 발생하였을 때에는 자연탈퇴 된다.
  1. 제 9조의 규정에 의한 조합원의 자격을 상실하였을 경우
  2. 사망
  3. 파산
  4. 금치산 선고
  5. 제명
  6. 지분을 전부 양도하였을 경우
③조합원은 제 1항의 규정에 불구하고 부득이한 사유없이 조합법인의 불리한 시기에 탈퇴하지 못한다.
  [비고]
   조합원이 조합법인의 구역밖으로 이주하더라도 조합법인 사무소의 소재지와

동일하거나 연접한 시·군으로 이주한 경우에는 조합원의 자격을 유지하도록 정할 수 있으며 이 경우에는 제 3항을 제 4항으로 하고 제 3항을 다음과 같이 신설한다.

③제 2항 제 1호의 경우 조합원이 제 4조의 규정에 의한 조합법인의 구역밖으로 이주하였더라도 조합법인사무소의 소재지와 동일하거나 연접한 시·군에 거주하는 경우를 제외한다.

제 14조(제명) ①조합원이 다음 각호의 1에 해당하는 경우에는 총회의 의결로써 제명할 수 있다.
 1. 제 12조에서 규정한 의무를 이행하지 아니한 경우
 2. 고의 또는 중대한 과실로 조합법인에 상당한 손해를 입힌 경우
 3. 조합을 빙자하여 부당이익을 취한 경우
②조합법인은 제 1항 각호의 사유로 인한 제명대상 조합원에게 총회개최 10일 전에 제명의 사유를 통지하고, 총회에서 변명할 기회를 주어야 하며, 제명을 결정한 때에는 서면으로 통지하여야 한다.

[비고]
 제명의 사유를 추가로 정하고자 하는 경우에는 제 1항에 제 4호부터 추가하여 열거한다.

제 3장 출자와 적립금 및 지분

제 15조 (출자) ①본 조합법인에의 출자는 농지·농기계·기타의 현물에 한하여 할 수 있으며 현금의 출자는 농지를 출자한 조합원에 한하여 할 수 있다.
②농지·농기계 등 현물의 출자액 산출은 이사회(설립시는 창립총회)에서 정하는 평가율에 의하여 환가한다.
③1좌의 금액은 1만원으로 한다.
④조합원은 ○○좌이상의 출자를 불입하여야 하며, 조합원 1인의 출자좌수는 총 출자좌수의 3분의 1을 초과할 수 없다.
⑤제 1항의 규정에 의하여 본 조합법인에 농지를 출자하는 조합원의 성명, 출자 대상 농지 및 그 평가액과 농지출자좌수를 별표와 같이 한다.
⑥현물로 출자한 농지는 해당 농지를 출자한 조합원의 동의가 없으면 처분하지 못한다.
 [비고]

1. 제 1항과, 제 4항 중 『조합원 1인의 출자좌수는 총출자좌수의 3분의 1을 초과할 수 없다』는 반드시 이 정관례와 동일하게 규정하여야 한다.
2. 축산업을 주업으로 하는 조합법인은 제 1항 중 『기타의 현물』을 가축(축종 명시),초지,축사,축산기계 등으로 적절히 규정할 수 있으며, 그외의 조합법인도 『기타의 현물』을 구체적으로 정할 수 있다.

제 16조(출자증서의 발행) ①조합법인은 출자를 불입한 조합원에게 지체없이 출자증서를 발급하여야 한다.

②출자증서는 대표이사 명의로 발급하고 출자좌수, 출자액, 출자재산의 표시 (토지의 경우 지번, 지목, 면적을 말한다) 등을 기재하여야 한다.

③조합법인이 토지 등을 취득하여 조합원에게 증좌 배분하는 경우에 대해서도 제 1항과 제 2항의 규정을 준용한다.

[비고]
출자증서의 발행은 출자지분의 상속공제 등 세금과 관련되어 있으므로 반드시 출자재산 특히 토지의 경우는 지번 · 지목 · 면적 등이 기재된 출자증서를 발행하여야 한다.

제 17조(출자의 균등화) 조합원의 출자를 균등화할 목적으로 소액 출자자에게는 그 사정을 고려하여 총회의 의결로써 회계연도말에 증좌를 허용할 수 있다.

제 18조(법정적립금) 본 조합법인은 출자총액과 같은 금액이 될 때까지 매회계연도 이익금의 100분의 10이상을 법정적립금으로 적립한다.

[비고]
법정적립금으로 출자총액의 2배를 적립하고자 할 경우에는 『출자총액과 같은 금액이 될때까지』를 『출자총액의 2배에 달할 때까지』로 수정한다.

제 19조(사업준비금) 본 조합법인은 장기적인 사업확장 및 다음년도의 사업운영을 위하여 매회계연도 이익금의 100분의 ○○을 사업준비금으로 적립한다.

[비고]
○○은 10이상 50이내에서 정한다.

제 20조(자본적립금) 본 조합법인은 다음 각호에 의하여 생기는 금액을 자본적립금으로 적립한다.
1. 재산 재평가 차익
2. 합병에 의한 차익
3. 인수재산 차익

제 21조(적립금 등의 사용 및 처분) ①제 18조의 규정에 의한 법정 적립금(이하 "법정적립금"이라 한다)과 제 20조의 규정에 의한 자본적립금(이하 "자본적립금"

이라 한다)은 조합법인의 결손을 보전하는데 사용한다.
②법정적립금과 자본적립금은 조합원의 탈퇴나 제명시 지분으로 환불할 수 없다.
③제 19조의 규정에 의한 사업준비금(이하 "사업준비금"이라 한다)은 조합원이 가입할 날부터 5년이내에 탈퇴하거나 제명되는 경우에는 환불할 수 없다.
제 22조(지분의 계산) 본 조합법인의 재산에 대한 조합원의 지분은 다음의 기준에 의하여 계산한다.
　1.납입출자금에 대하여는 납입한 출자액에 따라 매회계연도마다 이를 계산한다. 다만, 그 재산이 납입출자액의 총액보다 감소되었을 경우에는 각 조합원의 출자액에 따라 감액하여 계산한다.
　2.사업준비금은 매회계연도마다 전조합원에게 분할아여 가산하되 제 36조 제 2항의 규정을 준용한다.
　[비고]
　제 2호의 사업준비금 배분을 출자지분에 비례하여 할 경우에는 제 2호를 다음과 같이 한다.
　2.사업준비금은 매회계연도마다 전조합원에게 분할하여 가산하되 조합원의 출자지분의 비율에 따라 배분한다.
제 23조 (지분의 상속) ① 조합원의 상속인으로서 조합원의 사망으로 인하여 지분환불권의 전부 또는 일부를 취득한 자가 즉시 조합법인에 가입을 신청하고 조합법인이 이를 승인한 경우에는 상속인은 피상속인의 지분을 승계한다.
② 제 1항의 규정에 의한 상속인의 가입신청과 조합법인의 가입승인은 제 10조 제 1항 내지 제 3항의 규정을 준용하다
제 24조(조합의 지분취득금지) 본 조합법인은 조합원의 지분을 취득하거나 또는 담보의 목적으로 수입하지 못한다.
제 25조(지분의 양도,양수 및 공유금지) 조합원은 총회의 승인의결 없이는 그 지분을 양도 • 양수할 수 없으며 공유할 수 없다.
제 26조(외부의 증여에 대한 처리) 외부로부터 증여된 현물 및 현금에 대하여는 전조합원에게 균등히 분할하여 조합원의 출자지분에 가산한다.
제 27조(탈퇴시의 지분환불) ①조합원이 탈퇴하는 경우에는 탈퇴한 조합원의 지분을 현금 또는 현물로 환불한다.
②환불재산 가운데 토지나 건물 등이 조합법인의 공동경영조직을 깨뜨릴 염려가 있어 환불이 곤란한 경우에는 그에 상당하는 다른 토지 및 현금으로 지불할 수 있다.

③탈퇴조합원이 출자한 토지가 공동경영의 결과로 인하여 지력이 증대되었거나, 노력과 자본의 투자로 인하여 가치가 상승하였을 경우에는 이에 상당하는 금액을 토지를 환불받는 자로부터 징수한다.
④탈퇴조합원이 조합법인에 대하여 채무가 있는 경우에는 환불해야 될 지분에서 상계할 수 있다.
⑤지분의 환불은 당해 회계연도말에 한다.
제 28조(출자액의 일부 환불) ①조합원은 부득이한 사유가 있는 경우에는 조합법인에 대하여 출자액의 일부의 환불을 요구할 수 있다.
②제 1항의 규정에 의하여 환불요구를 받은 조합법인은 총회의 의결이 있는 경우에 회계연도말에 환불할 수 있다. 다만, 부득이한 사유가 있는 경우애는 회계연도 중에 환불하고, 회계연도말에 정산한다.

제 4장 회 계

제 29조 (회계연도) 본 조합법인의 회계연도는 매년 1월 1일 에시작하여 12월 31일에 종료한다.
[비고]
　조합법인의 사업 성격에 따라 『매년 4월 1일에 시작하여 다음해 3월 31일에 종료한다 』로 정하는 등 회계연도를 다르게 정할 수 있다.
제 30조(자금관리) 본 조합법인의 여유자금은 다음 각호의 방법에 따라 운용한다.
　1.농업협동조합, 축산업협동조합, 수산업협동조합, 은행, 신용금고에의 예치
　2.국채, 지방채, 정부보증채권 등 금융기관이 발행하는 채권의 취득
[비고]
　제 1호의 경우 주로 거래하고자 하는 금융기관을 구체적으로 정할 수 있다.
제 31조(경리공개) 본 조합법인의 모든 장부는 사무소에 비치하여 항상 조합원에게 공개하며 주요계정에 대한 내역은 정기적으로 게시한다.
[비고]
　제 1호의 경우 주로 거래하고자 하는 금융기관을 구체적으로 정할 수 있다.
제 31조(경리공개) 본 조합법인의 모든 장부는 사무소에 비치하여 항상 조합원에게 공개하며 주요계정에 대한 내역은 정기적으로 게시한다.

[비고]
　주요계정에 대한 내역의 정기적 게시시기를 구체적으로 정하고자 할 경우에는 『정기적으로』를 『매월』,『분기마다』등으로 정한다.
제 32조 (사용료 및 수수료) ①본 조합법인은 조합법인이 행하는 사업에 대하여 사용료 또는 수수료를 징수할 수 있다.
②제 1항의 규정에 의한 사용료 및 수수료에 관하여는 별도의 규정으로 정할 수 있다.
[비고]
　조합법인의 사업에서 조합원이 아닌 자가 부수적으로 사업을 이용하는 경우, 조합법인이 농작업을 수탁하여 대행한 경우와 농기계 및 시설의 공동이용 등에 대하여 사용료 및 수수료를 징수하고자 하는 조합법인은 반드시 규정하여야 한다.
제 33조(선급금제)　조합법인은 조합원에게 지불할 노임을 회계연도말 결산전에 선급금으로 지불할 수 있다.
제 34조(차입금)　조합법인은 제 5조의 사업을 위하여 필요한 경우 자금을 차입할 수 있다.
제 35조 (수익배분순위) 본 조합법인의 총수익은 다음 각호의 순서로 배분한다.
　1. 제세공과금
　2. 생산자재비, 임차료, 고용노임 및 생산부대비용(제잡비를 말한다)
　3. 차입금에 대한 원리금 상환
　4. 조합원 노임
　5. 자산설비에 대한 감가상각
　6. 이월결손금 보전
제 36조(이익금의 처분)　①조합법인의 결산결과 발생된 매회계연도의 이익금은 제 18조의 규정에 의한 법정적립금, 제 19조의 규정에 의한 사업준비금을 공제하고 나머지에 대해서는 조합원에게 배당한다 .
②제 1항의 조합원에 대한 배당은 배당할 이익금의 100분의 30은 전조합원에게 균등하게 배당하고 나머지 100분의 70은 조합원 출자지분의 비율에 따라 배당한다.
[비고]
　제 2항의 배당을 모두 출자지분의 비율에 따라 하고자 할 경우에는 제 2항을 다음과 같이 한다.
②제 1항의 조합원에 대한 배당은 조합원의 출자지분의 비율에 따라 배당한다.
제 37조(손실금의 처리) 조합법인의 결산 결과 손실이 발생하였을 경우에는 사업

준비금으로 보전하고 사업준비금으로도 부족할 때에는 자본적립금 및 법정적립금의 순서로 보전하며 그 적립금으로도 부족할 때에는 차년도에 이월한다.

제 5장 임 원

제 38조(임원의 수) 본 조합법인은 다음 각호의 임원을 둔다.
 1.대표이사 1인
 2.이사 ○인
 3.감사 ○인
 4.총무 1인
 5.부장 ○인
 [비고]
 1.조합법인의 조합원수, 사업규모 등에 따라 이사 및 감사의 정수를 정한다.
 2.제 5호의 부장은 조합법인의 사업에 따라 영농부장, 축산부장, 구매부장, 판매부장, 가공부장 등으로 명기한다.
제 39조(임원의 선출) 임원은 총회의 의결로 조합원 중에서 선출한다.
제 40조(이사회) ①이사회는 대표이사, 이사 및 총무로 구성하며 대표이사가 그 의장이 된다.
② 이사회는 대표이사가 필요하다고 인정하는 경우 또는 이사 2인 이상의 요구가 있는 경우 소집한다.
제 41조 (이사회의 기능) 이사회는 다음 각호의 사항을 재적이사 고반수의 찬성으로 의결한다.
 1.총회의 소집과 총회에 부의할 안건
 2.업무를 운영하는 기본방침에 관한 사항
 3.고정자산의 취득 또는 처분에 관한 사항
 4.총회에서 위임된 사항의 의결
 5.기타 조합법인의 운영상 필요한 사항
 [비고]
 조합법인의 형편에 따라 이사회의 의결사항을 추가하여 정할 수 있다.
제 42조(이사회 의사록) 이사회에서 의결된 사항은 총무가 기록하여 이사회에 참석한 이사가 서명날인한 후 보관한다.
제 43조(임원의 임무) ①대표이사는 본 조합법인을 대표하고 조합법인의 각종 회

의의 의장이 되며 조합의 업무를 총괄하고 조합법인의 경영성과에 대해 책임을 진다.
②감사는 회계연도마다 조합의 재산과 업무집행상황을 1회이상 감사하여 그 결과를 총회 및 대표이사에게 보고하여야 한다.
③이사는 이사회에서 미리 정한 순서에 따라 대표이사 유고시 그 직무를 대리하고 궐위된 때에는 그 직무를 대행한다.
④총무는 이사중에서 선임하며 조합법인의 일반사무와 회계사무를 담당한다.
⑤각 부장은 대표이사와 총무를 보좌하며 각 부의 업무를 관장·집행한다.
　[비고]
　　제 5항의 경우 각 부의 업무관장의 범위를 구체적으로 정할 수 있다.
제 44조(임원의 책임) ①본 조합법인의 임원은 법령, 법령에 의한 행정기관의 처분과 정관·규정·사업지침 및 총회와 이사회의 의결사항을 준수하고 본 조합법인을 위하여 그 직무를 성실히 수행하여야 한다.
②임원이 그 직무를 수행함에 있어 태만, 고의 또는 중대한 과실로 조합법인이나 다른 사람에게 끼친 손해에 대하여는 단독 또는 연대하여 손해배상의 책임을 진다.
③이사회가 불법행위 또는 중대한 과실로 조합법인에 송해를 끼친 경우에는 그 불법행위 또는 중대한 과실에 관련된 이사회에 출석한 구성원은 그 손해에 대하여 조합법인에 연대하여 책임을 진다. 다만, 그 회의에서 명백히 반대의사를 표시한 구성원은 그러하지 아니한다.
④제 1항 내지 제 3항의 구상권의 행사는 이사회에 대하여는 대표이사가, 대표이사와 이사에 대하여는 감사가, 임원 전원에 대하여는 조합원의 3분의 1이상의 동의를 얻은 조합원대표가 이를 행한다.
　[비고]
　　제 4항의 경우 조합법인의 형편에 따라 『조합원의 3분의 1이상』을 적절히 정할 수 있다.
제 45조 (임원의 임기) ①임원의 임기는 3년으로 하고 감사의 임기는 2년으로 한다.
② 제 1 항의 임원의 임기는 전임자의 임기만료일의 다음날부터 계산한다.
③ 보궐선거에 의한 임원의 임기는 전임자의 잔임기간으로 한다.
　[비고]
　　임원의 임기는 조정할 수 있으나, 감사와 감사 이외의 임원의 임기는 다르게 하여야 한다.

제46조(임원의 해임) 조합원이 임원을 해임하고자 하는 경우에는 조합원 3분의 1이상의 서면동의를 얻어 총회에 해임을 요구하고 총회의 의결로써 해임한다.
제47조(임원의 보수) 임원에 대한 보수는 지급하지 아니하며 여비 등 필요한 경비는 별도 규정에 의하여 실비로 지급할 수 있다.
제48조(서류비치의 의무) ① 대표이사는 다음 각호의 서류를 조합법인의 사무소에 비치하여야 한다.
 1. 정관 및 규정
 2. 조합원 명부 및 지분대장
 3. 총회의사록
 4. 기타 필요한 서류
② 결산보고서는 정기총회 1주일전까지 사무소에 비치하여야 한다.

제 6장 회의의 운영

제 49조 (총회) 총회는 조합원으로 구성하며 정기총회와 임시총회로 구분한다.
제 50조 (총회의 소집) ①정기총회는 회계연도마다 1회 ○월에 대표이사가 소집하며 대표이사는 총회 소집 5일전까지 회의내용과 회의자료를 서면으로 조합원에게 통지하여야 한다.
②임시총회는 조합원 3분의 1이상의 소집요구가 있거나 이사회가 필요하다고 인정하여 소집을 요구한 때, 대표이사가 필요하다고 인정한 때 대표이사가 소집한다.
③감사는 다음 각호의 1에 해당하는 경우에는 임시 총회를 소집한다.
 1.대표이사의 직무를 행할 자가 없을때
 2.제 2항의 요구가 있는 경우에 대표이사가 정당한 사유 없이 2주일이내에 총회소집의 절차를 취하지 아니한 때
 3. 감사가 조합법인의 재산상황 또는 사업의 집행에 관하여 부정사실을 발견한 경우에 이를 신속히 총회에 보고할 필요가 있을 때
제 51조 (총회의 의결사항) 다음각호의 사항은 총회의 의결을 얻어야 한다.
 1.정관의 변경
 2.규정의 제정 및 개정
 3.해산 · 합병 또는 개정
 4.조합원의 가입 · 탈퇴 및 제명

5. 사업계획 및 수지예산의 승인 · 책정과 변경
6. 사업보고서, 결산서, 이익금 처분 및 결손금 처리
7. 출자에 관한 사항
8. 임원의 선출
9. 임기 중 임원의 해임
[비고]
 조합법인의 운영을 위하여 반드시 총회의 의결이 필요한 사항은 추가로 열거한다.

제 52조(총회의 개의와 의결종족수) ①총회는 조합원 3분의 2이상의 출석으로 개의하고 출석조합원 2분의 1이상의 찬성으로 의결한다.
②다음 각호에 해당하는 사항은 총 조합원 3분의 2이상의 찬성으로 의결한다.
 1. 정관의 변경
 2. 해산 · 합병 또는 분할
 3. 조합원의 가입 승인
③다음 각호에 해당하는 사항은 당사자를 제외한 조합원전원의 찬성으로 의결한다.
 1. 제 14조의 규정에 의한 조합원의 제명
 2. 제 46조의 규정에 의한 임원의 해임
④ 제 1항의 총회소집이 정족수 미달로 유회된 경우에는 10일이내에 다시 소집하여야 한다.

제 53조(의결권의 대리) ①조합원은 대리인으로 하여금 의결권을 행사하게 할 수 있다.
②대리인은 조합원과 동일세대에 속하는 성년이어야 하며, 대리인이 대리할 수 있는 조합원의 수는 1인에 한한다.
③제 1항의 규정에 의한 대리인은 대리권을 증명하는 위임장을 조합법인에 제출하여야 한다.

제 54조(의사록의 작성) 총회의 의사에 관하여는 의사의 경과 및 결과를 기재한 의사록을 작성하고, 대표이사 및 총회에 참석한 조합원 3분의 2이상이 서명날인 한다.

제 55조(회의내용 공고) 총회의 의결사항은 제 7조의 공고방법에 의하여 공고한다.

제 7장 해 산

제 56조(해산) 본 조합법인은 다음 각호의 1에 해당하는 경우에는 해산한다.
1. 총회에서 해산 및 합병을 의결한 경우
2. 파산한 경우
3. 조합원이 5인미만이 된 후 1년이내에 5인이상이 되지 아니한 경우
[비고]
조합법인의 해산에 관하여 특별히 정하고자 하는 경우에는 제 4호부터 구체적으로 열거한다.

제 57조(청산인) 본 조합법인이 해산하는 경우에는 파산으로 인한 경우를 제외하고는 청산인은 대표이사가 된다. 다만, 총회에서 다른 사람을 청산인으로 정한 경우에는 그러하지 아니하다.

제 58조(청산인의 직무) ①청산인은 취임 후 지체 없이 재산상황을 조사하여 재산목록과 대차대조표를 작성하고 재산처분의 방법을 정하여 총회의 승인을 얻어야 한다.
②청산사무가 종결된 경우에는 청산인은 지체없이 결산보고서를 작성하여 총회의 승인을 얻어야 한다.
③청산인은 그 취임 후 3주일이내에 해산의 사유 및 연월일과 청산인의 성명 및 주소를 등기하여야 한다.
[비고]
조합법인이 해산하였을 경우에는 반드시 해산등기를 하여야 한다.

제 59조(청산재산의 처리) 해산의 경우 조합법인의 재산은 채무를 완제하고 잔여가 있는 경우에는 다음 각호의 방법에 의하여 조합원에게 분배한다.
1. 출자금액은 출자조합원에게 환급하되 출자총액에 미달시는 출자액의 비례로 분배한다.
2. 자본적립금, 법정적립금, 사업준비금은 출자지분의 비율에 따라 분배한다.
3. 외부증여금 등은 전 조합원에게 균등하게 분배한다.

한국농촌교회 목회연구원	경기도 양주군 회천읍 옥정리 우산동 808 전화 0351-866-2729 독바위교회 내
한국농촌교회 현황 기본자료표	

1. 교회이름 및 교단이름 :
2. 교역자 이름, 직분 및 생년월일 :
3. 교회주소 :
4. 창립년월일 :
5. 교세현황

교 인 현 황			재 산 현 황		
구 별	남	여	계	교회본당	건평 :	연평 :
세 례 인				사 택	〃	〃
유아세례인				부속건물	〃	〃
학 습 인				대 지	〃	〃
원아 동				기 타 :		
입 중고등부						
인 청장년						
합 계						

6. 재정현황

   ① 귀하의 교회의 금년도 예산총액은 얼마입니까? (   ) 원
   ② 귀하가 매월 교회로부터 지급받는 수입총액은 얼마입니까?(   ) 원
   현금총액 (   ) 성미 (   ) 기타 (   ) 원
   ③ 귀하가 밖으로부터 보조받는 수입금 총액은 얼마입니까? (   ) 원
   ④ 귀하가 밖으로부터 보조받을 경우 아래의 각항 중 해당되는 항의 번호에 ○ 표 하시오.
   　ㄱ. 노회나 지방회로부터　ㄴ. 귀교회를 개척한 모교회로부터
   　ㄷ. 귀교회가 연관되어 있는 도시교회로부터　ㄹ. 외국선교기관으로부터
   　ㅁ. 귀교회 출신 도시교인으로부터　ㅂ. 기타 독지가로부터
   ⑤ 자립계획을 가지고 계시면 말씀해 주십시오.

7. 귀교회는 개척으로부터 현재까지 교역자가 몇 명이나 바뀌었습니까?
   　　　　　　　　　　　　　　　　　　(   ) 명

8. 귀교회를 거쳐간 담임교역자 중 목사로서 시무한 분과 전도사로서 시무한 분은 몇 명입니까?
   목사 (   )   전도사 (   )
9. 귀하의 부양가족은 모두 몇 명이고 가족 중 학생은 몇 명입니까?
   가족 (   )   학생 (   )
10. 교회가 속해 있는 지역사회의 성격은? 맞는 번호에 O 표 하시오.
    ㄱ. 농촌   ㄴ. 어촌   ㄷ. 벽촌   ㄹ. 면소재지
11. 교회주변은?
    ㄱ. 주택가   ㄴ. 대로변   ㄷ. 외딴 지역   ㄹ. 학교주변   ㅁ. 기타
12. 귀교회가 그동안 지역사회를 위해 해온 일이 있다면 어떤 일들입니까?
    ㄱ.
    ㄴ.
    ㄷ.
13. 귀교회가 지역사회를 위해 계획하고 있거나 해야 되다고 생각하는 일로는 어떤 것이 있습니까?

14. 재적교인의 연령별, 성별 구분

	6세미만	6~11	12~17	18~30	31~45	46~55	60~	비고
남								
여								

15. 성년 교인들의 학력수준별 분포

학력	무교육	국졸	중졸	고졸	대중퇴	대졸 이상
인원						

16. 최근 5년간 귀교회가 가진 부흥회 수는?

년도	횟수	강사명	강사 소속기관	회집인원	비고
19					
19					
19					
19					
19					

17. 교회가 소지하고 있는 악기류는 어떤 것이 있습니까? ○표 하시오.
    피아노 (   ) 올겐 (   ) 차임벨 (   ) 기타 (   )
18. 귀교역자님께서 절실히 필요로 하시다고 느끼시는 교회 시설로는 어떤 것이 있겠습니까?
    ㄱ.
    ㄴ.
    ㄷ.
19. 어린이 주일학교 중고등부 교사에 관해 다음에 표기해 주십시오.

	교 사 수	교사학력수준	총무 연령	총무 학력	비 고
어린이 주일학교					
중 · 고등부					
교 육 담 당 자					

20. 어떻게 하면 농촌교회를 자립시키고 계속해서 부흥발전 시켜갈 수 있을지 하시고 싶은 말씀을 써주십시오.

동남아시아 선교여행 보고

> "너희는 온 천하에 다니며 만민에게 복음을 전파하라""

태국편

　"너희는 온 천하에 다니며 만민에게 복음을 전파하라"는 그리스도의 지상명령을 받고있는 우리 그리스도인들은 세계 방방곡곡에 선교여행을 다닐 수 있도록 구하고 찾고 문을 두드리며 실천에 옮겨야 될 줄로 압니다. 미국·일본·독일·프랑스·덴마크·이스라엘 등 선진국 세계 여러나라들을 이미 여행해 보았지만 "아시아 복음화는 한국 농촌 복음화로부터 "라고 교회 앞에 증거하며 목회 해왔던 저에게 이번 여행처럼 저의 목회와 직결되는 여행은 없다고 생각하면서 장도에 올랐습니다.

　더구나 "두사람이 땅에서 합심하여 무엇이든지 구하면 하늘에 계신 내 아버지께서 저희를 위하여 이루게 하시리라"(마 18 : 19)말씀을 생각할 때 이번에 아내와 동반여행을 하게 된 것은 더욱 뜻깊게 생각합니다. 이번 여행을 다 마치고 난 다음에 우리 두 내외의 고백은 이렇습니다.

"이번 여행은 선교하는 공동체 네째 해를 맞이하는 독바위교회의 우리들에게 에벤에셀의 하나님께서 준비해주신 여행이었다"고 하는 것이었습니다.

여행 예산도 본교회 선교위원회를 비롯해서 독지가들이 준비해 주셨고 여행도착지 곳곳마다 선교사 훈련과정에서 저와 동서간인 송희천선교사의 인도를 받아 독바위교회에서 제 강의를 들었던 분들이 마중 나와서 우리들에게 숙식제공, 현지안내 등 여행중에 예상되는 모든 애로 사항을 해결해주시면서 우리 여행을 도와주셨습니다.

할렐루야!

태국에서 우리를 영접하고 현지안내를 해주신 분은 성결교단 파송선교사인 이용우 선교사님 내외분이셨습니다.

태국이라는 나라 이름은 자유라는 뜻, 인구는 5천만, 땅은 남한의 2.5배 정도, 기후는 겨울이 없습니다. 농업국이며 국가수입의 40%가 관광수입이라고 합니다.

G.N.P는 1,000$, 그러니까 우리나라의 1/5정도입니다. 우리나라 돈으로 만원이면 그 나라에서는 5만원 정도의 가치를 발휘합니다. 태국에서 다섯식구가 중류정도의 생활을 하려면 우리나라 돈으로 20만원 정도면 된다고 합니다.

기독교 역사는 165년, 교회수는 1,070교회 - 1,200교회 정도, 95%이상이 불교신자라고 합니다. 0.2%가 기독교, 우리나라 선교사들이 40가정 들어가 있고 그 중 36가정이 방콕에서 사역하고 있고 4가정이 북쪽 쳉마이시에서 사역하고 있다고 합니다.

우리 교회가 매월 3만원씩 돕고 있는 지구촌선교회의 윤수길, 한대희 선교사 내외분을 잠깐 틈을 내서 찾아뵙고 기도해드리고 왔습니다만 현재 윤선교사님은 태국 복음신학교(Taiiland Evangelical Seminary)교장으로 일하고 계십니다.

현지인을 대상으로 태국 복음화의 지도자 양성이 목적인데 현재 학생수는 14명이었습니다. 태국현지인 그리스도인이 방콕의 가장 중심부에 있는 50평짜리 4층, 이 건물을 세를 받지 않고 전세로 내줘서 이 신학교를 세울 수 있었다고 합니다. 학교 역사는 3년, 방콕 국제공항 근방에 25,000평 부지가 이미 마련되어 1, 2년 이내에 신축교사를 짓고 학교를 이전할 꿈에 부풀어있습니다.

우리를 안내하고 있는 이용우 선교사님도 태국 현지 기독교 연합회에서 운영하는 무앙타이 신학교 교장으로 일하고 계셨습니다. 이 사회 구성이 태국 현지인이 9명 한국 성결교단 파송이사가 6명 모두 15명의 이사들이 이용우 선교사님을 교장으로 선출하여 이 신학교의 역사상 최초의 외국인 교장시대가 열렸다고 이 선교사님에 대한 현지인들의 신임이 두텁다는 평이었습니다.

이 학교의 학생수는 15명, 1,500평 부지위에 2층 건물이 있는데 이 학교의 발전을 위해 빠른 시일 내에 풀어야 할 숙제는 별채로 기숙사를 건립할 일, 교장사택을 시내에서 학교 경내에다 신축하는 일이라고 했습니다. 이 학교의 목표는 태국복음화를 위한 지도자 양성이었습니다. 한 학생을 양육하는데 1개월에 모두 포함해서 우리나라 돈으로 10만원 정도 비용이 든다고 했습니다.

우리나라 신학교들이 현지 지도자들을 데려다가 우리나라에서 키워서 현지에 다시 파송하면, 현지의 농촌·어촌·궂은 일이 있는 곳, 살기가 어려운 곳, 낙후한 지역, 정말 일꾼이 필요한 곳으로는 가지 않으려하고 도시 중심, 쉽게 일하고 쉽게 생활할 수 있는 곳을 택해 가기 때문에 (우리나라에서 이런 나쁜 경향과 후원자들을 확보하는 일만 배워간다고 함) 우리나라 선교사들이 현지에 들어가서 현지인을 현지에서 양육하는 현지 신학교 운영이 선교적인 차원에서 바람직하다는 선교사님들의 말씀을 귀담아 들어두었습니다.

　태국에서 최고라는 새벽의사원 고궁과 세계에서 가장 크다는 에머랄드로 부처를 만들어 모셔논 에머랄드 황금사원, 파피아 해수욕장, 태국의 민속촌, 태국의 뱀곡마장, 태국의 명동거리, 태국의 장거리를 돌아보고 태국의 한강이라는 강을 따라 쾌속정 한 척을 전세 내서 방콕시내를 구경했습니다. 강변에 사는 사람들의 모습은 우리나라 70년대 서울 청계천의 빈민가를 연상해 보시면 됩니다.

　나무로 배를 만들어서 배 속에서 먹고 그냥 강변에 싸고 그물로 씻고 살고 있었습니다. 도처에 불교사원들이 있었으며 들어가보면 참배객이 참선하고 있는 모습을 볼 수 있었습니다. 하나님을 알지 못하기 때문에 빚어지고 있는 참상을 목도한 것입니다. 바울이 선교여행으로 아덴에 갔을때 우상 앞에 엎드려 꿇어 절하는 모습을 보고 장탄식을 한 것을 이해할 수 있었습니다.

　1월 22일 화요일 자정에 방콕 공항에 도착하여 (서울서 방콕까지 5시간 20분 걸림) 25일 금요일 아침 7시에 방콕국제공항을 출발 방글라데시로 향하기까지만 이틀동안의 태국 신교여행을 마쳤습니다. 명콤비로 역사하고 계신 이용우 선교사님 내외분을 생각하면 지금도 마음 속에 웃음이 저절로 나고 기분이 좋습니다.

방글라데시편

　92년 1월 25일(금) 오전 11시 20분!
　이용우 선교사님 부부, 아내가 어제 잊어버리고 차에 놓고 온 카메라를 가지고 달려온 윤수길 선교사님의 전송을 받으며 방콕 공항을 출발 "다카"로 향했습니다.

오후 1시 30분 약 2시간 비행 후 방글라데시의 수도인 다카 국제공항에 도착하였습니다.

방글라데시에 대해서는 독바위교회에서 저와 동서간인 송희천 선교사의 선교보고시 여러번 들었고 또 꼭 다녀가라는 초청을 여러번 받았던 나라이기 때문에 그렇게나 오고 싶었는데 드디어 우리 부부는 그 나라에 오게 된 것입니다. 송희천 선교사님이 마중 나와 있었습니다.

까만 얼굴, 움푹 들어가고 꿩한 눈 바짝 마른 아이들이 앞을 다투어서 여행백을 맡아 나르려하고 있었습니다. 송선교사님의 차는 한국서 가져간 코란도 지프차였습니다.

드디어 우리 부부의 방글라데시 선교여행이 시작된 것이었습니다.

한국은 가장 추울 때일텐데 여기는 우리나라 5월의 청명하고 온난한 날씨였습니다.

방글라데시는 1971년에 건국되었습니다.

인구는 1억 3천, 그 대부분이 농사로 살고 있습니다. 이 나라의 국교는 회교(이슬람)이며 힌두교가 12%, 기독교가 0.02%(약 30만) 그리고 회교와 힌두교의 혼합형의 민간 종교가 성행되고 있다고 합니다. 한국기독교가 한국전래의 무당종교와 혼합되어 성행되고 있는 것을 생각하시면 이해가 되실 것입니다.

이 나라의 기독교 역사는 198년 되었습니다. 현대 선교의 아버지라고 하는 윌리암케리가 "보리샬"에 첫 선교 캠프를 차림으로 시작되었다고 합니다. 현재 전국에 약 700여 개의 교회 및 기도처를 가지고 있다고 합니다. 우리나라의 이 나라 선교는 1974년 고 정성균 선교사(1983년 파키스탄에서 순직)에 의해서 시작되었다고 합니다.

1976년 주경자 선교사, 77년 정재화 선교사, 79년 이용웅 선교사, 80년 송희천 선교사로 이어지며 현재 우리 교회가 돕고 있는 권병희 평신도 선교사 등 12가정과 14명의 미혼 선교사들이 활동하고 있다고 합니다.

이 나라의 G.N.P는 현재 120$로써 세계 3대 빈곤국 가운데 하나라고 하는데 그 이유로 5가지를 꼽았습니다.

자연적 조건(국토의 2/3가 6,7월간 물에 잠겨있음)
열악한 환경인데도 인구밀도가 세계 1위임
낮은 교육열 (87%가 문맹임)
종교의 피해(적극적인 사고보다는 운명에의 순종을 강요하는 숙명론적인 회교)
지배층의 부정부패

특히, 송선교사님은 회교의 피해를 다음과 같이 지적하셨습니다.

"회교(이슬람)는 무서운 사교입니다. 그들은 아브라함이 모리아 산상에서 바친 제물은 이삭이 아니라, 이스마엘이며 아브라함의 상속자는 이삭이 아니라 이스마엘이라고 합니다. 이삭이 상속자임을 밝히는 것이 하나님의 계시인데 성경을 계시대로, 성경대로 풀어야 하는데 교주 마호멧은 계시는 무시한 채 성경을 인위적으로 육적으로, 세상적으로 말씀의 뒷받침 없이 풀었으니 사교가 아니고 무엇입니까? 통일교의 원리 강론처럼 여호와 증인의 교리처럼 사탄의 하수인이 마호멧 임이 분명합니다. 저는 이 나라에 살면서 사탄 숭배 피해의 현장이 이 나라로구나 하는 것을 뼈저리게 느끼고 있습니다."

드디어 우리는 다카 시내에 있는 퇴역장군의 저택을 세 얻어서 살고있는 송선교사의 사택에 도착했습니다. 샤워 시설이 잘 되어 있었습니다. 기후가 무더워서 밖에 나갔다 들어 오면 샤워를 해야하기 때문이랍니다. 우리를 위해서 시장을 보고온 처제와 학교를 갔다온 아이들(한결, 한민)을 반가히 만났습니다.

우리는 쉬면서 정을 나누며 처제가 사온 이 나라 특유의 과일 카탈(이 과일을 먹을 때는 돼지 잡는다는 표현을 쓴답니다. 겉껍질을 벗기고 돼지 잡는 것처럼 해야 먹을 수 있기 때문입니다. 과일 중에 단백질 함유량이 최고라고 합니다. 가격은 우리나라 돈으로 1,200

원 정도 우리나라의 큰 호박만합니다.)을 신나게 먹었습니다. 2박 3일의 짧은 일정을 생각해서 시간을 아껴 시내관광을 나갔습니다. 이 나라의 교통수단은 98%가 "믹샤"라고 하는 3륜 자전거였습니다. 버스도 있었으나 유리창 없는 우리나라의 쓰레기장에서나 볼 수 있는 그런 쭈그러지고 땜질한 엉망진창의 차였습니다.

시내를 조금 벗어나면 노변에는 대나무로 얼기설기 엮어서 만든 2평도 채 안 될만한 오두막집이 널려 있었는데 이렇게 사는 사람들이 80%나 된다고 합니다.

피부색깔 자체가 검으니까 안 씻어도 모르겠고 기후가 사시사철 더우니까 옷을 갈아 입을 필요도 없고 옷 한 벌 입으면 다 닳도록 입어도 되는 "룽기"라는 몸에 걸치는 옷을 입고 살고 있었습니다. 밖'에는 마침 축제일이라 집회가 있다는 어느 회교사원을 찾아 보았습니다. 회교는 확실히 사교집단이며 악령들린 사람들의 모습을 볼 수 있었습니다.

다음 날은 1984년부터 농업·의료·교육·봉제·음악 등 부면에서 관여하며 선교활동을 펴고 있는 송선교사가 속해있는 방글라데시 개발협회 사무실을 방문하여 점심을 방글라데시 음식으로 방글라데시식으로 먹었습니다. 다카 인구 600만 중 560만이 살고 있다는 구다카도 가 보았습니다. 시가지는 이루 말할 수 없는 교통의 대혼잡을 이루고 있었습니다.

다카를 흐르고 있는 강을 따라 다음 부두까지 세가정 (임현영 목사 부부, 송희천 선교사 부부, 우리 부부)이 쪼각배를 타보기도 했습니다. 구정물의 강이었지만 화학비료, 농약을 쓰지 않는 나라이기 때문에 고기와 생물이 살고 있는 깨끗한 물이라고 송선교사는 설명합니다. 세계에서 강이 제일 많은 나라이기 때문에 육로보다 수로가 더 발달되어있다고 하며 부두에는 쪼각배에서 큰 기선에 이르기까지 수많은 배들이 정박하며 일대장관을 이루고 있었습니다.

농산물시장도 둘러보았습니다. 시장은 사고 파는 일로 활기가 넘쳐 나고 있었습니다. 장정 하루 품값이 1$ 이랍니다. 우리나라 돈으로 88원이 장정 하루 품삯이라니! 아름다운 토산품과 수공품도 있었습 니다. 나는 이 나라의 미래를 밝게 느낄 수가 있었습니다.

꼭 가보고 싶었던 가나안 농군학교 분교가 세워져있고 우리가 돕고 있는 권병희 선교사의 활동지역인 "찔마리"를 가보지 못하고 방글라데시 선교여행을 마칠 수 밖에 없었던 것은 유감이었습니다. 국병두 목사님이 담임하고 계신 다카 한인교회에서 마침 창립 14주년 기념 예배에 참가하여 함께 예배드릴 수 있었던 일도 잊을수 없습니다.

"이 나라에서 8년간이나 선교활동을 한 송희천 선교사 부부는 정말 장한 분들이구나" 마음 속 깊이 느끼면서 이 분들의 전송을 받으며 2박 3일간의 방글라데시 선교여행을 마치고 세계에서 가장 높은 히말라야산이 있는 네팔행 비행기에 올랐습니다.

네팔편

92년 1월 27일 주일 오전 11시

네팔에 도착한 것은 다카에서 약 1시간쯤 비행 후 였습니다.

"세계에서 제일 높은 산은 에베레스트산"이라고 외운 것은 국민학교 시절인데. 우리 부부가 그 꿈의 나라에 실제로 올 수 있게 되다니!

우리 부부는 비행기 창 너머로 멀리서 바라보이는 히말라야 산맥을 바라보며 설레이는 마음으로 카트만두 공항으로 다가갔습니다.

카트만두에 보름씩이나 체류해도 날씨 관계로 에베레스트산의 위용을 보지 못하고 떠나는 여행객이 많다는데 우리 일행도 구름과 자욱한 안개에 가리워져 있는 에베레스트산을 볼 수 있었을 뿐입니다. 공항에는 기독교 대한성결교단 파송 1991. 7. 23 현지에 부임하 신 백종윤 목사님이 동역하고 있는 전도사님 한 분하고 공항에 마중 나와 계셨습니다.

　백선교사님은 교단훈련원에서 훈련 받으실 때 송희천 원장님의 안내로 독바위교회 훈련 과정을 밟으셨던 분이셨기 때문에 우리 부부는 이억만리 낯선 곳에서 친지의 마중을 받게 되니 너무나 반갑고 감사했습니다.

　카트만두 국제공항은 우리나라 제주도 공항 같았으며 첫번 만나는 네팔인의 인상은 방글라데시에서 만났던 벵갈인처럼 까무잡잡한 얼굴이 꾀죄죄하고 남루한 모습이었습니다. 그들 얼굴에 깃들어 있는 그 어두움은 우상 숭배와 미신에게서 왔을 것이고 그들의 초췌한 모습은 영양실조와 가난의 찌듬에서 왔을 것입니다.

　카트만두 시내는 신전과 사원으로 둘러싸여 있었으며 우리나라 지리산 속의 면소재지 정도였습니다. 백종윤 선교사의 설명을 들었습니다. 이 나라 1,800만 인구 중 약 40만 가량이 카트만두에 살고 있었으며 네팔국민의 대부분은 농촌에 흙집에서 흙위에 돗자리를 깔고 그 위에 이부자리를 깔고 살고 있다고 합니다. 이나라에 들어와 있는 우리나라 선교사로는 10년 전에 들어오신 장로교의 이성호 목사님, 9년 전에 들어오신 이춘심 간호원, 3년 전에 오신 위클리프 성경 번역 소속의 이상용 목사님(고신측), 8개월 전에 오신 박영진 전도사님, 그리고 6개월 전에 오신 백종윤 목사님이라고 합니다. 카트만두 한인 교회는 다섯가정이 있고, 백선교사님집에서 모임을 가진다고 합니다. 교단 선교현장 순례여행에 참가하고 있는 13명의 기독교 대한성결교 신학생들이 점심식사 중이어서 함께 어울려 식사를 하고 이틀밖에 안 되는 네팔 체류기간을 생각해서 이내 카트만두 시내 관광에 나섰습니다. 고색이 찬연한 모든 잡신을 다 모셔논 박다풀 궁전은 순나무로만 건축되었고 모든 신은 나무로 조각되었고 남녀간의 성행위도 나무로 정교하게 조각되었는데, 남성신 시바는 남성생식기에 표출되고 여성신 사티는 여성의 생식기에 표출된다고 합니다.

＊티벧 불교사원인 보우다 사원 이 사원에는 제 삼의 눈이 사원에서 세상을 바라보고 있는데 이 제 삼의 눈이 바로 신입니다.

＊시바신전 힌두교 신전 중의 하나인데 신이 타고 다녔다는 코끼리를 기념하는 코끼리를 금으로 만들어서 모셔 놓았습니다. 2,000년 3,000년 전의 그 옛날에 이런 건물을 세울 수 있었고 이런 조각품을 만들 수 있었다는 사실 앞에서 나는 "인간의 종교적인 본능"의 놀라운 힘을 절감할 수 있었습니다.

이 놀라운 힘을 가진 인간의 종교적인 본능이 구속주 예수님을 통해서 하나님을 만나게 되면 그 빛! 그 사랑! 그 아름다움! 그 능력! 아 베토벤의 신을 찬양하는 교향곡 미케란제로의 그림 그리는 영감이 지금 내 마음 속에 있습니다.

힌두교 5대 성지 중의 하나라는 갠지스강 상류를 관광했습니다. (카트만두 시내를 흐르고 있다) 여기에는 불교도들의 성지순례지이기도 한데 강 이쪽은 힌두교들의 죽은 사람을 화장하는 종교 예식이 거행되는 난이 있었습니다. 이 딘도 이 니리의 신분제도상 상류계급에 속하는 사람들의 화장 장소와 천민 계급의 화장되는 장소가 또 구분되어 있었습니다.

힌두교인들은 윤회사상과 영혼 불멸사상을 믿기 때문에 이 세상에서 더 머물기를 원하지 않고 영혼이 자유를 얻어 우주영으로 존재하기를 간구하고 있습니다.

힌두교인들은 현생은 탈피할 수 없는 전생의 결과라고 믿고 있습니다. 그리고 전생은 현생의 결과라고 믿기 때문에 혹시나 높은 카스트로 태어날 수 있기 위하여 현생에서 자기 카스트에 최선의 의무를 다하고 있는 것이 힌두교도들인 것입니다.

우리 일행이 도착했을 때는 상류계급 화장단에는 화장하는 시신이 없었으며 화장단 앞 죽음을 기다리는 방(이 성지에서 화장이 되면 전생에서 최상의 존재인 신과 화합하게 되어 현생에 높은 카스트로 환생하게 된다는 신앙 때문에 전국 각지에서 이 곳에 와서 죽음을 기다려서 화장된다고 함)에서 이생에 대한 아무런 미련이나 죽음에 대한 아무런 공포 없이 죽음을 기다리고 있는 한 할머니와 그 할머니를 돌보고 있는 가족들을 볼 수 있었고 천민계급이 화장하는 장소에 갔더니 마침 화장단에 시신이 올려져 있어 타고 있었고 머리를 탁발승처럼 박박 깎은 세 아들들(나이가 30대부터 20대 전후로 보였음) 이 장작이 잘 지펴지도록 뒤적거리며 자기 아버지 시신을 태우고 있었습니다. 역시 힌두교인들도 인간은 인간이었던지 3형제 중 그 중 어린 아들은 형들이 장대를 들고 자기 아버지 시신을 태우고 있는데 그는 눈물을 뚝뚝 떨구고 자기 아버지의 없어져 가는 모습을 바라보고 있었습니다.

나는 화장단에 올라 타고있는 그 시신의 새까맣고 바싹말라 있는 손과 발을 볼 수 있었으며 네팔에서 태어나 하나님도, 예수님도, 인간의 존엄성도, 인간의 자유도, 사랑도, 진리도, 정의도, 가정의 가정다움도 모르고 미신과 무지와 가난에 시달리면서 고생만 하다가 죽어갔을 이 불쌍한 사람들을 바라보면서 이런 생각을 했습니다.

"저 불속에 모든 욕심을 태워 버리자. 저 불쌍한 영혼들을 외면하지 말고 저 불쌍한 영혼을 위해서 살자."

해는 넘어가고 땅거미가 지고 있었습니다. 우리 일행은 선교사님 집으로 돌아와 이숙 사모님(백선교사님 부인)이 정성껏 차려주신 저녁식사를 맛있게 먹고, 백선교사님 가정 저녁기도회를 마치고 정해준 방에 돌아와 일기를 쓰고 주님께 깊은 기도를 드리고 잠자리에 들었습니다.

1월 28일 화요일

백선교사님 주택 거실 뻬치카의 불을 쪼여가며 백선교사님 가정에 거하는 전원이 한자리에 모여 아침 기도회로부터 일과가 시작되었습니다. "덕천까리"마을의 신전 관광이 오늘의 중요관광 일정으로 잡혔습니다. 덕천까리 마을의 신은 어머니와 딸로 된 "삭디"라고 하는 신입니다. 일주일에 제삿날이 두 번인데 화요일은 딸신에게, 토요일은 어머니신에게 입니다. 제물은 양, 염소, 수탉이었습니다. 재산 정도에 따라 제물의 대,소와 종류가 틀립니다. 예배순서는 현장에 가서 지켜본 것을 정리해보았는데, 다음과 같습니다.
 1. 신전 입구에 세워논 종을 친다. (신이여 내가 왔으니 깨소서.)
 2. 제물을 가지고 신(우상) 앞에 나아가 "부자" 한다.
　"부자" : 힌두교도들의 예배행위를 가르쳐서 "부자"라 한다고 합니다. 신께 경배한다는 뜻입니다. 남자와 여자의 "부자"장소가 틀렸고 남자와 여자의 제물이 틀렸다.
　여자들은 그릇이나 접시에 동전, 쌀, 꽃, 알사탕 등을 담아가지고 가서 던진다. 그 다음 이마를 신 앞에 꾸부려 댄다. 그 다음 신의 제단 위에 있는 색소를 자기 이마 정중앙에 찍어 바른다. 남자들은 신 앞에 가져온 제물을 잡아서 그 제물에서 나온 피를 벽에 조각해놓은 "삭디" 신에게 바친다.(우상의 얼굴이 뿌려진 짐승의 피로 낭자함을 보았다.)
 3. 남자는 잡은 제물의 피로 "붓자" 한 다음에 그 제물을 가지고 나와서 주로 가장이 자기 부인과 자녀들에게 잡은 제물에서 나온 선지피로 이마에 찍어 발라주고 좁쌀을 그 피에 또 찍어 발라준다.
 4. 잡은 제물을 제물 삶는 장소로 가져가서 못 먹을 것은 다 제하여 버리고 먹을 수 있는 것은 줄을 서서 자기 차례를 기다렸다가 차례가 오면 삶아서 삶은 고기를 제물 바치는 곳에 놓는다.
 5. 들고 나와서 음식 먹는 곳(뜰이며 일종의 휴식장소다)에 나와서 식구들이 둘러앉아서 먹는다. 이러한 가족적 종교행사는 1년에 한 번 하지만 필요에 따라서는 여러번 하기도 한다고 합니다. 네팔인들은 부자를 행하므로 신의 보호를 받을 수 있고 자기들이 살고

있는 것은 부자를 행했기 때문이라고 생각한다고 합니다. 카트만두 시내의 운전기사들을 주목해 보고 있으면 다리를 건널 때나 언덕바지를 꺾을 때는 "부자" 행위를 하는 것을 볼 수 있을 것이라고 했습니다.

　카트만두 시내는 힌두사원이나 불교사원이나 어디나 '부자'할 수 있는 우상이 세워져 있는 것을 볼 수 있습니다.

　나는 구약의 번제, 소제, 화목제, 속죄제, 속건제를 설교하고 설명하면서도 실제를 보지 못해서 실감이 나지 않는 면이 많았는데 네팔의 이 덕천까리 마을에 와서 제사객 - 행렬과 제사의식을 보니 정말 잘 이해할 수 있게 되었습니다.

　히브리인들의 제사와 네팔인들의 제사와의 차이는 말씀이 있고 없고의 차이입니다.

　히브리인들은 말씀이 있으니 제사가 우상과 미신에 떨어지지 않고 하나님을 만나는 제사가 되었지만 네팔인들은 말씀이 없으니 종교심은 많으나 우상과 미신에 떨어졌고 "알 수 없는 신"에게 제사하게 되는 우를 범하게 되는 것이었습니다.

　오늘 밤 우리 일행의 숙소는 신문에서 늘 읽던 우리나라 에베레스트산 원정대원들이 묵어가던 에베레스트 산장이었습니다.
네팔에서의 이틀째 밤을 여기서 쉬게 되었습니다.

　1월 29일 수요일

　오전은 네팔 국립박물관을 관람했습나다. 네팔의 옛날을 느끼게 해주는 고궁인 박물관 건물자체가 박물관으로서 볼 만하다 할까....

　박물관 내에 진열되어 있는 것은 볼만한 것이 별로 없었습니다. 이것은 곧 이 나라의 역사에 오늘의 관광 중에 특이한 것은 "쿠마리"라는 현재 살아있는 여신이 살고 있는 신궁에 가서 돈을 주고 실제로 그 살아있는 여신을 본 것입니다.(신궁 관리인에게 돈을 주면 그 소식이 여신에게 전해지고 여신은 창문을 열고 드디어 그 모습을 나타내 보여줍니다.)

백선교사님의 설명을 들었습니다.

이 여신 쿠마리는 네와리 부족 중에서 철저한 심사를 거쳐 선출한다는데 이 여신은 몸에 피를 흘린 자국이 없어야 하기 때문에 월경 전의 여자 아이들 중에서 뽑는다고 합니다. 이 뿐만이 아닙니다. 카트만두 시내, 그 많은 사원들 주변에는 주인 없이 배회하는 소들을 볼 수가 있습니다. 이 나라에서는 소도 신이기 때문에 누가 함부로 소를 대할 수 없습니다. 지구상에 아직도 이런 나라가 현존하고 있다는 이 사실이 믿어지시지 않을지 모르지만 이것은 사실입니다.

헤어지기가 섭섭했지만 내일을 기약하며 네팔 체류 중 우리를 돌봐주신 백종윤 선교사님 가정 식구들의 전송을 받으며 오후 8시 20분 비행기로 인도 캘거타를 향하여 출발하였습니다.

인도편

1992년 1월 29일 수요일

우리가 진풍경을 구경한 네팔의 카트만두 공항을 출발한 것은 오후 8시 20분이었습니다. 일행은 이번 여정에 인도행을 넣는 것은 무리라고 빼사고 했으나 내가 이번 여행에 여기끼지 와서 피키스탄도 돌아보지 못하고 그냥 가게 되는 것이 아쉬운데 인도까지 안 보고 그냥 가느냐고 설득하여 이루어진 것이었습니다. 인도 일정은 2박 3일이라 하지만 밤을 빼면 하루만의 낮시간을 가질 수 있었을 뿐이었습니다.

인도에는 내가 1979년도에 아세아 연합신학대학원에서 공부할때 사귄 인도 친구들과 1980년도에 일본 아시아 농촌지도자 양성 전문학교에서 공부할때 사귄 친구들, 그리고 우리 교단 총회 농어촌부 소개로 우리 교회를 방문한 몇 분의 인도교역자들이 있습니다.

저는 인도 친구들에게 인도를 이렇게 소개 받았습니다. 인구는 약 8억 5천, 그 중 80%가 농촌 인구이며 인구의 82%가 힌두교,

11%가 모슬렘, 25%가 기독교, 0.45%가 불교, 나머지가 기타 종교라고 했습니다. G.N.P는 700$ 정도이고 60% 농민은 땅이 없고 10% 인구가 인도의 대부분의 땅을 소유하고 있다고 했습니다. 국민의 64%가 교육을 받지 못했다고 합니다.

인도 교회는 1947년에 교파가 없어지고 남인도교회와 북인도교회를 통일시켰다고 합니다. 남인도교회는 21개 주교교구가 있다고 하며 한 지방에 한 교구가 설치된다고 합니다. 예를 들면 마도라스 지방에 1교구가 설치되며 소속교회는 200여 교회가 된다고 합니다.

목사의 1개월 봉급은 90$에서 150$ 사이라고 합니다. 목사의 봉급은 각 교회에서 거둔 현금이 주교교구로 입금되고 이 주교교구(diocese)에서 목사와 다른 사역자들에게 지급된다고 합니다.

다른 사역자들이란 교역자는 아니지만 전 시간을 교회사역에 바치는 평신도 사역자를 가르친다고 합니다. 도시 목사와 농촌 목사는 5년을 주기로 목회지를 바꾼다고 합니다.

언어는 국가공인 언어가 15가지나 되며 전국적으로는 1600여 가지나 된다고 합니다. 학교 공용어는 영어와 뱅갈어를 쓰는데 인도에서 분립되어 나간 나라가 방글라데시이기 때문이라고 합니다.

우리가 인도의 동부 항구도시 캘커타 공항에 도착한 것은 밤 9시 20분이었습니다. 기내에서 인도 한국 유학생 오진아양을 만나 호텔 투숙에서부터 캘커타공항을 출발할때까지 안내를 받게되니 "여호와 이레"였습니다.

우리가 투숙한 호텔은 북쪽별(north star)이라는 이름이었는데 아마 인도에서 3류쯤 되는 호텔이었을 것입니다. 낡은 건물에 나무 침대, 인도천의 홋이불, 더운 물도 안 나오는 비좁은 샤워장에 화장실은 방 입구에 우리나라 농가 바깥 뜨락에 세운 개량화장실 같은 그런 화장실이었습니다. 아랫층에 내려가서 종업원에게 더운 물 한 바가지를 얻어다가 날씨가 더워 땀에 젖어있는 몸을 닦고 여장을 푸니 자정 1시였습니다.

　네팔의 덕천까리 마을에서 귀신에게 피비린내 나는 제사를 드리는 것을 볼때 아내에게 더러운 귀신이 들어갔었는지 덕천까리 마을에서 제사의식을 깊이 관찰하느라고 내가 오래 지체한 일로 인해서 일행에게 폐를 끼쳤다고 하여 부부가 옥신각신 다투게 되니 마음이 상하여 유일하게 고통스러운 밤이었습니다.

　항상 깨어 기도하며 이해심과 동정심으로 이런 불상사가 생기지 않도록 마음 써야하겠습니다.

　94년 1월 30일

　오전 7시 기상. 처남 내외, 오진아양과 함께 한국서 준비해온 라면과 밑반찬으로 아침식사를 마치고 시편 23편으로 아침예배를 드리고 관광에 나섰습니다.

　빅토리아 여왕 방문을 기념하여 세운 빅토리아 박물관, 토산의 유물들, 동물들, 돌덩어리들을 모아논 인디안 박물관을 돌아보니 점심때가 되어 중국음식점에 들어가 볶음밥을 시켜먹었습니다. 오후에는 우리나라에도 잘 알려져 있는 테레사 수녀 캠프를 찾았습니다. 길을 다섯 번이나 물어서 겨우 찾을 수 있었습니다. 테레사 수녀 캠프는 인도 전역에 양로원, 아동보호시설 등 300~500개기 된다고 하며 캘커타에만도 양로원이 2개, 아동보호시설이 11개라고 합니다.

　우리가 방문한 캠프는 250여 명의 고아, 정박아, 지체부자유자를 수용하고 있었는데 직원들의 표정은 비록 검은 색의 얼굴들이었으나 밝았고 평화가 깃들어 있었습니다. 그들이 입은 런닝셔츠에는 "Gesus christ is the Lord"라는 글귀가 새겨져 있었습니다. 직원 1명이 1명씩 돌보고 있는 지체부자유자가 있는가 하면 직원 1명이 5명씩 돌보는 상태가 좀 나은 지체부자유자도 있었습니다. 어떤 지체부자유자는 내가 보기에 6,7세 정도로 보고 직원에게 물어봤더니

22세라고 했습니다. 이러한 아이(?)도 생명이 붙어있기 때문에(인간이기 때문에) 보호해주고 보살펴주는 이러한 복지시설과 이러한 복지시설을 위한 자원봉사자들을 생각해보며 예수님의 일, 테레사 수녀, 인류의 평화를 동일선상에 줄을 긋고 생각해보는 시간을 가졌습니다. 내가 이 캠프를 위해서 대표기도를 드리고 일행이 모아서 얼마간 헌금을 하고 나왔습니다. 테레사수녀 캠프를 찾는 중에 캘커타 시내 뒷골목길도 걷게 되었는데 길에 대변본 것이 여기저기 널려 있었고 집에서 흘러나온 더러운 물이 길바닥을 적시고 있었습니다. 저녁 7시에서 8시 사이의 캘커타 시내는 교통혼잡을 이루고 있었습니다.

오스텔호텔에 찾아가서 인도지역의 민속춤을 관람한 것을 끝으로 숙소인 북쪽별호텔에 돌아와서 쉬고 다음날 태국경유 귀로에 올랐습니다.

여행일정을 더 가질 수만 있었더라면 인도 농촌도 깊숙히 들어가 보고 남쪽의 마드리드항, 서쪽의 봄베이항, 북쪽의 뉴델리, 그리고 뉴델리 옆 인도 국경에 접해 있는 파키스탄까지 돌아봤으면 얼마나 좋았을까 하는 아쉬움을 가지며 후일을 기약할 수 밖에 없었습니다.

세계복음화 전략을 세우는 사람들은 14억 인구의 중국과 8억 5천만 인구의 인도가 관심사일 수 밖에는 없습니다.

민정웅 목사 집회일지

교회 / 기관	집회내용	집회기간	당시교역자(인도)	장 소
장수원교회 (예장 통합)	부흥회	78.3.24~28	이순문	의정부시 효원동 247-38
묵곡교회 (예장 통합)	〃	79.3.12~16	정인영	경남 사천군 곤양면 묵곡리
한우물교회 (동신회)	〃	80.2.20~24	유병춘	경기도 여주군 능서면 광대리
백운교회	〃	80.2.27~3.1	천동욱	전남 장성군 남면 마령리
京都南部敎會	주일예배설교	80.7.27	김덕화	日本 京都府 東區 條東岩 本町18-16
名古屋敎會	〃	80.8.3	황의생	日本 名古屋市 中村區 名驛乙丁目39-
豊橋敎會	〃	80.8.10	박희삼집사	日本 豊橋市 八町通 5-56
崎阜敎會	〃	80.10.17	이해춘	日本 崎阜市 長良海用町 1-27
동양선교교회	창립10주년 기념집회	80.10.19	임동선	424 N.western bue L.A. ca. 90004, U.S.A.
토평교회	부흥회	81.3.30~4.2	최인경	제주도 서귀포읍 투평리
신흥교회 (예장 합동)	〃	81.12.14~18	박익신	충남 서천군 서초면 신흥리
사북교회 (감리교)	〃	82.1.18~22	구경평	강원도 춘성군 사북면 지촌 3리
상소교회	3.1절 청년연합집회	82.3.1		충남 대덕군 산내면 상소리
태인교회	부흥회	82.9.16~17	송일조	전남 광양군 골약면 태인 2구
선봉교회	〃	83.2.21~25	손석춘	경북 상주읍 신봉동
병촌교회 (성결교)	〃	84.2.6~10	윤영기	충남 논산군 성동면 개척리
왕지교회	〃	85.2.25~3.1	이창남	충남 천원군 성황읍 왕림리
노대교회	총회농어촌부 제17회지도자특강	85.8.10	박일상	경남 통영군 욕지면 노대리
계수리교회 (예장 통합)	부흥회	86.1.20~24	신동건	경기도 시흥군 소래읍 계수리

교회 / 기관	집회내용	집회기간	당시교역자/회장	장 소
삼덕교회	농촌교역자	86.2.25	김태범	대구 중구 삼덕동
영주노회 제2회 전도사계속교육원	특강	86.3.3~4	임현영	경북 영주시 영주 2동 42
서울장로회 신학대학교	여름수련회	86.6.30~7.3	곽선희	강원도 원주시 부촌면 부촌콘도
양주군사회 정화위원회	청소년 여름수련회	86.8.12	정명훈	경기도 양주군 장흥면 밤나무골
남서울교회 (예장개혁)	청년회여름 수련회헌신예배	86.8.14	홍정길	강원도 연세대 원주캠퍼스
서광교회 (예장합동)	청년헌신예배	86.9.14	최형선	경기도 성남시 태평1동 6476
호남신학대학교	신앙수련회	86.10.14~17	황승룡	전남 광주시 서구 양림동 108
합동신학교	종교개혁469주년 심포지움 특강	86.11.13	신복윤	수원 합동신학교 강당
장안교회 (예장개혁)	주일저녁예배	86.12.14	박윤선	서울 역삼동
기좌리교회 (예장 개혁)	부흥회	87.2.23~27	신제철	경기도 안성군 보개면 기좌리
축석교회 (예장 통합)	부흥회	87.3.2~6	공영광	경기도 포천군 소흘면 이동교 5리 771-6
장로회신학대학교 춘계신앙수련회	특강	87.4.8	맹용길	서울 왕십리중앙교회 기도원
영남신학교	춘계신앙 수련회	87.4.20~22	이용원	경남 대구시 영남신학교
진주노회 농촌부	농촌교회 지도자수련회	87.4.22~24	최임경	경남 진주시 진주교회
군내교회	부흥회	88.2.1~4	진덕수	경기도 포천군 군내면 구읍리 523
고당교회	부흥회	88.2.29~3.2	김중은	경기도 이천군 율면 고당리
성결교회 총회주최	농어촌 교역자수련회	88.7.4	송인구	수안보 파크호스텔
88 세계 복음화성회	농어촌교역자 선교대회특강	88.8.15	홍현봉	서울 반도유스텔
기독교대한 감리회연수원	89농촌목회 계획세미나	88.11.6		속리산 유스타운
가선교회 (예장 고신)	부흥회	88.12.5~8	이인재	경남 진양군 일반성면 가선리
장신대다원화 목회연수원	충남교역자 영성훈련세미나	89.2.9	오성춘	유성 경하장
문금교회	부흥회	89.2.27~3.1	이정근	충남 공주군 유구면 문금리
활빈교회	개원기념농어촌	89.3.27	김진홍	경기도 화성군 이화리
황금동교회	제1남선교회 신앙세미나	89.4.3~4	장승현	경북 김천시 황금동

교회 / 기관	집회내용	집회기간	당시교역자/ 간장	장 소
순천노회	목회자계속연구원	89.6.12	박정식	전남 순천시 순천제일교회
명성교회	제3회선교지교회 교역자초청회특강	89.6.29	김삼환	서울 명일동 명성교회
C.C.C.수원,인천, 안양,용인지역	여름수련회	89.7.3~7	김준곤	강화도 함허 동천수련장
여전도회 전국연합회	제2회농어촌교역자사모 세미나특강	89.7.4		여전도회관
평북노회	청년연합회 선교대회	89.9.18~19	조기덕	서울 보문중앙교회
서울북노회 의정부시찰	청년연합회 신앙세미나	89.10.13	김준호	의정부교회
총신대학부설 평생교육원	사모반,교역자반, 여성지도자반특강	89.10.16		서울 동작구 사당동 총신대학
수곡교회(기장)	부흥회	90.1.30~2.1	오근숙	경북 봉화군 물야면 북지3리 304
한국농촌 선교협의회	제1회농어촌교역자 교육대회특강	90.2.14	한인규	활빈교회 두레선교훈련원
아시아농촌 선교협회	제1회농어촌교역자 수련회특강	90.2.13	김종일	강남중앙침례교회 양수리수양관
남청산연합 전도부흥회	부흥회	90.2.26~3.1	정기덕	경기도 포천군 신북면 갈월리 새말작은 예배당
포항노회 농어촌부	농어촌교역자 세미나특강	90.3.19	김종렬	경북 포항시 중앙동 포항제일교회
갈보리교회	청년회 선교세미나	90.5.1	박조준	갈보리교회
장신대대학원	선교학특강	90.5.4	이광순	장신대 선교관 세미나실
일영교회	부흥회	90.12.12~14	김상수	양주군 장흥면 일영리 96
산성운산교회 (예장 합동)	부흥회	91.1.21~24	이진숙	경북 군위군 산성면 무암1리 812
동산교회	제1회협력선교 동역자세미나	91.2.12	김인중	경기도 안산시 고잔동 672-5
석창중앙교회	부흥회	91.2.25~28	서종석	전남 함평군 손불면 석창리
삼양제일교회	교사대학특강	91.12.19	홍재구	서울 도봉구 미아6동 1265-53
호죽교회	부흥회	92.1.13~17	임성기	충북 청원군 옥산면 호죽리
북한선교통일 훈련원대전분교	강의	92.3.16		대전시 동구 가양2동 20-11 대전중부교회
포천군기독교 교역자연합회	특강	92.3.18	공영광	포천군 포천읍 선단리 동고교회
주사랑교회	부흥회	92.11.9~12	송용호	서울 잠실본동 206번지
서울노회 농촌부	신년목회계획을 위한목회자수련회	92.12.3	배명길	강남중앙침례교회 양수리수양관

교회 / 기관	집회내용	집회기간	당시교역자/담당	장 소
말씀교회(고신)	제직수련회	93.1.25~28	최병학	서울 서초구 방배 4동 851-4
진주노회 중고등부연합회	제1회 십대들의 초청잔치	93.1.29	최임경	진주시 진주교회
총신대학 신학대학원	1학기 개강수련회	93.3.11		경기도 용인군 내서면 제일리 산 41-11
東京高圓寺敎會	부흥회	93.4.12~15	민대기	日本 東京都 杉並區 高圓寺 北 2-41-22
협성신학대학88 졸업동지회	특강	93.5.19	이상백	태화산 기도원
안동교회	농촌목회연구회	93.10.18	유경재	안동교회
개포동교회 (예장 합동)	농촌목회연구회	93.10.26	김주배	개포동교회
초량교회 (예장 합동)	농어촌 교역자세미나	93.11.8~10	하근호	부산 동구 초량1동 1005번지
강동노회농촌부 (예장합동)	제1회농촌 선교대회	93.12.6	문종복	강원도 정선군 정선읍 정선제일교회
함라교회	부흥회	94.1.17~20	이모세	전북 익산군 함라면 함열리 607
경신중고등학교	헌신예배	94.2.19	김종휘	경신중고등학교
금신교회 (예장 합동)	부흥회	94.2.28~3.3	황종국	충북 괴산군 청안면 금신리 285-1
충현교회부설 한국 교회 성장연구원	특강	94.4.11	신성종	서울 충현교회
헤브론목회연구원 (총무, 을지교회 농어촌선교회)	특강	94.5.5	박종렬	불광동 기독교 수양관
협성신학교	채플	94.11.1		수원 협성신학교 감리교 강당
서울 장로교회 (예장 통합)	지원농어촌교회 교육자 세미나특강	95.6.19	이종윤 목사	서울 장로교회 교육관
한국농촌선교회	농어촌교회 목회자 세미나특강	95.7.10	최원수 장로	경남 양산군 차리교회
중부노회 농촌부 (예장 고신)	농촌 선교대회	95.7.12	여태환 목사	경남 밀양군 무안동부교회
서울 산성교회	제4남선교회 헌신예배	95.7.16	백도웅 목사 노희련 회장	서울 산성교회 본당
강원 동노회 경건절제위원회 (예장 통합)	순회연합 헌신예배	95.9.3	정대연 목사	삼척 중앙교회
서울 북노회 남선교연합회 (예장 통합)	순회헌신예배	95.9.17	이종대 회장	서울 강북구 번3동 반동평화교회
오산리 최자실 기념 금식기도원	전국 농어촌교역자 부부초청성회	95.10.3	윤수강 목사	오산리 금식기도원
한국강해설교학교	96 목회계획세미나	95.10.31	박종순 목사	양수리 수양관